운명을 바꾸는
초압축
경제 공부

돈 버는 가장 확실한 방법은 경제 공부다

운명을 바꾸는
초압축
경제 공부

부자가 되고 싶다면 알아야 할 필수 경제 지식

한애란 지음

awake
어웨이크

들어가며

돈의 흐름을 읽으려면
경제 문해력부터 키워라

10년도 더 된 얘기다. 당시 나로선 대단히 큰돈이었던 1억 5,000만 원을 한 유명 운용사의 '밸류형' 펀드에 맡겼다. 그 회사가 내세운 '한국형 가치투자'라는 슬로건이 매력적이었다. 과거 수익률도 훌륭했다. '5년 이상 장기 투자할 테니 최고의 전문가를 믿고 맡기는 게 정답'이라고 믿었다. 회사 일과 육아로 바쁜데 직접 투자에 나설 시간도, 자신도 없었다. 바쁘단 핑계로 운용사가 보내오는 펀드운용보고서도 유심히 들여다보지 않았다.

6년 뒤 펀드를 환매해서 들어온 금액은 1억 5,500만 원. 별도로 냈던 수수료(225만 원)를 빼면 수익금은 고작 275만 원이었다. 6년 누적 수익률 1.8%, 연평균 수익률 0.3%였다. 믿을 수 없을 정도로 형편없는 성적이었다. 그리고 같은 기간 투자자문사가 떼어간 수수료 총액은 1,490만 원이었다. 내 딴엔 최고의 전문가라고 믿고 맡긴 결과였다.

펀드 운용사를 고른 안목에 문제가 있었던 걸까. 그건 아니다. 그 운용사는 지금도 잘나간다. 최근엔 펀드 성과도 꽤 좋은 모양이다. 운용사 대표는 '투자 구루'로 불리며 개미 투자자들의 추종을 받는다. 한동안은 그게 왠지 억울했다. 마치 사기라도 당한 듯한 기분이었다.

하지만 시간이 좀 지나고 나서 냉정을 찾았다. 운용사의 네임밸류와 과거 수익률만 보고 덜컥 펀드 가입을 결정한 건 나였다. 높은 수수료율을 신경 쓰지 않았던 것도, 중간중간 보내준 운용보고서 속 투자종목을 꼼꼼히 들여다보지 않은 것도 나였다. 내내 '수익률이 시장 평균보다 부진한데'라고 여기면서도 '가치투자니까 시간이 지나면 나아지겠지'라고 안이하게 생각했다. 내 피 같은 자산을 맡겨 놓고도 전문가가 어련히 알아서 해줄 거라며 완전히 손 놓고 있었다. 투자로 돈은 벌고 싶지만, 골치 아프게 주식시장 흐름까지 일일이 신경 쓰긴 싫었던 나의 그 게으름. 그게 진짜 문제였다.

실패에서 배운 나의 첫 경제 수업

경제와 산업, 재테크에 대한 기사를 쓰기 시작한 지 18년이 넘었다. 그동안 두 번의 큰 경제위기(2008년 금융위기, 2020년 팬데믹)가 찾아왔고, 이어 주식시장 폭락과 폭등이 전 세계를 뒤흔들었고, 부동산 대세 하락론이 부동산 광풍으로 바뀌는 걸 지켜봤고, 달러당

800원대를 찍었던 환율은 이제 1,400원대가 되었고, 한때 배럴당 140달러까지 갔던 국제유가가 20달러로 떨어졌다가 다시 60달러가 되는 과정에 있다.

그 다이내믹한 흐름 속엔 수많은 투자의 기회가 숨어 있었고, 일부는 그걸 포착해서 큰 성공을 거두기도 했다. 지난 5년 동안 주가가 1,500% 오른 엔비디아, 같은 기간 9,000달러에서 10만 달러로 오른 비트코인. 물론 그걸 보면서 난 도대체 뭘 했나 싶어 한숨이 나오는 사람이 대부분이지만 말이다.

모든 경험은 배움을 준다. 실패의 경험도 잘만 쌓으면 미래를 위한 소중한 자산이 될 수 있다. 문제는 다양한 경험을 잘 꿰어서 재테크 내공으로 만들려면 공부가 필요하단 점이다. 그렇지 않으면 그 경험은 파편화돼 흩어져버리고, 사이클이 지나 비슷한 상황이 닥쳤을 때 또 같은 실수를 반복하게 된다.

그래서 경제 공부가 필요하다. 돈이라는 건 경제라는 신체 안에서 핏줄을 타고 흐르는 피와 같다. 어디로 어떻게 돈이 흐르는지를 알려면 일단 신체 구조와 기관을 이해해야 한다. 신체의 작동 원리를 모르는데 피의 흐름이 눈에 보일 리 없다. 경제를 모르면서 투자로 돈을 벌길 바라는 건 요행을 바라는 거나 마찬가지다.

물론 경제 공부는 어렵다. 마음먹고 경제뉴스를 들여다봐도 낯선 경제 용어들이 머리를 아프게 만든다. '미국 경기 침체에 대한 우려가 커지면서 미국 국채 금리가 뛰었다'는 기사를 봐도, 그게 왜 중요한 뉴스인지 이해하기 어렵다. '3단계 스트레스 DSR 시행으로 대출

한도가 줄어든다'는데, 도통 무슨 말인지 알 수 없다. 도대체 금값은 왜 뛰는 건지, 원유 가격은 왜 내리는지 모르겠으니 사야 할지 팔아야 할지 판단이 안 된다.

　게다가 매일매일 새로운 경제 정보가 끊임없이 쏟아진다. 기껏 좀 알겠다고 생각했는데, 순식간에 상황이 바뀌기도 한다. '환율 달러당 1,500원 간다'고 외치던 전문가들이 한 달 만에 '약달러 기조'라며 돌아서고, '국장 탈출은 지능순'이란 국내 증시 조롱이 언제 있었냐는 듯이 '다시 국장의 시간'이란 얘기가 나온다. 분명 '전기차 배터리는 대한민국이 최고'라고 했는데 어느새 'K-배터리가 위기'라며 난리다. 생업도 바쁜데, 그 많은 정보를 따라잡을 시간도, 에너지도 부족하다.

　그래서 어려운 공부 대신 자꾸 쉬운 지름길을 찾게 된다. 한동안 글로벌 경제·산업 트렌드에 대한 기사를 쓰면 독자들에게서 돌아오는 반응 중엔 이런 게 많았다. "그럼 뭐 사면 돼요?" "관련된 ETF 상품명까지 써주세요." 맥락과 이유는 몰라도 되니, 오를 만한 종목을 족집게처럼 콕 찍어달라는 요청이다. '바쁜데 효율적으로 결론만 빨리'를 추구하는, 이른바 요즘의 '시성비(시간 대비 성능)' 현상이다.

　그리고 이런 요청대로 명쾌하게 '사라'고 외치는 이들은 많다. 예금, 보험, 주식, 채권, 부동산, 가상자산⋯ 어느 영역이나 요즘엔 뛰어난 전문가들이 넘쳐난다. 전현직 전문가들이 유튜브까지 하기 때문에 접근도 쉽다. 전문가 뺨치는 논리와 지식으로 무장한 아마추어도 한가득이다. 미국 3배 레버리지 ETF(상장지수펀드)로 재미를 봤다는 친구의 술자리 투자 썰은 웬만한 투자 구루 얘기보다 더 귀에 쏙쏙 들어온다.

이렇게 귀동냥한 꿀 정보만 잘 모아서 그들이 찍어준 대로만 하면 재테크는 술술 풀릴 것만 같다. 굳이 어렵게 기초 단계부터 쌓아갈 필요 없이 지름길이 열릴 것만 같다. 하루하루 먹고살기도 팍팍한데 어느 세월에 공부하고 지식 쌓고 하겠나.

혹시 그렇게 생각하고 있다면? 틀렸다. 은행 직원, 증권사 PB, 펀드매니저, 각종 전문가, 유튜버, 블로거, 친구, 형제, 심지어 부모님까지, 재테크에서 전적으로 믿고 의지할 수 있는 남이란 없다. 그들이 사기꾼이라서가 결코 아니다. 원래 투자는 자기 책임이고, 다른 누구도 대신해줄 수 없는 것이기 때문이다. 아무리 전국 제일의 일타 강사로부터 족집게 강의를 들었어도, 시험 성적이 잘 나오느냐 아니냐는 결국 본인에게 달려 있는 것과 마찬가지다.

바로 그런 경험이 또 있다. 역시 10년도 더 전에 한 대형 증권사의 '랩어카운트'* 상품에 가입했다. 증권사가 자산운용을 대신해주는, 말 그대로 '자산을 알아서 관리해주는' 상품이었다. 계약서를 들고 온 PB분과 회사 근처 커피숍에서 만났는데, 그가 "장기투자에 좋은 안정적인 상품"이라고 얘기했던 기억이 생생하다.

그리고 1년 뒤, 나는 그 상품 가입을 후회했다. 수익률이 수상해서 뒤늦게 확인해보니, 금융 기자인 나라면 절대 투자할 것 같지 않

---

* 랩어카운트(Wrap Account): 증권사가 고객으로부터 권한을 위임받아 자산을 운용하는 계좌. 약정을 맺으면 해당 계좌에 랩을 씌운다고 하여 붙여진 이름이다.

은 금융주에 잔뜩 물려 있었다. 이번에도 알아서 관리해준다는 말에 혹해서 덜컥 가입하고 들여다보지 않은 내 탓이었다.

시간이 좀 흐른 뒤, 한때 내 담당 PB였던 그분 이름을 신문 기사에서 마주쳤다. 그 증권사에서 CEO보다 더 높은 연봉을 받는 '연봉킹'이라고 했다. 그것도 한 번이 아니라, 몇 년 연속으로. 그는 업계 최고 스타 PB였다.

담당 PB의 수십억 원 연봉과 내 랩어카운트의 초라한 수익률의 대비가 너무 선명했다. 또 잠시 억울해졌지만 곧 현실을 깨우쳤다. 그 정도 연봉의 PB라면 아마도 수조 원대 자산을 관리할 텐데, 나는 고작 7,000만 원짜리 잔챙이 고객이었다. 세세한 관리는 어차피 기대할 수 없는 구조였다. 엄밀히 말하자면 최고의 펀드매니저, 최고의 PB조차도 결국 업무의 본질은 고객에게 금융 상품을 팔아 수수료를 떼어 가는 일이다. 되도록 좋은 상품을 추천하려고 노력이야 하겠지만 결과를 장담할 순 없다. 판매 이후 수익률? 그거야 전적으로 투자자 자기 책임이다.

최고의 매니저는 나 자신이다

그래서 결론은? 잘 모르면서 남의 말만 듣고 덜컥 투자하지 마라. 100만 원이든, 1,000만 원이든 남들이 보기엔 얼마 되지 않더라도 나에겐 천금 같은 돈이다. 모르는 데 그 귀한 돈을 덜컥 넣을 순 없는 노릇이다.

경험으로 깨달은 건 잘 모르고 신경 쓰지 않아도 저절로 알아서 되는 그런 재테크란 원래 없다는 점이다. 만약 그런 길이 있다고 얘기하는 사람이 있다면, 일단 의심부터 해야 한다. 나에게 맞는 길은 내가 배우면서 찾아가야 한다. 체력을 키우기 위해 근력 운동을 하듯, 그렇게 끊임없이 부지런히 배우면서 재테크 내공을 쌓아가야 한다.

그래서 안타깝게도 이 책엔 재테크를 위한 대단한 지름길이나 요행에 대한 정보는 없다. 그런 게 있다고 믿지 않기 때문이다. 그 대신 경제를 공부한다면 '이건 꼭 알아야 한다'고 생각하는 핵심을 골라 담았다. 가급적 초보도 부담스럽지 않게 쉽고 친절하게 설명했다.

이 책의 PART 1~5는 금융(예금·보험·신용카드), 거시경제(금리·물가·환율), 투자(주식과 채권), 부동산, 대체투자(금·원유·가상자산)로 구성된다. 방대한 경제의 세계를 책 한 권에 다 담는 건 불가능하지만, 오랫동안 경제 기사를 쓰면서 이 정도는 알고 있어야 경제뉴스를 따라잡을 수 있겠다 싶은 내용은 되도록 다 담고자 했다. 막연하게 알고 있던 것들이 더 선명하게 머릿속에서 정리되는 느낌을 받을 수 있었으면 했다.

만약 경제 지식의 기초부터 차근차근 쌓고 싶다면 책을 처음부터 순서대로 읽는 것이 좀 더 수월할 것이다. 그래도 조금은 알고 있다고 스스로 생각한다면 순서 상관없이 본인이 관심 있는 부분부터 골라 읽어도 좋다.

그 대신, 중간 어느 부분부터 읽든 이건 꼭 염두해두자. 금융과 거시경제, 각종 투자의 세계는 마치 하나의 생태계처럼 서로서로 유기적으로 얽혀 있다는 점, 그래서 어느 한쪽의 오르내림, 밀물과 썰물이 다른 쪽에도 언제나 영향을 주기 마련이란 점이다. 그 감각만 잘 익혀둬도 경제 초보는 벗어날 수 있으리라 본다.

PART 6엔 글로벌 산업 트렌드에 대한 내용을 담았다. 전기차, 자율주행, 2차전지, 인공지능, 전력, 신재생 에너지. 사실 제대로 다루려면 각각 책 한 권을 쓰고도 남을 주제들이다. 깊이 들어가자면 끝이 없는 내용이라 일부러 간단히만 훑었다. 이 책으로 한번 대강의 트렌드만 살펴본 뒤, 관심이 가는 주제가 있다면 더 깊이 공부해보길 권한다. 산업의 흐름을 이해하는 건 투자의 관점뿐 아니라 진로와 직업이란 관점에서도 꼭 필요한 일이다. 투자든 진로든 성공하려면 크고 길게 보는 게 중요하다.

그럼 시작할 준비가 되셨는지? 미리 말해두는데, 생각보다 재미있을 거다. 원래 경제는 알고 보면 상당히 실용적이고 재미있는 주제니까. 책을 읽고 나면 경제에 대한 흥미와 자신감이 차올라서 더 배우고 알고 싶은 욕구가 솟구치게 될지도 모른다. 만약 그렇다면? 마지막 부분에 '공짜로 고품격 경제 정보 얻는 방법'을 공유했으니 참고하길 바란다.

2025년 9월
한애란

차례

들어가며 | 돈의 흐름을 읽으려면 경제 문해력부터 키워라   4

PART 1 | **금융**
돈 새는 지갑, 돈 들어오는 지갑

---

01 **예적금, 심플하고 안전하게 재테크 기본기 쌓기**   **21**

예금과 적금, 똑똑하게 선택하려면 | 세금까지 챙겨야 저축왕 | 진짜 돈을 벌려면 실질이자율을 따져라 | 1금융권과 2금융권? 안전하게 내 돈 지키기 | 1억 원까진 안심, 예금자보호제도

02 **보험, 재테크 건설 현장의 든든한 안전망**   **34**

왜 보험에 드는지를 명심하라 | 실속파 보험 소비자가 되기 위한 전략 | 보험은 오래된 게 좋다? | 실손보험, 갈아탈까 말까

03 **신용카드, 어른의 금융 생활**   **45**

신용카드 중독 사회 | 신용점수를 지키는 신용카드 활용 전략

04 신용대출, 잘 빌리는 것도 기술이다   **54**

대출금리가 문제? 대출한도는 더 문제! ｜ 고정금리냐 변동금리냐, 선택 기준은 하나 ｜ 대출 갚는 법에도 전략이 있다 ｜ 마이너스통장, 이건 알고 뚫자

경제뉴스 인사이트 두 자릿수 예금금리 시대는 다시 올 수 있을까?   **64**

PART 2 ｜ 금리와 환율
내 주식 계좌를 흔드는 새벽 3시의 발표

01 금리, 모든 경제활동의 단 하나의 기준   **73**

'돈값'에 대한 감각을 깨워라 ｜ 금리 인하라는 밀물 ｜ 금리 인상이란 썰물 ｜ 금리를 움직이는 '보이는' 손 ｜ 긴축과 완화의 통화정책, 경제를 뒤흔들다 ｜ 세계 경제 대통령은 워싱턴 D.C.에 있다 ｜ 내 자산 가치를 좌우하는 새벽 3시의 발표

02 물가, 올라도 내려도 문제   **92**

경제에 좋은 인플레이션이 있다 ｜ '벼락 거지' 만드는 나쁜 인플레이션 ｜ 물가 잡기에 실패한 정권은 용서받지 못한다 ｜ 디플레이션이 더 무섭다

03 환율을 예측한다는 거짓말   **102**

환율과 통화가치, 똑똑하게 이해하기 ｜ 통화가치는 국력, 원화의 미래는?

경제뉴스 인사이트 트럼프와 파월은 왜 싸우는 것일까?   **108**

PART 3 | 투자
주식과 채권, 뜨겁지만 차갑게 첫걸음 내딛기

01 주식의 시대가 열렸다 　　　　　　　　　　　　　　　　　　　115

주식 투자는 게임이 아닌 기업을 사는 것 | 주식 왕초보, 주가와 시가총액을 이해하자 | 반드시 알아야 할 주가지수 | 주식을 싸게 사고 싶다면 '퍼(PER)'를 알아라 | 성장주와 가치주, 금리 인하기에 오르는 주식은? | 배당, 주식으로 월급 받기 | 애널리스트 보고서에서 힌트 읽는 법 | 세금이 아까우면 국내 주식에 투자하라?

02 ETF, 새롭게 떠오른 대세 　　　　　　　　　　　　　　　　　　140

ETF 붐에는 다 이유가 있다 | 어떤 ETF를 골라야 할까 | 쓰디쓴 '레버리지 ETF'를 조심하라 | ETF는 분산투자니까 안전하다는 착각 | 국장보단 미장? 서학개미 되기 | 환전 타이밍도 투자 전략이다 | 테슬라 0.1주, 엔비디아 1만 원어치 사볼까

03 채권, 생각보다 쉽다 　　　　　　　　　　　　　　　　　　　　154

채권은 어디서 사고파나 | 채권 가격은 금리와 반대로 움직인다 | 신용등급과 만기를 따져라

04 IRP, 절세와 노후 대비를 모두 잡아라 　　　　　　　　　　　　162

IRP 계좌가 필요한 이유 | IRP 계좌, 어디가 좋을까

> **경제뉴스 인사이트** 닷컴 버블이 남긴 교훈은 무엇인가?　　　　　　　169

PART 4 | 부동산
'내 집 마련' 희망의 불씨 살리기

01 전세냐 월세냐, 그것이 문제로다   177

생돈 내는 월세, 목돈 묵히는 전세 | 전세의 본질은 사금융이다 | 월세보다 싼 전세대출의 양면성 | 전세 사기 피하려면 꼭 알아야 할 체크리스트

02 청약으로 내 집 마련할 수 있을까   190

청약통장은 여전히 만능 통장일까 | 가점제 청약제도의 좁은 문 | 계륵 된 청약통장, 해지할까 말까 | 당첨되면 돈은 어떻게 조달할까

03 집을 사려면 금융을 알아야 한다   200

주택담보대출 정복하기 | 집값의 얼마까지 빌려주나, LTV | 소득 중 얼마를 대출 상환에 쓰나, DTI | 연 소득의 40%만 빚 갚는 데 써라, DSR | 30년 동안 갚을 대출, 고정이냐 변동이냐

04 인구 감소 시대, 부동산의 미래   213

빈집 넘치는 일본, 집값은 왜 오를까 | 흔들리는 재건축 신화 | 집이 효자, 주택연금으로 노후 대비

`경제뉴스 인사이트` 월세 시대가 온다   221

PART 5 | 대체투자
금과 원유, 코인 투자의 승자는 누구일까

01 금, 가장 안전한 자산 229

금값은 왜 이렇게 오르나 | 금값의 100년 역사가 알려주는 것 | 중앙은행, ETF, 그리고 트럼프 | 금에 투자하는 가장 좋은 방법

02 원유에 투자해볼까 237

국제유가는 왜 20년 전과 똑같을까 | 롤오버 모르면 원유 투자는 금물

03 가상자산, 어디까지 높아질 것인가 245

비트코인과 알트코인 | 안전 자산과 위험 자산, 그 사이의 비트코인 | 비트코인 현물 ETF에 투자해볼까 | 스테이블코인이 대세라는데

경제뉴스 인사이트 라부부는 좋은 대체투자처일까 254

PART 6 | 미래 산업
승자와 패자가 갈리기 시작한다

01 급변하는 산업 트렌드 1 : 모빌리티 혁명   261

전기차 시장이 캐즘에 빠졌다 | 성능 좋은 K-배터리가 밀리는 이유 | 잘나가던 독일 차가 추락하는 이유 | 현실이 된 로보택시 시대

02 급변하는 산업 트렌드 2 : 인공지능과 에너지 혁명   271

일자리 위협하는 AI 에이전트가 온다 | 전기 먹는 하마, 인공지능 데이터센터 | 원자력발전의 르네상스 시대 | 드론 전쟁과 킬러 로봇 | 세상을 바꾸는 우주 인터넷 | 가장 싼 에너지, 태양이 승리한다

03 급변하는 산업 트렌드 3 : 플랫폼 혁명   286

TV가 되어가는 넷플릭스 | 스포티파이라는 새로운 음악 권력

04 주목받는 성장 국가는 어디인가 : 베트남·아랍에미리트·인도   292

베트남, 인프라 건설로 도약할 제조업 기지 | 아랍에미리트, AI 3대 강국 유력 후보 | 인도, 잠재력 무궁무진한 4대 경제 대국

`경제뉴스 인사이트` **비만 치료제가 바꿔놓을 세상**   302

나가며 | 공짜로 고품격 경제 정보를 얻는 방법   306
부록 | 경제 문해력의 기초, 핵심 경제 용어   312

운명을 바꾸는 초압축 경제 공부

PART 1
금융

**돈 새는 지갑,
돈 들어오는 지갑**

01 예적금, 심플하고 안전하게 재테크 기본기 쌓기

"월급 60%를 은행에 저축할 겁니다!"

신입사원 시절, 재테크 계획을 물어온 부장급 선배한테 이렇게 호기롭게 말한 적 있다. 그 모습이 대견해 보였을까. 선배는 "60%면 대단한데. 꼭 그렇게 해!"라며 진심을 담아 응원해줬다.

물론 젊은 신입사원은 돈 쓸 곳이 너무 많았고, 월급 60% 저축은 꿈일 뿐이었다. 그리고 이젠 '돈 불리기'라는 목표를 위해서라면 저축이 가장 좋은 답은 아닐 수 있다는 것도 안다. 하지만 종잣돈이 있어야 재테크 세계에서 뭐라도 도모할 수 있지 않겠나. 사회 초년생이나 재테크 초보자라면 시작은 저축이 될 수밖에 없다. 저축은 가장 기본적인 재테크 수단이기도 하다. 대단한 안목과 지식이 없어도, 신용등급이 높지 않거나 종잣돈이 없어도 누구나 접근할 수 있으니 말이다. 무엇보다 상당히 안전하다.

예금과 적금, 똑똑하게 선택하려면

저축은 크게 예금과 적금으로 나뉜다. 예금은 돈을 한 번에 맡기고 정해진 기간 동안 정해진 이자를 받는 방식이다. 적금은 돈을 조금씩 나눠서 납입하고 그 금액에 대해 정해진 이자가 붙는다. 예금에는 정해진 기간 동안 돈을 묶어놓는 정기예금과 자유롭게 돈을 넣고 뺄 수 있는 보통예금이 있다. 적금에는 매달 정해진 금액을 내는 정기적금과 금액을 자유롭게 정할 수 있는 자유적금이 있다. 흔히 어느 정도 목돈이 있다면 정기예금, 그게 아니라 꾸준히 돈을 모아가고 싶다면 적금에 가입하면 된다.

예금이냐, 적금이냐를 정할 때 주의할 점 한 가지. 저축한 총금액과 이자율이 똑같아도 예금과 적금은 쌓이는 이자 금액이 다르단 점이다. 예컨대, ① 1,200만 원을 연 3%짜리 1년 정기예금에 납입한 것과 ② 월 100만 원씩 연 3%짜리 12개월 정기적금에 부은 것. 각각 쌓이는 이자는 얼마일까. 세금을 빼지 않은 채 계산하면 ① 36만 원, ② 19만 5,000원의 이자가 붙는다. 적금은 첫 달 부은 원금에만 1년치 이자가 붙고, 둘째 달 납입금은 11개월치, 셋째 달은 10개월치 이자만 붙기 때문에 그렇다. 한마디로 원금 총액이 똑같다면 정기적금으로 받을 수 있는 이자는 정기예금의 54%에 그친다.

예금이냐 적금이냐를 정했다면, 따질 것은 이자율이다. 다행히 예금·적금 상품 금리는 한눈에 비교하기 쉽다. 금융감독원이 운영하는 '금융상품한눈에' 사이트를 이용하면 된다. 저축 금액과 기간만

예금과 적금의 종류			
예금	정기예금	일정 기간 일정 금액을 맡김	• 이자율이 높은 편 • 보너스처럼 큰돈이 생겼을 때 유용
	보통예금	자유롭게 입금과 출금이 가능	• 이자율이 연 0.1% 정도로 매우 낮음 • 급여 통장, 생활비 통장으로 이용
적금	정기적금	일정 기간 일정 금액을 매달 저축하는 상품	• 매달 일정한 월급을 받는 급여 생활자에게 적합 • 일종의 '강제 저축' 효과로 저축하는 습관을 기를 수 있음
	자유적금	정해진 기간 내 자유롭게 저축하는 상품	• 소득이 들쑥날쑥한 경우에 적합

선택하면 각 금융기관의 최신 상품 정보를 훑어볼 수 있다. 이자율뿐 아니라 우대금리를 받을 수 있는 조건은 뭔지, 가입 금액의 상한 또는 하한선이 있는지도 확인할 수 있다.

세금까지 챙겨야 저축왕

'금융상품한눈에' 사이트의 좋은 점 중 하나는 예금·적금 상품의 '세후이자율'을 알려준다는 점이다. 예를 들어, 우리은행 '원플러스 예금'의 세전이자율은 3.00%인데, 세후이자율은 2.54%이고, 따라서 1,000만 원을 1년간 맡기면 세금 떼고 25만 4,000원의 이자를 받을 수 있다

'금융상품한눈에' 사이트

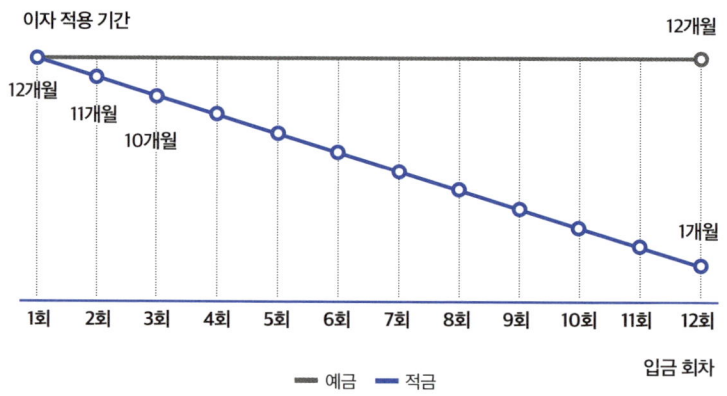

는 점을 한눈에 보여준다.

그럼 세후이자율이 뭘까. 예금·적금에 대한 이자를 받을 땐 은행이 미리 그 이자에 대한 세금을 떼고 넣어준다. 이자소득에 붙는 세율은 15.4%, 정확히 말하자면 이 중 14%는 이자소득세이고 1.4%는 농어촌특별세이다. 받는 이자가 1만 원이든, 1,000만 원이든 세금은 원천징수된다. 내가 모은 돈 내가 돌려받는 데 왜 세금을 떼냐고? 원래 소득이 있는 곳에는 세금이 있는 법. 이자소득도 예외가 아니다. 땀 흘려 번 근로소득과 비교하면 이자소득은 '불로소득'인 셈이니 세금이 붙지 않으면 오히려 이상하다.

그 세금 너무 아깝다고? 이자소득에 대한 세금을 떼지 않는 비과세 혜택이 있긴 하다. 하지만 아무나 대상이 아니다. 65세 이상 고령자이거나 장애인·독립 유공자 등 극히 일부에게만 해당된다. 참고로 비과세 예금은 1인당 원금 기준으로 5,000만 원이 한도이다.

연 3.5% 적금과 예금 이자 한눈에 보기

적금	월 50만 원 정기적금		
기간	납입액	이자 계산식	이자 *세전
1개월	50만 원	원금×3.5%×12/12	1만 7,500원
2개월	50만 원	원금×3.5%×11/12	1만 6,041원
3개월	50만 원	원금×3.5%×10/12	1만 4,583원
⋮	⋮	⋮	⋮
10개월	50만 원	원금×3.5%×3/12	4,375원
11개월	50만 원	원금×3.5%×2/12	2,916원
12개월	50만 원	원금×3.5%×1/12	1,458원

예금	첫 달 600만 원 정기예금		
기간	납입액	이자 계산식	이자 *세전
1개월	600만 원	-	-
2개월	유지	-	-
3개월	유지	-	-
⋮	⋮	⋮	⋮
10개월	유지	-	-
11개월	유지	-	-
12개월	유지	원금×3.5%	21만 원

　세금을 줄일 또 다른 방법이 있긴 하다. 바로 세금우대 저축이다. 이자소득세를 대폭 깎아주는 예금 또는 적금인데, 가입할 수 있는 곳이 정해져 있다. 바로 지역농협(농협은행과 다름), 새마을금고, 신협, 수협(수협은행과 다름), 산림조합이다. 통틀어 '상호금융'이라고 부르는 금융회사들이다.

　이 세금우대 저축은 2025년 말까지 가입한 경우엔 이자소득에 대해 1.4% 세금만 뗀다. 15.4%를 세금으로 떼는 은행 또는 저축은행의 일반 상품과 비교하면 차이가 상당하다. 예컨대, 보통 1,000만 원

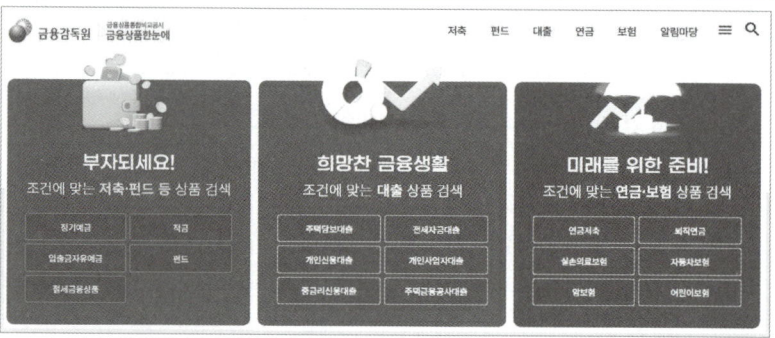

금융감독원 '금융상품한눈에' 사이트는 예금·적금 상품 금리 비교뿐 아니라 대출·연금·보험 상품을 비교해 조건에 맞는 금융 상품 정보를 탐색하는 데 유용하다.

을 1년간 연 3% 정기예금에 넣으면 15.4% 세금 떼고 만기에 받는 이자는 25만 3,800원. 하지만 똑같은 이자율 3%짜리 세금우대 저축은 29만 5,800원의 이자가 붙는다. 사실상 이자율이 0.5%포인트 더 높은 거나 마찬가지 효과다. 세금우대 저축의 가입 한도는 1인당 3,000만 원이다.

이런 쏠쏠한 세금우대 혜택이라니 솔깃한가. 하지만 가입을 위한 문턱이 있다. 반드시 먼저 그 상호금융 조합에 조합원으로 가입해야 한다. 조합마다 가입할 수 있는 요건도 다르고(예를 들어, 지역농협은 주민등록등본상 주소지가 해당 지역이어야 가입 가능), 몇만 원 정도의 출자금도 내야 한다. 출자금은 나중에 회원을 탈퇴할 때 돌려받는다.

상호금융권의 세금우대 저축 혜택은 점차 줄어들 예정이다. 적용 세율이 2026년엔 5.9%, 2027년 이후엔 9.5%로 높아진다. 조합원 가입 절차가 꽤 번거롭지만 되도록 빨리 가입하는 게 이득이다.

진짜 돈을 벌려면 실질이자율을 따져라

쥐꼬리 이자에 세금까지 떼고 나니 별로 남는 게 없다고? 그건 사실이다. 예금이든 적금이든, 정해진 이자를 주는 상품에 가입할 땐 꼭 생각해볼 게 있다. 과연 '세후이자율이 물가 상승률보다 얼마나 높을까'라는 점이다. 이를 달리 표현하면 '실질이자율이 얼마인지'를 한번 따져보란 뜻이다.

갑자기 웬 물가 타령이냐고? 물가 상승률을 고려하지 않고 돈을 차곡차곡 모으기만 했다가는 자칫 돈의 가치가 전혀 불어나지 않는 결과로 이어질 수 있어서다. 2025년 한국의 소비자물가지수 상승률 전망치는 2.0%이다. 그 말은 2024년 말 100만 원으로 살 수 있던 물건 꾸러미가 2025년 말엔 102만 원이 된단 뜻이다. 그런데 만약 2024년 말 연 2.35% 이자율의 1년짜리 정기예금에 100만 원을 예치했다고 치자. 이 상품의 세후이자율을 계산해보면, 고작 연 2%이다. 즉 만기인 2025년 말에 세금 떼고 102만 원을 돌려받는다.

그럼 '이자 2만 원 벌었다'고 좋아할 수 있을까. 그 사이 물가가 그만큼 뛰었으니, 1년이나 저축했는데도 실질적인 돈의 가치는 그대로인 거나 마찬가지다. 우리 눈에 보이는 명목이자율에서 물가 상승률을 뺀 '실질이자율'이 제로이다. 이게 바로 돈의 가치를 떨어뜨리는 무서운 물가 상승(인플레이션)의 효과다.

물가가 오르지 않거나 오히려 하락하는 나라라면 돈의 가치를 떨어뜨리는 인플레이션 걱정을 할 필요가 없다. 하지만 대한민국은 수십 년째 꾸준히 물가가 오르는 나라다. 장을 볼 때마다, 외식을 할 때마다 물가 상승을 실감한다. 기껏 모은 돈의 가치가 쪼그라드는 걸 원치 않는다면 인플레이션과 실질이자율에 더 민감해져야 한다.

일본의 '절대퇴사맨' 스토리를 기억하자. '파이어족'을 목표로 밥에 매실장아찌와 통조림만 먹는 수준으로 극단적으로 지출을 줄인 짠돌이 40대 회사원이다. 그 결과, 21년에 걸쳐 1억 엔 넘는 돈을 모았는데, 이 중 90%가 예금·적금 같은 현금성 자산이었다. 『1억 엔 모으는 법』이라는 책을 쓰고 각종 미디어 출연으로 꽤 유명해진 그는 2025년 1월, X에 이런 글을 올렸다.

"21년이나 걸려 1억 엔을 모았지만 인플레이션과 엔저 때문에 우울해졌습니다. 나는 계속 쓰레기를 필사적으로 모으고 있었습니다."

1금융권과 2금융권? 안전하게 내 돈 지키기

앞에서 세금우대 저축을 설명하면서 상호금융이란 생소한 단어가 나왔다. 우리가 예금·적금에 가입할 수 있는 금융회사는 크게 세 종류다. 은행, 저축은행, 그리고 상호금융. 이들 중에 은행은 1금융권이라고도 부른다. 나머지 금융기관을 통틀어 2금융권이라 칭한다. 참고로 3금융권도 있는데, 이는 대부업체를 말한다.

예금과 적금을 포함한 금융 상품은 상품치곤 상당히 독특하다. 일반 소비재라면 어디서 만드냐에 따라 디자인, 소재, 색깔 등이 달라지겠지만, 이건 그런 차이가 아예 없다. A은행이든 B저축은행이든, 똑같이 '연 3% 정기예금'이라면 소비자가 받게 될 혜택은 사실상 완전히 똑같다. 그래서 언뜻 보면 은행이냐 아니냐, 1금융권이냐 2금융권이냐가 별 차이 없어 보일 수 있다. 오프라인 지점에 방문하던 예전엔 접근성 면에서 차이가 있었겠지만, 온라인 시대엔 그마저 거의 사라졌으니 말이다.

하지만 실제론 전혀 똑같지 않다는 걸 알고 있어야 한다. 소비자 입장에서 1금융권과 2금융권의 가장 큰 차이는 뭘까. 바로 안정성이다. 1금융권인 은행은 은행법에 따라 훨씬 더 엄격한 각종 규제와 촘촘한 감시를 받는다. 그만큼 돈을 맡기는 입장에선 믿을 만하다. 물론 2금융권이라고 규제가 없는 건 아니고 금융감독기관이 들여다본다. 하지만 은행만큼 엄격하거나 감시망이 촘촘하진 않은 게 사실이다. 간혹 감시가 덜한 2금융권이 부실에 빠지는 사고가 발생하는 이유다.

우리가 은행(또는 저축은행, 상호금융)에 맡기는 그 돈, 어디에 있을까? 은행 금고에 고스란히 저장돼 있는 게 아니다. 아마 누군가의 주택담보대출, 어느 가게의 소상공인 대출로 나가 있을 거다. 예금 고객 돈을 모아 필요한 데 대출해줘서 이자를 받는 게 은행의 역할이니 말이다.

그렇기 때문에 은행 같은 예금 취급 기관에서 가장 무서운 게 뱅크런**Bank Run**이다. 말 그대로 고객들이 자기 돈을 빼내겠다며 은행으로 몰려든다는 뜻이다. 무슨 이유에서든지 불안이 촉발돼 고객들이 앞다퉈 돈을 빼내기 시작하면 큰일이다. 은행 금고에 있는 돈이 금세 바닥나버려 은행이 순식간에 파산에 이를 수 있어서다.

바로 이런 일이 2023년 3월 미국에서 벌어졌다. 40년 역사의 실리콘밸리은행SVB이 뱅크런에 시달리면서 36시간 만에 파산했다. 일단 '은행(또는 저축은행, 상호금융)이 망해서 내 예금이 사라질 수 있다'는 공포가 번지기 시작하면 뱅크런과 은행 파산은 피하기 어렵다. 그리고 그렇기 때문에 예금자는 더 안전하고 신뢰할 만한 금융회사를 선호할 수밖에 없다. 예금·적금 상품을 고를 때 이자율만 따지면 될 것 같지만, 금융회사 간판도 봐야 하는 이유다.

1억 원까진 안심, 예금자보호제도

그러면 1금융권이 더 믿을 만하니까 은행만 이용해야 할까? 그건 아니다. 우리에겐 든든한 보호막이 있으니 말이다. 바로 예금자보호제도이다.

예금자보호제도는 금융회사가 망해도 예금보험공사가 대신 예금을 돌려주는 제도다. 원래 5,000만 원이 한도였는데, 2025년 9월 1일 1억 원으로 한도가 올라간다. 즉, A은행이 망해도 그 은행에 맡긴 돈 중 1억 원까지는 예금보험공사가 돌려준단 뜻이다. 그러니까 받아야 할 이자를 포함한 예금액이 1억 원 이하라면, 그렇게까지 걱정하지 않고 저축은행 같은 2금융권 상품에 가입할 수 있다.

이렇게 보호한도가 올라가면서 더 높은 이자를 쳐주는 2금융권으로 예금이 쏠릴 거란 전망이 나온다. 예금자보호한도 인상은 상품 가입 시점에 상관 없이 적용된다. 즉, 기존에 가입한 경우도 모두 1억 원이 한도가 된다.

> **예금보호한도 상향 대상**
> - 예금보험공사가 예금을 보호하는 은행·저축은행 등 금융회사
> - 개별 중앙회가 예금을 보호하는 상호금융권(신협·농협·수협·산림조합·새마을금고)
> - 동일한 금융회사나 상호조합·금고 안에서 일반예금과 별도로 보호한도를 적용하고 있는 퇴직연금,* 연금저축(공제), 사고보험금(공제금)
> * 확정기여형(DC)·개인형(IRP) 퇴직연금, 중소기업퇴직연금기금 중 예금 등으로 운용하는 금액
>
> 출처: 금융위원회 (2025년 9월 기준)

그런데 알아둘 점이 있다. 새마을금고·농협·신협 같은 상호금융의 예금자보호는 조금 다르다. 은행과 저축은행은 예금보험공사가 1억 원까지 보호해주지만, 상호금융은 각각의 중앙회가 그 일을 한다. 예컨대 ○○신협이 부실로 파산하면 거기 맡긴 돈은 예금보험공사가 아니라 신협중앙회가 돌려준다. 소비자 입장에서야 어디서든 돈만 돌려받으면 되긴 하지만, 차이는 알고 거래하자.

물론 보호한도 1억 원도 너무 적다고 여길 이들도 분명히 있을 거다. 혹시 너무 불안하다면 훨씬 더 안전한 선택지도 있다. 바로 우체국 예금이다. 우체국 예금은 특이하게도 예금자보호 한도가 무한이

다. 즉, 한도 없이 원금과 이자 전액을 국가가 지급 보장한다고 우체국예금보험법에 명시돼 있다. 우체국 예금을 판매하는 게 국가기관인 우정사업본부이기 때문에 그렇다. 나라가 망하지 않는 한 예금 지급을 무제한으로 보장해주는 유일한 기관이다.

우체국처럼 법으로 확실하게 보장된 건 아니지만 1금융권인 은행에 예금을 맡겼다면 그렇게 걱정하진 않아도 된다. 2금융권과 달리 1금융권인 은행이 그냥 망해서 문 닫고 예금을 못 돌려받게 될 가능성은 매우 낮다. 은행이 망하면 국가 금융 시스템이 무너지는 거나 마찬가지다. 경제에 미치는 영향이 너무나 크기 때문에 금융 당국이 나서서 어떻게든 뱅크런이 일어나지 않도록 조치를 취할 수밖에 없다.

어떻게 막느냐고? 간단하다. 한시적으로 은행의 예금자보호한도를 무제한으로 높여주면 된다. 1억 원 넘는 예금도 전부 다 보장해줄 테니 서둘러 돈 뺄 필요 없다고 안심시켜주는 거다. 실제 2023년 미국에서 실리콘밸리은행이 파산을 선언하며 불안감이 확산되자 미국 정부가 이런 조치를 취했다. 우리나라도 1997년 국제통화기금IMF 외환위기 당시에도 은행 예금 전액 보장 조치를 내놨다.

물론 이런 정부 차원의 구제 조치를 기대할 수 있는 건 어디까지나 1금융권인 은행뿐이다. 2011년 저축은행 사태로 부실 저축은행 16곳이 문을 닫았을 때, 예금자보호한도(당시 5,000만 원)를 초과한 예금자들은 손해를 감수해야만 했다. 저축은행을 포함한 2금융권 이용자라면 예금액은 예금자보호한도에 맞춰서 안전하게 가입하자.

예를 들어 이자율 3%짜리 1년 만기 예금이라면 손해 볼 염려 없는 예금액 한도는 9,700만 원 정도다. 1억 원이 아닌 9,700만 원인 이유는, 1년 동안 받을 세전 이자 금액(291만 원)까지 포함해서 계산해야 하기 때문이다. 물론 한꺼번에 9,700만 원 넘는 돈을 척척 저축은행에 예금하는 큰손은 극소수이지만, 언젠가는 우리에게 그런 날이 올지 모르니 꼭 알아두자.

02 보험, 재테크 건설 현장의 든든한 안전망

　보험 하나 가입하지 않은 사람은 드물 것이다. 평균적으로 가구당 민간 의료보험 4.7개에 가입한다는 건강보험연구원 통계도 있다. 월평균 보험료는 28만 3,000원. 1년이면 339만 6,000원, 10년이면 3,396만 원을 보험료로 내고 있단 뜻이다. 상당한 지출이다.
　보험, 특히 암보험이나 종합건강보험, 종신보험 같은 상품은 매우 비싸다. '집, 차 다음으로 비싼 소비'라고 보면 된다. 사실 상품에 따라서는 웬만한 차량 한 대 값보다 더 비쌀 수도 있다. 자동차 할부는 보통 3년이면 끝나지만, 이런 보험 상품은 납입 기간이 10년, 20년씩 되기 때문이다.

왜 보험에 드는지를 명심하라

문제는 이렇게 고가의 상품인데도 많은 사람들이 꼼꼼히 따져보지 않고 덜컥 가입해버린다는 점이다. 아는 사람이 부탁해서, 또는 왠지 필요할 것 같아서, 하나쯤 있어야 한다는 마케팅에 혹해서 보험계약서에 사인을 해버리는 경우가 많다.

그리고 그럴 수밖에 없는 이유가 있다. 보험이란 상품은 예금·적금처럼 온라인에서 간단하게 비교해서 어느 게 혜택이 더 좋은지 파악하기가 쉽지 않다. 실손보험을 빼면, 모든 보험 상품의 보장 항목과 보험료가 제각각이기 때문이다. 또 같은 상품이어도 가입자의 나이와 성별에 따라 보험료가 달라져서, 딱 잘라 '이 상품이 최고입니다'라고 추천하기가 어렵다. 한마디로 너무 복잡하다.

하지만 보험 가입을 고려할 때 알아둬야 할 공통의 기본 사항은 있다. 나중에 후회하지 않으려면 근본적인 질문에 대한 답을 가지고 있어야 한다. 보험의 기능은 무엇일까?

보험설계사들 설명을 듣다 보면 암보험 하나쯤 갖고 있지 않으면 나중에 암에 걸렸을 때 큰일 날 것만 같다. 그런데 정말 그럴까. 사실 한국은 건강보험이 잘 갖춰진 나라여서 웬만한 암 치료는 큰돈이 없어도 받을 수 있다. 적어도 돈 때문에 치료를 받지 못할 거란 걱정은 그렇게까지 크지 않다.

즉, 우리 사회는 아픈 사람들을 위한 기본적인 안전망(건강보험)은 이미 깔려 있다. 다만 그 기본 안전망만으로는 통 마음이 놓이지 않는 이들이 많다. 그래서 그 위에 한 겹 더 튼튼하게 안전망을 깔아줘서, 혹시 추락하더라도 바닥으로 곤두박질치지 않게 보호해주는 것, 그게 바로 보험의 기능이다.

이게 왜 중요하냐. 간혹 이 안전망에 지나치게 몰두하는 경우도 보여서다. 재테크를 건물 공사에 비유해보자. 우리는 열심히 번 돈을 모으고 불리고 투자해서 건물처럼 쌓아가고 있다. 이 건물을 조금이라도 더 높게, 튼튼하게 쌓는 게 중요하다. 그런데 공사를 하다가 실수로 추락하기라도 하면 큰일이다. 그러니 안전망, 즉 보험이 필요하다.

그런데 안전망이 무조건 크고 이중 삼중으로 겹겹이 설치되면 좋은 걸까? 안전망이 튼튼해서 나쁠 건 없지만, 그게 건물 높이에 영향을 주는 건 아니다. 아니, 오히려 안전망 짓는 데 돈을 너무 많이 쓰면 건물을 짓는 데 쓸 벽돌 살 돈이 모자랄지 모른다. 안전망은 추락 방지라는 본연의 기능에 충실하면 그걸로 충분하다. 안전망 구축에 너무 많은 돈을 쓰는 건 낭비일 수 있다.

실속파 보험 소비자가 되기 위한 전략

이런 관점에서 실속파 보험 소비자가 되기 위한 조언을 덧붙이자면 다음과 같다.

❶ 만기환급형 아닌 순수보장형으로

"내신 보험료는 만기 때 100% 환급해드려요." 이런 보험설계사 말에 많은 이들이 솔깃해한다. 보장 내용은 똑같은데 나중에 만기가 되면 낸 보험료 원금을 한꺼번에 돌려주는 보험 상품을 만기환급형이라고 부른다. 반대로 만기에 한 푼도 돌려주지 않는 순수보장형도 있다. 똑같은 상품이어도 만기환급형은 순수보장형보다 보험료가 40~50% 더 비싸다. 그런데도 소비자들은 고민하게 된다. 왠지 나중에 원금을 돌려받는 게 훨씬 이득인 것처럼 느껴져서다.

하지만 앞에서 설명한 '보험=안전망'을 명심하라. 비유하자면, 만기환급형 보험은 '만기 때 뽑아서 벽돌 대신 쓸 수 있는 옵션이 추가된 비싼 안전망'이나 마찬가지다. 보험 상품 만기는 보통 만 80세·90세·100세이니까, 쓸 수 있는 건 수십 년 뒤의 일이다. 그때쯤이면 이미 재테크 레이스는 거의 다 끝난 뒤이다. 돌려받는 보험료 원금이 용돈 거리는 되겠지만, 내 자산을 불리는 데는 별 도움이 안 될 가능성이 크다. 수십 년 동안의 인플레이션이 원금의 가치를 침식시켰을 것이기 때문이다. 안전망이 낡고 녹슬어버리는 것과 마찬가지다.

순수보장형은 다른 옵션 없이 추락 방지 기능에만 충실한 안전망이다. 안전망 구축에 굳이 많은 돈을 쓰지 않는 대신, 거기서 아낀 돈을 저축이나 투자에 쓸 수 있다. 재테크 건물을 더 빨리, 높이 올리는 데 중점을 둔다면 이게 훨씬 더 실속 있는 선택이다.

순수보장형 보험과 만기환급형 보험 비교		
	순수보장형 보험	만기환급형 보험
환급금	보험 만기 시 환급금이 없거나 매우 적음	보험 만기 시 일정 금액을 환급 받음
보험료	보험료가 저렴함	보험료가 높음
보험료 사용처	보험료가 보장하는 일에만 사용됨	보험료가 일종의 저축으로 사용됨

❷ 갱신형보다는 비갱신형

암보험이나 질병보험에 가입할 때 중요하게 따질 것 중 하나가 갱신형이냐 비갱신형이냐이다. 갱신형은 일정 기간(3년, 10년 등)이 지나면 보험료가 달라지는 보험이다. 그리고 대부분 나이가 많을수록 보험료가 비싸기 때문에 갱신 때마다 보험료가 가파르게 올라간다. 갱신을 안 하면 보험 보장이 끊긴다. 즉, 몇 년이 지나면 안전망이 사라져서 주기적으로 다시 설치해줘야 하는 셈인데, 그 설치 비용이 갈수록 비싸진다. 또 만약 100세까지 보험 혜택을 받고 싶으면 100세까지 계속 보험료를 내야 한다.

반면에 비갱신형은 한번 설치해주면 만기까지 끄떡없는 안전망이다. 최초 비용(초기 보험료)은 더 비싸지만 재설치해야 할 부담이 없다. 보험료는 납입 기한(보통 10년, 20년으로 설정)에만 내면 된다. 만약 '20년 납입, 100세 만기' 보험을 30세에 가입했다면, 50세 이후에 내야 할 보험료는 제로다.

보험에 가입하는 시점엔 소비자들이 갱신형에 더 끌릴 수도 있

	갱신형 보험과 비갱신형 보험의 장단점 비교	
	갱신형 보험	비갱신형 보험
장점	• 가입 시 보험료가 저렴하다	• 일정 기간 보험료를 납입하면 보험 기간 동안 보장받을 수 있다
단점	• 보장받는 기간 동안 보험료를 납입해야 한다 • 갱신 시마다 상승한 보험료를 납입해야 한다	• 갱신형 보험에 비해 가입 시 보험료가 높다

다. 가입 시점에선 갱신형 보험료가 훨씬 저렴하기 때문이다. 하지만 튼튼한 안전망을 구축한다는 보험의 취지에서 보면 비갱신형이 더 바람직하다. 싸다고 갱신형을 골랐다가는 나중에 정작 보험이 진짜 필요한 나이가 됐을 때 높아진 보험료를 감당 못 해 해지하게 될 수 있다. 나이 들어서까지 꼭 필요한 기본적인 보험일수록 비갱신형으로 가입하자.

보험은 오래된 게 좋다?

보험은 고고익선(古古益善), 즉 오래전에 가입한 게 혜택이 더 좋다는 말이 있다. 이런 말이 나오는 건 보험료가 이자율과 기대수명, 질병 발생률에 따라 정해지는 수학이기 때문이다. 대체로 과거보다 저금리로 이자율은 낮아졌고, 고령화로 기대수명은 길어진 대신 병원엔 더 많이 간다. 보험사 입장에선 보험료를 굴려서 벌어들이는 수익은 저금리 때문에 줄었는데, 늙고 아픈 고객들이 많아져 질병 관련 보험금은 더 많이 지급해주게 된다. 수지타산을 맞추기 위해 보험사들은 점점 보장 범위는 줄이고, 고객이 내는 보험료는 높이는 추세다.

자신에게 꼭 필요한 보험이라면 가급적 일찍 가입하는 게 나은 이유다. 또 지금은 가입할 수 없는 좋은 혜택을 주는 오래된 보험은 해지하지 않고 유지해야 한다. 예컨대, 2008년 이전에 가입한 암보험(갑상선암을 일반 암과 동일하게 보장), 2007년까지 판매된 1~3종 수술비 보장 보험(임플란트도 보장 가능) 같은 이른바 '전설의 보험'이 그것이다.

가입한 보험이 여기에 해당하는지 아닌지 모르겠다고? 보험계약서와 약관이 서랍 어디에 처박혀 있는지 잘 모르겠더라도 걱정할 필요 없다. 각 보험사는 홈페이지를 통해 계약 체결 내역 정보를 제공한다. 각 보험사 홈페이지 '공시실'에선 옛날에 팔았던 보험 상품 약관까지 모두 확인할 수 있다.

아예 본인이 무슨 보험을 가입했는지 자체를 잘 모르겠다고? 그래도 걱정할 것 없다. 가입한 보험을 한 번에 확인할 수 있는 사이트를 이용하면 된다. 대표적인 게 생명보험협회와 손해보험협회가 공동으로 운영하는 '내보험찾아줌(cont.insure.or.kr)' 사이트이다.

'내보험찾아줌' 사이트

그리고 진짜 유용한 사이트는 신용정보원의 '본인신용정보 열람서비스(www.credit4u.or.kr)'이다. 가입한 보험 상품 리스트와 보장 기

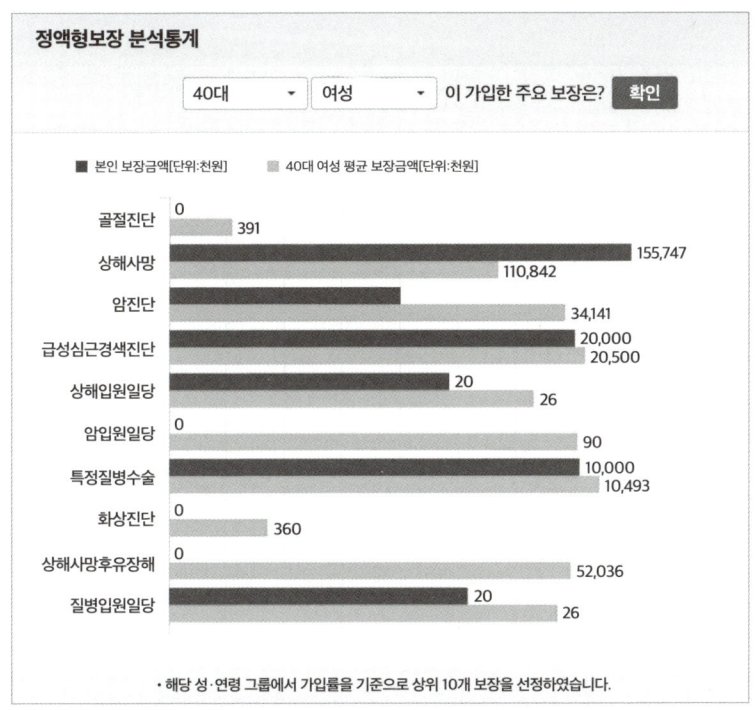

신용정보원 사이트에선 자신이 가입한 보험의 보장 금액이 또래 평균과 비교했을 때 어느 정도 수준인지를 한눈에 비교해볼 수 있다.

간, 보장 내역 같은 세부 정보까지 일목요연하게 정리해 보여준다. 특히 비슷한 연령대 가입자 평균과 비교했을 때 보험을 더 많이 들었는지 적게 들었는지까지 그래프로 볼 수 있다. 보험 리모델링이나 보험 추가 가입을 고민하는 사람이라면 한번쯤 들어가서 꼼꼼히 살펴볼 필요가 있는 필수 사이트이다. 신용정보원은 공공기관이라 정보 이용료는 공짜다.

신용정보원 '본인신용정보 열람서비스'

실손보험, 갈아탈까 말까

고고익선의 공식이 언제나 통하는 건 아니다. 보험료가 갈수록 높아지는 갱신형 보험, 그중에서도 특히 실손보험은 좀 따져봐야 한다. 실손보험은 3,997만 명이 가입한 그야말로 '국민보험'. 병원비 중 국민건강보험을 적용한 뒤에도 본인이 부담하는 비용은 보험사가 보전해주는 상품이다.

실손보험은 다른 보험과 달리 어느 보험사에서 가입하든 혜택이 완전히 똑같다는 게 특징이다. 따라서 실손보험에 새로 가입할 땐 사실상 보험료만 비교하면 된다. 보험료 비교는 생명보험협회와 손해보험협회가 운영하는 '보험다모아(e-insmarket.or.kr)' 사이트에서 성별과 생년월일만 비교하면 바로 할 수 있다.

'보험다모아' 사이트

아마 많은 이들의 고민은 실손보험에 가입할까 말까보다는 이미 가입해둔 걸 갈아탈까 말까일 것이다. 실손보험은 판매 시기에 따라 1세대(~2009년), 2세대(~2017년), 3세대(~2021년), 4세대(현재)로 구분된다. 세대가 높아질수록 보장해주는 범위가 줄어든다. 예컨대 1·2세대 실손보험은 도수 치료, 체외충격파 치료, 한약 주사 등을 보장해주지만, 3세대와 4세대는 특약을 따로 가입해야만 한다.

그 대신 오래된 실손보험일수록 보험료가 훨씬 비싸다. 현재 판매 중인 4세대 상품과 비교하면 2세대는 보험료가 2.5배, 1세대는 3.5배 수준이다. 그래서 고민된다. 이것저것 다 보장된다니까 든든

1~4세대 실손보험 비교			
	판매 시기	통원 치료 본인 부담금 비율	백내장 보장 여부	2025년 평균 보험료
1세대	~2009년 9월	0%	보장	5만 4,278원
2세대	2009년 10월~2017년 3월	10~20%	일부 보장	3만 3,671원
3세대	2017년 4월~2021년 6월	10~30%	비보장	2만 3,012원
4세대	2021년 7월 이후	20~30%	비보장	1만 4,573원

해서 좋긴 한데, 보험료가 너무 비싸서 부담되는 오래된 실손보험. 유지할까 말까?

사실 정답은 없다. 다만 이걸 알고 판단하자. 모든 보험과 마찬가지로 실손보험도 '상부상조'가 기본 원칙이란 점이다. 여러 사람이 십시일반 모은 돈(보험료)으로 아픈 소수의 사람에게 혜택(보험금 지급)을 주는 게 보험 상품의 구조다. 그래서 보험금을 한 푼도 타지 않은 가입자라도 다른 사람들이 보험금을 많이 받으면 내야 할 보험료가 인상되기 마련이다.

실손보험이란 상품은 이 상부상조 논리에서 볼 때 큰 허점이 있다. 암보험이 있다고 암에 일부러 걸리는 사람은 없지만, 실손보험이 있으니까 도수 치료를 받고 백옥 주사를 맞는 사람이 생긴다는 점이다. 실손보험 자체가 과잉 진료를 부추기는 구조이다. 그리고 그 부담은 결국 나머지 대다수 가입자에 전가된다.

만약 도수 치료 같은 비급여 진료를 자주 받는 사람이라면, 1·2세대 실손보험 유지가 당연하다. 그렇지 않은 경우엔 일단 본인 건강 상태부터 따져봐야 한다. 질환이 있거나 가족력이 걱정되는 사람이라면, 본인 부담금이 없거나 적은 오래된 실손보험을 좀 더 유지하는 게 나을 수 있다. 반대로 아직 젊고 건강에 자신이 있다면 갈아타기를 적극적으로 고려할 만하다. 특히 다른 질병보험을 이미 갖춰놓은 경우, 즉 안전망이 깔려 있다면 빨리 최신 실손보험으로 바꿔서 보험료를 절약하는 게 낫다.

통계에 따르면 지난 1년 동안 보험금을 한 푼도 청구하지 않는 실손보험 가입자가 전체의 67%이다. 이들 중에도 젊고 건강한 사람들은 점점 4세대로 빠져나가게 될 것이다. 보험금을 많이 타거나 건강에 썩 자신이 없는 고객만 1·2세대에 남게 되고 이들이 점점 나이를 먹으면서, 그럼 결국 언젠가는 1·2세대 실손보험료는 폭등할 수밖에 없다.

보험다모아 사이트에는 '실손의료보험 계약전환 간편 계산기'가 있다. 현재 가입한 보험상품과 월 보험료, 연간 의료 이용량을 입력하면 4세대로 전환했을 때 보험료와 의료비 본인부담액이 어떻게 달라지는지 알려준다.

03 신용카드, 어른의 금융 생활

"저는 주식도 안 하고, 대출받은 적도 없어요. 정말 금융과 거리가 멀고 금융을 몰라요."

어느 날 후배가 '금알못'임을 고백하며 한 말이다. 40대 초반인데 금융을 모른다는 건 어떤 것일까. 궁금해서 이렇게 질문했다.

"신용카드는 있지?"

그러자 "어휴, 선배. 당연히 있죠! 그 정도는 아니에요"라고 답했다. 그 대답엔 '설마 신용카드도 발급 못 받을 정도로 보이느냐'는 반문이 담겨 있었다. 하지만 후배에게 그 질문으로 하려던 말은 따로 있었다. 신용카드를 발급받았다면 그건 '진짜 어른의 금융 생활'을 이미 하고 있는 것이다. 적어도 금융 왕초보 1단계는 이미 벗어났고 한 단계 위란 뜻이다.

금융 생활이 어른, 아이가 따로 있냐고? 그렇다. 은행 예금·적금은 미성년자도 얼마든지 가입이 가능하다. 미성년자라 해도 체크카드를 만들 수 있고, 주식 투자도 할 수 있다. 보험 역시 아이 이름으로 가입할 수 있다.

하지만 신용카드는 다르다. 신용카드는 지금 당장 돈이 없어도 일단 사고, 결제는 나중에 결제일에 하게 한다. 개인의 신용으로 돈을 당겨쓸 수 있게 해주는 서비스다. 따라서 아무나 발급해주지 않는다. 만 19세 이상 성인 중에서도 심사를 통해 상환 능력이 있다고 검증된 사람에 한해 발급된다.

신용카드를 발급받았다면 꼭 명심해둘 점이 있다. 앞으로 신용카드를 어떻게 쓰는지가 모두 자신의 신용평점에 반영된다는 점이다. 즉, 이때부터 본격적인 신용 관리 생활이 시작된다. 신용등급 1등급의 고신용자가 되느냐, 아니면 7등급 이하 저신용자로 추락하느냐의 게임이 이때부터 본격적으로 펼쳐진다. 가벼운 마음으로 발급받는 신용카드 한 장의 무게가 생각보다 훨씬 무거운 이유다.

신용카드 중독 사회

우리나라는 신용카드 천국이다. 2000년 정부가 '신용카드 소득공제' 제도를 도입한 이래, 신용카드 결제는 급속히 확산됐다. 한국은행 통계에서도 한국인이 가장 많이 쓰는 지급수단 1위는 단연 신용카드(46.2%)였다. 신용카드를 삼성페이 같은 간편결제 앱에 등록해두고 사용하는 모바일 카드(12.9%)까지 포함하면 실제 비중은 더 크다. 영국 결제회사 월드페이가 2024년 발표한 보고서에 따르면, 한국은 신용카드 결제 비율이 전 세계에서 가장 높은 나라다.

신용카드는 소득공제 면에서 볼 때 체크카드보다 불리하다. 신용카드는 소득공제율이 15%인데, 체크카드의 경우 30%로 차이가 나기 때문이다. 하지만 이 소득공제율은 연간 사용 금액 중 총급여의 25%를 넘는 구간에만 적용된다. 따라서 카드 소득공제를 가장 똑똑하게 이용하는 방법은 신용카드와 체크카드를 섞어 쓰는 것이다. 총급여 25%에 해당하는 금액은 체크카드보다 할인·적립 혜택이 빵빵한 신용카드를 쓰고, 이를 초과하는 금액은 체크카드나 현금으로 결제하는 식이다.

그럼 어떤 신용카드가 좋은 카드일까? 그에 대한 답은 사람마다 다르다. 그리고 카드고릴라, 뱅크샐러드 등 신용카드별 혜택을 비교해서 소비 패턴에 맞는 카드를 추천해주는 비교 사이트는 이미 나와 있다. 혜택과 연회비를 비교해보면 자신에게 맞는 신용카드 찾기란 그리 어렵지 않다. 연회비 대비 혜택이 쏠쏠한, 이른바 '혜자카드'는 이용자가 너무 몰리면 카드사가 단종시키곤 하기 때문에 있을 때 가입하는 것도 방법이다.

그런데 한번 생각해볼 점은 있다. 우리나라가 유독 신용카드 천국이 된 게 과연 신용카드가 혜택 많고 편리하기 때문만일까. 우리는 혹시 신용카드에 중독된 건 아닐까.

이런 생각을 하게 된 건 수년 전 한 대형 카드사 임원과의 대화 때문이다. 토스, 카카오페이, 네이버페이 등 간편결제 서비스가 무섭게 커가던 때였다. 간편결제 서비스가 널리 보급되고 오프라인 매장에서도 신용카드 대신 핸드폰 결제를 많이 쓰게 된다면, 신용카드사는 위기를 맞지 않을까? 그런 질문을 던졌는데, 웃음과 함께 돌아온 답은 의외였다.

"간편결제 이용자 대부분이 은행 계좌가 아니라 신용카드를 등록해서 결제하게 될 겁니다. 간편결제 서비스가 번성해도 신용카드사는 계속해서 장사가 잘되는 거죠. 왜냐고요? 다들 은행 계좌에 돈이 없어요! 월급을 받아도 신용카드 결제 대금으로 다 빠져나가 버렸으니까요. 외상(신용카드 이용)을 끊으려면 최소한 한 달은 소비를 하지 않고 버텨야 하는데 그게 어디 쉽나요. 계속 외상을 할 수밖에 없다고요."

그 말은 사실이었다. 그동안 간편결제 서비스는 성장했지만 신용카드 이용 금액은 늘어만 간다. '소비는 지금, 결제는 나중'이란 외상에 일단 익숙해진 소비 패턴은 바뀌기 어렵다. 그렇게 중독되기 쉬운 게 신용카드라는 사실, 알고는 쓰자.

신용점수를 지키는 신용카드 활용 전략

신용카드를 가지고 상품이나 서비스를 일시불로 결제하는 데만 쓴다면 명심할 건 하나뿐이다. 분수에 맞게 소비하고, 대금을 연체하지 말 것. 결제 대금을 연체하면 연체 이자가 붙을 뿐 아니라, 신용점수에 영향을 줄 수 있으니 말이다. 그리고 이 점은 사실 누구나 알고 있는 기초 상식이다.

문제는 신용카드가 이보다 훨씬 더 많은 기능을 탑재하고 있단 점이다. 그리고 이 기능을 잘 활용한다면 문제 될 게 없겠지만, 잘 몰라서 또는 부주의해서 이 기능을 잘못 쓰는 경우도 너무나 많다. 그리고 이로 인해 한순간에 신용점수가 나락으로 떨어지는 경우도 여럿 봤다. 취재하면서 만난 수많은 청년 금융채무불이행자(옛 신용불량자)들도 불행의 시작은 신용카드인 경우가 대부분이었다. 어른의 금융 생활에는 막중한 책임이 따르는 법이다.

그렇다고 신용카드 쓰지 말라고 겁주는 건 아니다. 사실 신용카드를 잘 써서 꼬박꼬박 제때 대금을 갚으면 자신의 신용점수를 높이는 데 효과적이다. 즉, 잘 쓰면 약이다. 다만 몰라서 그 반대 상황에 처하지 않기 위해서 몇 가지는 꼭 명심해야 한다.

❶ 과도한 카드 할부는 그만

부담되는 큰 금액을 결제할 때, 유용한 게 신용카드 할부이다. 원래 할부 서비스엔 이자가 붙지만, 종종 'ㅇㅇ카드 3개월 무이자 할부' 같은 이벤트 안내가 뜨기도 한다. 이자도 없이 결제 금액을 나눠 낼 수 있다니, 왠지 할부로 결제하는 게 결제 부담도 줄이고 더 합리적인 것처럼 보이기도 한다.

하지만 할부 거래로 쌓인 결제할 금액도 일종의 '빚'이다. 가끔씩 필요할 때 무이자 할부를 이용하는 건 상관없다. 하지만 미처 이전에 할부로 결제한 걸 다 갚기도 전에 또다시 할부로 결제하길 반복해서 앞으로 결제해야 할 금액이 계속 쌓여간다면? 결국 빚이 쌓이는 셈이고, 그게 너무 많이 늘어나면 신용평가에 마이너스로 작용하게 된다. 그럼 카드 대금을 연체한 것도 아닌데, 자칫 신용평점이 깎이는 다소 억울한 상황에 처할 수 있다. 아무리 '무이자'라고 해도 할부는 남용하지 말자.

❷ 현금서비스·카드론, 제발 쓰지 마

급하게 현금이 꼭 필요한데 가족이나 지인에게 손 벌리기 구차하고 고민될 때. 이런 경우에 신용카드 현금서비스나 카드론을 이용하는 사람들이 꽤 많다. 현금서비스는 수수료율이 연 15~20%, 카드론은 8~20%로 매우 고금리 대출이다. 하지만 '잠깐만 쓰고 돈 생기면 갚지'라는 생각에 이용하게 된다. 신용카드가 있다면 별도 심사를 거치지 않고 앱을 통해 간편하게 받을 수 있다는 점도 많이 쓰게 되는 이유다. 은행계 카드사라면 ATM 기기에 신용카드만 집어넣으면 바로 현금으로 받을 수 있다.

현금서비스와 카드론의 차이는 상환 기간이다. 현금서비스로 빌린 돈은 다음 신용카드 결제일에 갚아야 한다. 카드론은 최장 3년까지 빌릴 수 있는 장기 대출이다. 같은 이용자라면 카드론 금리가 더 낮다.

그런데 현금서비스·카드론과 관련해 가장 중요한 건 이거다. 제발 웬만하면 쓰지 말자.

카드론과 현금서비스 비교		
	카드론(장기 카드 대출)	현금서비스(단기 카드 대출)
상환 기간	최장 36개월(3년)	다음 달 신용카드 결제일
대출한도	최대 한도 1,000~3,000만 원	신용카드 통합 한도의 10~50%
활용 방식	장기간 목돈이 필요한 경우	단기간 소액이 필요한 경우
리볼빙 활용	리볼빙 불가능	리볼빙 가능

현금서비스·카드론 제2금융권의 고위험 대출이다. 현금서비스나 카드론을 이용한다는 건 '그 정도로 돈이 매우 급한 사람'이란 위험 신호이다. 당연히 신용평가에 치명적이다. 현금서비스·카드론을 단 한 번만 이용해도 신용점수가 크게 떨어지는 이유다. 물론 연체 없이 성실히 갚는다면 신용평점은 다시 오르긴 하지만, 그 속도는 더디다. 원래 신용점수 하락은 쉬워도 회복은 어려운 법이다.

혹시 이미 현금서비스를 받았다면 결제일까지 기다리지 말고 최대한 빨리 선결제로 갚아야 한다. 그럼 이자 부담도 줄이고, 신용점수 회복을 앞당길 수 있다. 예전에 아는 금융 당국 공무원이 무심코 현금서비스로 몇십만 원을 빌렸다가, 신용점수가 하락해 은행 신용대출이 막혀 난감해하는 걸 본 적 있다. 정작 본인이 신용평가 업무를 담당하는 공무원이었는데도 그랬다. 아무리 지식이 풍부해도 급할 땐 사리 판단이 흐려지기도 하나 보다. 그런 상황에 처하지 않으려면 신용카드의 현금서비스, 카드론 기능은 그냥 잊어버리길 권한다.

❸ 리볼빙도 웬만하면 하지 마

"매월 원하는 만큼만 결제하고 캐시백 받으세요."

신용카드사는 종종 이런 문구로 이용자를 유혹한다. 전체 카드 결제 대금 중 일정한 비율만큼만 지불하고 나머지는 이월할 수 있는 서비스, 즉 리볼빙(일부 결제 금액 이월약정)이다.

매달 신용카드를 100만 원씩 쓰는 경우를 예로 들어보자. 리볼빙 비율이 10%라고 할 때 그달의 카드 사용 금액 100만 원 중 10만 원만 결제하면 된다. 그러면 나머지 90만 원은 다음 달로 이월된다. 다음 달엔 이월된 90만 원과 해당 달 사용한 100만 원을 합친 190만 원 중 10%인 19만 원만 결제하면 되고, 나머지 171만 원은 그다음 달로 또 이월된다.

솔깃하다고? 당장 이번 달 카드를 너무 많이 써서 연체에 빠질지도 모르는 급한 상황이라면 생각해볼 순 있겠다. 하지만 리볼빙도 현금서비스·카드론과 비슷한 일종의 대출이다. 수수료율도 연 15~20%로 할부보다 높다. 편하다고 리볼빙을 오래 이용하다간 수수료 폭탄을 맞기 십상이다.

신용도에도 당연히 영향이 있다. 리볼빙을 한 번 이용한다고 바로 점수가 하락하는 건 아니지만, 대출이기 때문에 반복적으로 장기간 이용하면 신용점수엔 마이너스이다. 그만큼 상환 능력이 부족하다고 평가하기 때문이다.

잔소리가 길었다. 신용카드 잘못 써서 금융채무불이행자 구렁텅이에 빠진 청춘들을 워낙 많이 봐서 그렇다. 신용카드는 어른이 이용하는 거고, 어른이기 때문에 '잘 모른 채 썼다'고 변명해봤자 소용없다. 신용카드의 잘못된 사용으로 인한 책임은 모두 자신에게 있다는 점. 발급받기 전에 꼭 명심해두자.

04 신용대출, 잘 빌리는 것도 기술이다

앞에서 신용 관리의 중요성을 강조한 건 어쩌면 결국 이걸 위해서 일지 모른다. 개인 신용도를 기준으로 금융회사에서 돈을 빌리는 대출, 신용대출이다. '나는 믿을 만한 사람'이란 걸 각종 서류로 증명하고 거액을 빌리는 것이다.

살다 보면 무슨 이유로든 큰돈이 필요할 때가 있는 법. 그때 1금융권인 은행 문턱을 넘어 신용대출을 받을 수 있으려면 미리부터 신용 관리를 잘 해둬야 한다. 신용도가 낮아 아예 은행에서 대출을 받을 수 없는 이들이 생각보다 많다.

물론 대출 기관이 은행만 있는 건 아니다. 저축은행·상호금융·캐피탈 같은 2금융권도 신용대출을 취급한다. 그 대신 높은 금리를 각오해야 한다. 2025년 2월 한국은행 통계를 보자면, 저축은행 가계대출의 평균 금리는 연 13.86%였다. 법정 최고 금리가 20%라는 걸 고려하면 매우 높은 수준이다. 은행 신용대출 평균 금리(5.5%)의 두 배가 훌쩍 넘는다. 3월 저축은행중앙회 통계를 봐도 저축은행에서 10% 이하 금리로 대출을 받은 비중은 1%도 채 되지 않았다. 금리가 기본 두 자릿수라는 건데, 상당히 부담스럽다.

되도록이면 은행 문턱을 넘을 수 있는 신용점수를 만들자. 요즘엔 갈수록 '신용 인플레이션'이 심해져서 고신용자가 늘어나는 추세다. 개인신용평가사 코리아크레딧뷰로KCB 통계에 따르면, 1,000점 만점에 신용점수가 900점 이상인 고신용자는 전체의 절반에 가깝다. 950점을 넘는 초고신용자 수도 2023년 기준 1,300만 명이 넘는다.

그러다 보니 은행에서 신용대출을 받을 수 있는 점수 기준도 점점 높아진다. 5대 시중은행에서 개인 신용대출을 받은 사람의 평균 신용점수는 '2022년 12월, 903점→2023년 12월, 923점→2024년 12월, 925점'으로 올랐다. 1,000점 만점에 925점이 평균이라니. 너무 높은 게 아닌가 싶지만 그렇게 기준을 높여도 은행엔 돈 빌리려는 사람이 줄을 선다. 아쉬운 건 은행이 아니라 돈 꾸는 사람이다. 대출을 받으려면 높아진 기준을 따라가는 수밖에 없다.

대출금리가 문제? 대출한도는 더 문제!

신용대출을 받을 수 있을지 없을지, 받는다면 조건은 어떨지를 비교해주는 플랫폼은 여럿이다. 토스, 카카오페이, 카카오뱅크, 핀다,

네이버페이 등이 대표적이다. 어디가 좋을지 단순히 대출 조건을 조회하는 것만으로는 신용점수에 영향이 없다. 여러 금융회사 사이트를 기웃거릴 수고를 덜고 한 곳에서 확인할 수 있으니 편리하다.

그런데 실제 신용대출 조건을 비교해본다면 예상과 다른 결과에 실망할 수 있다. 꼭 금리가 높아서만은 아니다. 생각보다 신용대출 한도가 너무 적어서 문제인 경우도 많다. 사실 많은 소비자들이 '금리가 아니라 한도가 문제'라고들 얘기한다.

은행들은 '직장인 최대 3억 원'이라며 신용대출 상품을 홍보한다. 실제론 안정적인 직장과 높은 신용점수를 가진 사람조차도 한도는 그리 높지 않을 수 있다. 왜? 신용대출한도에서 가장 중요한 건 연 소득이기 때문이다. 연 소득은 보통 최근 1년 치 건강보험료 납부 내역을 가지고 은행이 추정한다.

몇 년 전만 해도 은행에서 직장인 신용대출은 연 소득의 200%까지, 의사 같은 전문직은 300%까지 한도를 주곤 했다. 이후 한동안은 은행에선 연 소득의 1.5배가 일반적인 한도였다. 하지만 금융 당국이 가계부채 조이기에 나서면 신용대출한도가 연 소득의 100%로 확 줄어들곤 한다. 하필 그때 돈이 필요한 사람들은 난감한데, 바로 2025년 '6·27 가계부채 대책'으로 그런 일이 발생하고 말았다. 신용대출한도를 연 소득의 100%로 규제하기 시작했다. 신용대출을 잔뜩 받아서 부동산 투자에 쓰는 걸 막겠다는 취지다. 당분간은 '신용대출 보릿고개'가 불가피하다.

고정금리냐 변동금리냐, 선택 기준은 하나

금리와 한도 조건이 모두 괜찮은 신용대출 상품을 골랐다면, 이제 선택할 게 있다. 고정금리로 할까, 변동금리로 할까.

고정금리 대출은 말 그대로 대출 기간 내내 금리가 일정하다. 변동금리는 정해진 주기(예: 6개월 또는 1년)마다 시장 상황에 맞게 금리가 조정된다. 둘 중 뭐가 나을까. 고민될 땐 이것만 생각하면 된다. 앞으로 시장금리가 오를까, 내릴까.

만약 금리가 바닥이고 향후 인상될 거란 전망이 파다했던 2021년 초, 만기 5년짜리 신용대출을 받았다면? 금리가 뛸 것에 대비해 '고정금리'를 선택했어야 한다. 반면에 금리 인하가 곧 시작될 거란 전망이 우세했던 2023년 말이었다면? 금리 인하 혜택을 볼 수 있는 '변동금리'가 답이다.

만약 금리가 높을 때 고정금리로 대출을 받아놨는데, 이후 예상과 달리 시장금리가 내려서 손해 본 느낌이라면? 이런 경우에도 솟아날 구멍은 있다. 대출 갈아타기, 즉 대환대출이다.

요즘엔 금융회사를 직접 찾아갈 필요 없이 온라인으로 신용대출을 갈아타는 플랫폼이 있다. 주요 은행 앱과 네이버페이, 카카오페이, 토스, 뱅크샐러드 등에서 이용할 수 있다. 기존 대출 조건과 새로 받을 수 있는 조건을 보고 이자를 얼마나 아낄 수 있는지, 물어야 할 중도상환 수수료는 얼마인지를 확인할 수 있다. 대출 조건 조회는 신용점수에 영향을 주지 않는다.

갈아타기를 최종 선택하면 해당 금융회사 앱에서 대출 계약을 진행한다. 그럼 기존 대출금은 자동으로 상환되고 갈아타기가 끝난다. 앱 설치부터 대환 완료까지 15분이면 된다.

2024년에는 내내 시장금리가 하락세를 탔다. 금리가 높았던 2022~2023년에 신용대출을 받은 이들이 이 대환대출 플랫폼 덕을 톡톡히 볼 수 있었다. 1억 원 신용대출 금리를 6.5%에서 5.0%로 낮추면 연간 이자 부담이 150만 원이나 줄어든다. 15분쯤 투자할 가치가 충분하다.

대출 갚는 법에도 전략이 있다

대출을 받았다면 이걸 어떻게 갚는 게 가장 좋을까. 대출을 갚는 방법은 본인이 스스로 정하게 돼 있다. 선택지는 세 가지다. ① 만기 일시 상환, ② 원리금 균등분할 상환, ③ 원금 균등분할 상환.

이 단어를 처음 접한다면 무슨 말인지 순간 헷갈릴 수 있다. 하지만 실제론 이름 안에 설명이 다 들어가 있어서 그리 어려운 얘기는 아니다. 사실 쉽게 짐작할 수 있는 용어이다. 우선 '일시(한꺼번에)'에 갚느냐, '분할(나눠서)'로 갚느냐를 정한 뒤, 만약 분할이라면 '원리금(원금+이자)'을 나눌지, '원금'만 나눌지를 정하면 된다.

세 방식이 각각 장단점이 뚜렷하기 때문에 어느 것이 답이라고 딱 잘라 말하긴 어렵다. 자신의 주머니 사정에 뭐가 잘 맞는지 스스로 정해야 한다. 그러니 이 기회에 각각이 뭘 뜻하는지 알아두자. 이는 주택담보대출 같은 다른 대출을 받을 때도 필요한 상식이다.

❶ 만기 일시 상환

대출 기간 내내 이자만 갚다가 마지막 만기 날, 한꺼번에 몰아서 원금을 갚는 방식이다. 대출 기간 중에 상환 부담이 가장 가볍다는 게 장점이다. 연 5% 금리로 1억 원을 5년(60개월) 만기로 빌린 경우를 예로 들자. 59개월 동안은 매달 41만 6,666원씩 이자만 내다가 마지막 60번째 달에 원금(1억원)과 월 이자(41만6,666원)을 합친 1억 41만 6,666원을 갚아야 한다. 단점은 세 방식 중 총 이자 금액이 가장 많다는 것. 60개월 동안 내는 이자가 총 2,500만 원이나 된다.

연 5% 금리로 1억 원을 60개월 만기 일시 상환으로 빌린 경우		
개월	1개월~59개월	60개월
상환금	매달 이자만 상환 41만 6,666원	원금과 월 이자 상환 1억 41만 6,666원
총 이자 금액	2,500만 원	

❷ 원리금 균등분할 상환

원리금이란 원금과 이자를 합친 개념이다. 이 원리금을 대출 기간 내내 N분의 1로 균등하게 나눠 갚는 방식을 말한다. 매달 상환하는 금액이 처음부터 끝까지 동일하다. 매달 지출이 일정하길 원하는 사람에게 적합하다. 이 경우 매달 188만 7,123만 원씩 60개월 동안 꾸준히 갚으면 된다. 이렇게 하면 총 이자 금액은 1,323만원으로, 세 방식 가운데 중간이다.

연 5% 금리로 1억 원을 60개월 원리금 균등분할 상환으로 빌린 경우	
개월	1개월~60개월
상환금	매달 188만 7,123만 원
총 이자 금액	1,323만 원

❸ 원금 균등분할 상환

2번과 한 글자 차이다. 원리금(원금+이자)이 아니라 대출 원금만 매달 균등하게 나눠 갚는단 뜻이다. 이자는 매월 남은 원금에 따라 달라진다. 시간이 지날수록 남은 원금이 줄어들기 때문에 이자도 따라서 점점 줄어드는 구조다. 따라서 초기 상환 부담은 가장 큰 대신 최종적으로 내는 이자 금액은 세 방식 중 가장 적다. 이 방식을 택한다면 첫 달엔 208만 6,666원(원금 166만 원+이자 41만 6,666원)을 갚아야 한다. 그 대신 마지막 60번째 달엔 166만 6,916원(원금 166만 원+이자 6,910원)으로 줄어든다. 이자 총액은 1,269만 원.

이자를 최대한 아끼고 싶다면? 당연히 3번 원금균등상환이 답이다. 하지만 초기에 갚아야 할 금액이 생각보다 부담될 수 있다. 또 매달 갚아야 할 돈이 달라져서 관리가 어려울 수 있다.

대출 기간 동안 가장 여유로운 건 1번 만기 일시 상환이다. 그 대신 만기일에 원금을 갚아야 하는 폭탄이 기다리고 있다. 폭탄이 터

연 5% 금리로 1억 원을 60개월 원금 균등분할 상환으로 빌린 경우				
개월	1개월	…	60개월	
상환금	원금 166만 원 +이자 41만 6,666원 =208만 6,666원	…	원금 166만 원 +이자 6,910원 =166만 6,916원	
총 이자 금액		1,269만 원		

지지 않으려면 미리 목돈을 마련하거나, 다른 대출을 알아보는 준비가 필요하다. 게다가 이자 부담은 3번 원금 균등 상환의 두 배 수준이다. 솔직히 대출자보다는 금융회사에 유리한 방식이다. 금융회사 입장에선 이자 수익이 가장 쏠쏠한 데다가 만기에 원금을 마련 못한 대출자가 또다시 대출을 받게 될 가능성이 크니 말이다. 본래 금융서비스라는 게 당장 쓰기 편하고 부담 없는 방식일수록 소비자보단 금융회사에 유리한 법이다. 그게 금융서비스의 속성이다.

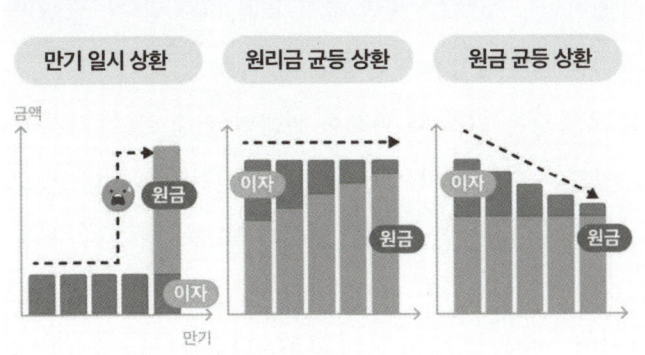

마이너스통장, 이건 알고 뚫자

직장인의 필수품. 흔히 '마통'이라고 줄여 말하는 마이너스통장을 두고 이런 표현을 많이 쓴다. 웬만한 직장인은 하나쯤 갖고 있단 뜻일 텐데, 개인적으로는 동의하지 않는다. 옛날엔 신용대출 한번 받으려면 서류 떼서 은행 창구에 찾아가야 했으니, 비상금 용도로 마이너스통장 대출을 미리 받아두곤 했다. 하지만 요즘처럼 휴대전화 앱으로 비대면 신용대출을 받는 시대에 뭐 그렇게까지 급할 일이 있을까 싶다.

마이너스통장은 신용대출의 한 종류다. 대출 금액을 한꺼번에 빌리고 한꺼번에 갚는 일반 신용대출과 달리, 약정 한도 안에서 자유롭게 입출금할 수 있다는 게 특징이다.

필요할 때마다 열어 쓸 수 있는 현금 금고가 하나 생기는 셈이다. 마치 금고 연결 통로를 만드는 것처럼 '마통을 뚫는다'고 표현한다. 이자는 사용한 금액에 사용한 날짜만큼만 붙는다. 약정 한도가 5,000만 원이어도 1,000만 원만 빼서 쓰면 1,000만 원, 3,000만 원만 쓰면 3,000만 원에 대한 이자만 붙는다. 아예 안 쓰면? 이자는 0이다.

마이너스통장은 원할 때 필요한 만큼만 꺼내 쓰고, 다시 아무 때나 중도 상환 수수료 없이 갚을 수 있다. 편리해 보인다고? 그 대신에 단점도 명확하다. 일반 신용대출보다 금리가 더 높다. 보통 0.5% 포인트 정도 차이가 난다. 편리한 대신에 그만큼 이용료를 더 내야 하는 셈이다. 짧게, 수시로 쓰고 갚길 반복한다면 마이너스통장이 유용하지만, 길게 쓰기엔 이자 낭비다.

　마이너스통장을 쓸 때 알아둘 점은 약정 한도가 모두 신용대출 금액으로 잡힌다는 점이다. 5,000만 원 한도의 마이너스통장을 개설해놓으면 그중 한 푼도 안 빼서 썼어도, 자신의 신용 정보엔 5,000만 원의 대출을 받은 걸로 나온다. 이게 문제가 되는 건 다른 대출을 추가로 받을 때다. 주택담보대출을 새로 받는데, 기존 마이너스통장 때문에 한도가 그만큼 줄어들 수 있다.

　마이너스통장은 잘만 이용하면 나쁘지 않은 대출이다. 예를 들어 육아휴직에 들어가기 직전에 마이너스통장을 개설해두면, 중간에 자금이 필요할 때 유용하게 쓸 수 있다. 카드론·현금서비스처럼 금리가 높고 신용점수에 충격이 큰 2금융권 대출보다 낫다.

　하지만 돈 관리가 미숙한 사회 초년생엔 권하지 않는다. 너무 편리한 게 오히려 독이다. 통장에 마이너스가 찍히는 대출금인 걸 잊고, 자기 돈인 양 무분별하게 써버릴 수 있다. 저축으로 종잣돈을 만들어야 할 시기에 저축은커녕 빚만 잔뜩 늘리기 십상이다.

경제뉴스 인사이트

두 자릿수 예금금리 시대는 다시 올 수 있을까?

방송인 송은이 씨가 1993년 은행에서 가입했다는 연금저축이 화제가 된 적이 있다. 연 이자율이 무려 20%라고 밝혔기 때문이다. 연 20% 이자율이 얼마나 대단한 거냐면, 첫해에 100만 원만 넣어두고 더 이상 납입하지 않아도 10년 뒤엔 620만 원, 20년 뒤엔 3,834만 원, 30년 뒤엔 2억 3,738만 원, 40년 뒤엔 14억 6,977만 원으로 불어난다. 이자에 이자가 붙는 '마법의 복리 효과' 덕분이다.

20%까진 아니지만 연 10% 넘는 이자율의 보험 덕분에 노후가 든든한 사람들은 주변에 꽤 있는 편이다. 1990년대 말, 대형 생명보험사는 앞다투어 10% 안팎의 높은 금리를 주는 확정금리형 종신연금을 팔았다. 전 직장이 삼성생명 본사 근처였는데, 당시 회사 사무실까지 찾아와 영업했던 삼성생명 보험설계사 한 분이 이 상품을 왕창 팔았다고 한다. 그때만 해도 이 상품 덕분에 '보험왕'에 오른 그 설계사가 승리자인 줄 알았다. 하지만 진짜 대박 난 건 그때 얼결에 고금리 보험에 가입했던 이들이었다.

요즘엔 정기예금 이자율이 연 3%여도 고금리 소리를 듣는다. 물론 시장금리 변동에 따라 예금 이자율은 더 오를 수 있지만, 1990년대 같은 두 자릿수 금리 시대가 다시 찾아오길 기대하긴 어렵다. 아니, 아마 영영 그 시절은 오지 않을 것이다. 왜 그럴까. 한마디로 우리나라가 저성장 국면에 접어들었기 때문이다.

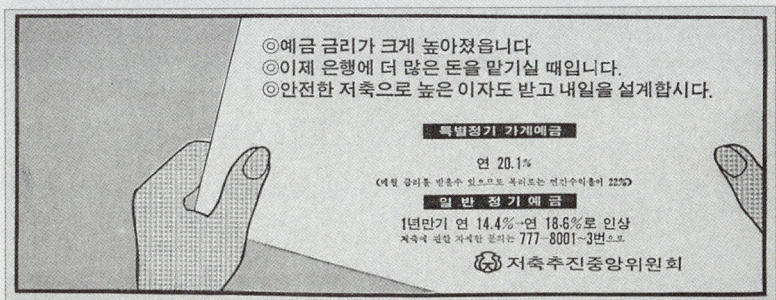

출처: 대한민국역사박물관

한때 고금리는 경제성장 전략이었다

한국이 고도성장을 구가하는 개발도상국이던 시절, 이 나라는 늘 돈이 부족했다. 자본 집약적인 중화학 산업을 키우겠다는 정부의 야심 찬 계획엔 엄청난 자금이 필요했다. 하지만 국가도 기업도 모두 신용도가 낮으니 해외에서 돈을 꿔오는 데도 한계가 있었다. 또 무작정 해외 차입에 의존하기보다는 '자립 경제'를 구축하고자 했다. 그래서 정부는 '저축만이 살길'이라며 국민들에게 저축을 장려했다. 말로만 장려해선 소용없으니, 예금금리를 끌어올렸다. 당시만 해도 시중은행이 사실상 공기업이나 다름없었고, 은행 예금금리도 재무부 공무원이 직접 정했던 시절이다. 물가 상승률보다도 높게 책정된 예금 이자율이 예금자들을 혹하게 만들었다. '저축=부자 되는 법'으로 통하면서 가계 저축률이 극적으로 높아졌다.

무엇보다 이 시기엔 높은 성장률 덕분에 이런 고금리를 얼마든지 감당할 수 있었다. IMF 외환위기 직전까지 한국 경제는 수십 년간 연간 8% 안팎의 고성장을 기록했다. 기업이 커지고 근로자 소득이 급증하고 인구가 팽창하던 고도성장기엔 10%대 금리도 그리 큰일이 아니었다.

하지만 2025년 한국이 처한 상황은 그때와 정반대이다. 잠재성장률은 1%대로 이미 떨어졌고, 생산 가능 인구는 빠르게 줄고 있다. 나라 경제가 성장할 거란 희망이 보여야 기업도 국내 투자를 늘릴 텐데, 이런 상황에선 기업도 투자에 선뜻 나서기 어렵다.

동시에 고령화가 심화되면서 가계 저축률은 되레 높아졌다. 이건 '고령화=저축률 하락'이란 일반적인 상식과는 정반대되는 결과다. 노후가 불안한 우리나라 고령층이 소비를 줄이고 돈을 묻어두고 있기 때문이다.

결국 저축의 공급은 줄지 않는데, 성장률이 꺾이면서 이 돈을 가져다 투자할 만한 수요는 줄어만 간다. 이렇게 돈이 남아돌면 자연히 돈값인 금리는 떨어지기 마련이다. 한국 경제의 심각한 저성장·고령화 추세를 볼 때 예금금리(정확히는 물가 상승률을 반영한 실질금리)가 크게 오르기란 쉽지 않아 보인다. 한국은행은 2025년 발표한 '초고령화에 따른 통화정책 여건 변화와 시사점' 보고서에서, 한국의 실질금리가 완만한 하락세를 이어가서 마이너스로 떨어진 뒤 저축률이 감소세로 돌아서는 2060년쯤에나 반등할 거라고 내다봤다. 달리 말하자면, 이제 은행에 저축해서 돈 벌기는 어려운 시대가 됐다.

이자 장사하는 은행을 미워할 필요 없는 이유

"손쉬운 이자 놀이, 이자 수익에 매달리지 말라."

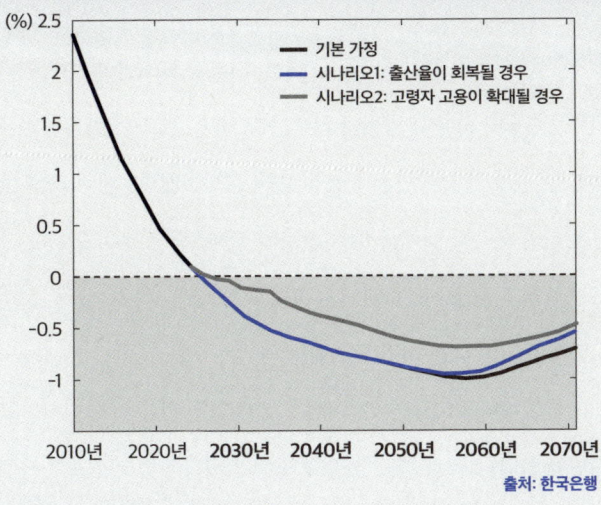

이재명 대통령이 공개적으로 금융권에 이와 같이 경고한 게 대대적으로 보도됐다. 이런 경고, 사실 새롭지 않다. 이번 정부뿐 아니라, 이전의 거의 모든 정권은 좌파·우파, 보수·진보 할 것 없이 이자 장사하는 은행을 때렸다. '서민 경제는 시름이 깊은데, 은행은 앉아서 이자 장사로 떼돈을 번다'는 비판은 언제나 있어왔다. 서민 경제는 어려운데 은행은 해마다 사상 최고 기록을 경신하며 수조 원대 순이익을 올리는 게 못마땅한 국민들도 이런 비판에 공감한다.

그런데 좀 따져보자. 은행은 무슨 장사를 하는 곳일까? 문재인 정부 시절의 한 금융 당국 수장은 오프더레코드(비보도 조건)를 전제로 기자들에게 이렇게 말했다.

"은행업은 원래 고리대금업이야!"

은행업을 폄하한 게 아니었다. 이자 장사를 하는 게 은행의 기본 업무이고, 그걸 잘하는 게 무엇보다 중요하다는 걸 강조하는 말이었다. 고객이 맡겨놓은 예금을 잘

굴려서 불린 뒤 그 이자 차익을 챙기는 것. 그게 은행이 원래 하는 가장 중요한 일이다.

그리고 그걸 잘하는 건 생각보다 쉬운 일이 아니다. 2011년 부동산 PF 대출 부실로 대형 저축은행들이 줄줄이 망했던 저축은행 사태, 2023년 보유했던 국채 가격 급락으로 막대한 손실을 입으면서 파산한 미국 실리콘밸리은행 사례를 보면 알 수 있다. 위험 관리를 제대로 못해서 이자 장사에 실패하면 은행이 망하고, 고객이 피해를 보고, 자칫 국가 금융 시스템까지 흔들릴 수 있다.

은행의 이자 장사에 대한 비판이 위험한 건 자칫 의도와 달리 은행에 '수수료 장사를 하라'고 부추기는 셈이 될 수 있어서다. 은행업은 원래 이자 장사와 수수료 장사, 두 가지밖에 없다. 수수료 장사 비중을 늘린다는 건 은행이 고객을 상대로 더 많은 보험, 펀드, ELS(주가연계증권), 카드, 퇴직연금을 판매하는 데 열을 올린다는 뜻이다. 그렇게 되면 또 다른 문제(주로 은행원이 제대로 설명하지 않고 팔았다는 문제와 관련된)를 야기할 게 뻔하다.

따라서 은행이 이자 장사 한다고 비판할 게 아니라, 오히려 왜 이자 장사를 지금보다 더 잘하지 못하는지를 따져야 한다. 왜 은행 대출은 아파트 담보대출에만 그렇게 많이 쏠려 있을까. 왜 첨단 기술과 반짝이는 아이디어를 가진 기업으로 은행 대출이 흘러가지 않을까. 왜 은행은 과거의 재무제표만 보느라 성장하는 작은 기업의 미래 가치를 놓치고 있을까. 시대 변화에 맞춰서 은행도 더 진취적으로 기술 산업 성장에 기여할 순 없을까.

이에 대해 은행권은 금융 당국 규제 탓을 하지만, 결국 의지와 실력의 문제다. 지금의 실적에 안주하다 보니, 더 높은 이익을 위해 더 큰 리스크를 감수하려 하지 않는다. 리스크를 제대로 분석할 능력도 없다. 따라서 정부가 의도하는 대로 '생산적

금융'을 키우려면 은행을 이렇게 닦달해야 한다.

'고작 이익을 이거밖에 못 내? 더 화끈하게 이익을 낼 수 있는 새로운 대출처를 찾으라고!'

물론 경제 전반의 활력이 떨어진 상황에서 말처럼 쉬운 일은 아니다. 하지만 지금이라도 물길을 돌려놓지 않으면 희망이 없다. 저성장은 저축 실질금리를 마이너스로 떨어뜨리고, 주식 수익률을 직접적으로 갉아먹는 가장 큰 요인이다. 우리가 이런 생소한 경제 이슈에도 관심을 가져야 하는 이유다.

운명을 바꾸는 초압축 경제 공부

PART 2
금리와 환율

내 주식 계좌를 흔드는 새벽 3시의 발표

%
⟲$⟳
€

01 금리, 모든 경제활동의 단 하나의 기준

예금을 들까 말까, 대출을 받을까 말까, 주식을 살까 말까, 집을 살까 말까. 이런 재테크와 관련된 모든 의사결정에 공통으로 영향을 미치는 변수가 있다. 개인만이 아니다. 기업 역시 설비투자를 할까 말까, 고용을 늘릴까 말까를 정할 때 이걸 두고 고민한다. 게다가 환율까지 이것에 달려 있다. 이게 뭘까? 바로 금리이다.

'돈값'에 대한 감각을 깨워라

금리는 '돈의 가치=돈값'이다. 누군가로부터 돈을 빌리면 그에 대한 대가로 지불하는 게 금리이다. 돈도 마치 사고파는 다른 상품처럼 가격이 붙는다는 개념, 다소 생소하지만 이걸 꼭 머리에 담아두

자. 그럼 금리가 어떨 때 내리고 어떤 경우 오르는지를 이해하기가 한결 편하다. 다른 모든 상품의 가격처럼 수요와 공급에 따라 금리도 결정되기 때문이다. 돈의 공급이 수요보다 많으면, 즉 시중에 돈이 넘치면 돈값인 금리는 내린다. 반대로 돈의 수요가 공급보다 많으면, 즉 시중에 돈이 부족해지면 돈값인 금리는 오른다.

자본주의는 돈의 세상이고 돈값, 즉 금리가 자본주의 경제활동의 절대적인 기준이다. 모두가 금리가 설정한 그 잣대에 순응해서 움직일 수밖에 없다. 왜? 이를 거스르면 결국 돈을 잃고 손해만 볼 뿐이기 때문이다. 자본주의 경제학에서 기대하는 '합리적인 경제주체'라면 당연히 금리 수준과 움직임에 맞춰 경제활동을 해나가야만 한다. 그게 바로 필수 생존법이다.

아니, 지금껏 그런 중요한 생존법을 누구도 가르쳐준 적이 없다고? 우리 모두가 자본주의 사회에서 태어나 살아왔으니, 금리에 대한 감각도 마치 모국어 능력처럼 자연스레 터득할 수 있다면 참 좋으련만. 안타깝게도 그렇진 못한 것이 사실이다. 하지만 너무 걱정할 필요 없다. 지금이라도 배우면 된다. 아마도 어렴풋하게 느껴왔을 금리에 대한 감각을 지금이라도 깨우면 된다.

금리 인하라는 밀물

금리는 주기적으로 오르락내리락한다. 영원히 계속 오르지도, 무

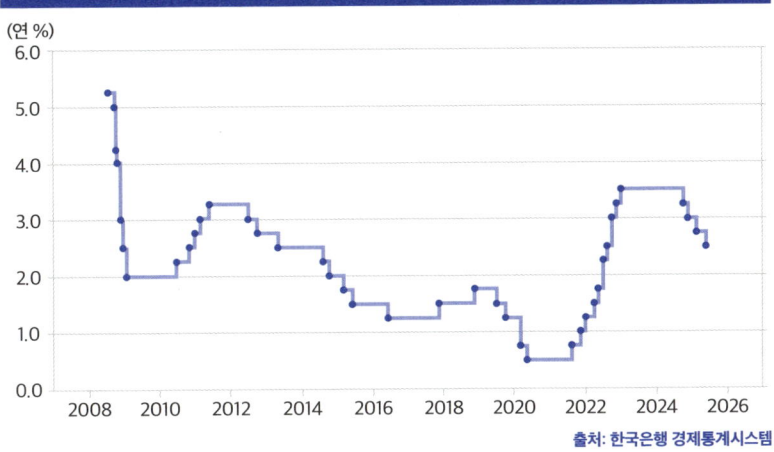

출처: 한국은행 경제통계시스템

한정 내리지도 않는다. 그리고 자본주의 사회에서 사는 한 이 금리의 영향을 피할 수 있는 사람은 아무도 없다. 그래서 생각한다. 금리의 내리고 오름은 꼭 밀물과 썰물의 움직임 같다고.

그럼 어느 쪽이 밀물, 어느 쪽이 썰물일까. 어차피 비유적 표현이긴 하지만 굳이 따지자면 '낮은 금리(저금리)=밀물'이다. 금리가 내려간다(인하)는 건 밀물이 밀려와 바닷물 높이가 높아지는 것과 비슷하다. 금리가 내린다는 건 돈값이 싸진다, 즉 돈을 빌려서 흥청망청 쓰기가 좋아진다는 뜻이기 때문이다. 마치 밀물이 밀려오면 둥둥 튜브 타고 놀기 좋은 것처럼 저렴한 돈이 밀려오는 것과 마찬가지다.

높았던 금리가 내려가기 시작하면 시장에선 무슨 일이 벌어질까. 경제주체들의 태세 전환이 시작되는데, 일단 예금자와 대출자는 입장이 정반대다.

❶ 금리 인하기의 예금자

은행에 현금을 쌓아둔 예금자들에게 금리 인하는 큰일이다. 보유한 자산(현금)의 값어치가 뚝뚝 떨어지니 말이다. 자칫 예금금리가 물가 상승률에도 못 미치면 실질적으로는 돈을 잃는 거나 마찬가지가 될지 모른다(실질금리 마이너스). 그걸 피하려면 예금 대신에 좀 더 높은 수익률을 기대할 수 있는 다른 자산으로 옮겨가야 한다. 예컨대, 높은 금리를 주는 회사채나 가격 상승을 노릴 만한 주식·부동산·코인 같은 쪽이다. 물론 은행 예금과 달리 이런 자산은 자칫하면 원금을 날릴 위험이 도사리고 있다. 하지만 앉아서 당하느니 과감한 베팅을 하겠다며 이런 위험 자산으로 옮겨가는 이들이 생겨난다. '머니 무브Money Move'라고 부르는 현상이다.

❷ 금리 인하기의 대출자

대출을 이미 받은 사람에게 금리 인하는 더할 나위 없이 반가운 소식이다. 변동금리로 대출을 받았다면 가만히 있어도 갚아야 할 이자가 줄어들 것이다. 고정금리로 대출을 받았다면 이자가 달라지진 않는다. 그 대신 더 싼 대출로 갈아탈 수 있는지(대환대출)를 알아볼 기회다. 그리고 대출을 받을까 말까를 고민하던 이들도 금리가 내리고 돈값이 싸지면 부담 없이 대출을 받게 된다. 그래서 빚을 내서 주식도 사고, 코인도 하고, 집도 사는 사람들이 늘어간다. 돈을 빌리는 데 드는 이자보다 그걸로 투자해서 얻는 수익이 더 높다면 그게 합리적인 선택일 수도 있다. 금리 인하가 흔히 주식시장엔 호재로 작용하는 이유다. 밀물처럼 밀려드는 싼 돈 덕분에 금융시장이 다 같이 붕 뜨게 되는 셈이다.

그럼 기업은 어떨까. 기업도 보통 대출자와 비슷한 입장이다. 기업이 공장을 새로 짓고, 기계를 새로 들여오고, 사람을 더 뽑는 투자를 하려면 돈이 필요하다. 그러려면 은행에서 대출 받든 채권을 발행해서 채권자로부터 빌리든 해야 한다. 금리가 낮으면 돈 빌리는 데 부담이 없으니, 투자를 늘리고 사업을 확장할 기회다. 특히 평판과 성장성이 괜찮은 기업이라면 너도나도 돈을 빌려주겠다, 지분에 투자하겠다고 나설 것이다. 큰 기업은 물론, 투자가 절실한 초기 스타트업까지 밀물 덕을 보게 된다. 기업 활동이 활발해지니 실물경제도 호조를 보이게 된다.

금리 인상이란 썰물

저렴한 돈의 힘으로 다 같이 붕 떠오르는 게 금리 인하의 효과라면, 금리 인상은 정반대다. 가득 찼던 저렴한 돈이 싹 빠져나가면서 바닥을 드러내기 시작한다.

금리가 오르면 투자시장에선 돈이 마르기 시작한다. 돈값이 오를 땐 돈 아닌 다른 자산(주식·채권·부동산 등등)보다 현금의 값어치가 커지는 법. 갖고 있던 것도 팔아서 현금을 보유하려 하기 때문이다. 치솟는 이자율을 감당할 수 없게 되니 예전처럼 빚을 내서 뭔가에 투자하는 사람도 줄어든다. '빚투(빚내서 투자)'로 한 방? '영끌(영혼까지 끌어모은 대출)'로 집 사기? 금리가 오르면 다 옛말이 된다. 공격보단 수성의 시대가 열린다. 그 대신 저축은행이 내놓는 고금리 특판 예금이 인기를 끌게 된다.

금리가 가파르게 오를 땐 기업도 전략을 바꾼다. 같은 돈을 빌려도 훨씬 높은 이자를 물어야 하니, 투자에 예전만큼 적극적으로 나설 수 없다. 그나마 돈 잘 벌고 있는 기업은 괜찮지만 적자인 기업은 생존을 위한 투쟁을 벌여야 한다. 특히 초기에 투자 자금을 쏟아부으며 적자를 감수해야 하는 스타트업이라면 목숨이 위태롭다. 현금이 바닥날 판인데, 돈 나올 구멍이 막히게 되기 때문이다. 돈값이 높아지면 돈을 들고 있는 투자자들은 어디에 돈을 쓸지 훨씬 더 신중해지기 마련이다. 스타트업의 보릿고개이다.

전설적인 투자자인 워런 버핏 버크셔해서웨이 회장이 한 유명한 말이 있다.

"썰물이 되면 누가 벌거벗고 수영했는지 알 수 있다."

그는 이 말을 2008년 미국 주택시장의 위기와 관련해 사용했지만, 이를 금리 상승기에 적용해도 잘 들어맞는다. 돈값이 오르고 투자시장에서 값싼 돈이 빠져나가면 그동안 빚으로 떠받쳐왔지만 기초 체력이 허약한 것들은 더 이상 둥둥 뜰 수 없고 맨바닥에 처박힌다. 금리라는 조수의 방향을 예민하게 살피고 움직이지 않으면 자칫 그 처박히는 게 내 자산이 될 수도 있다.

금리를 움직이는 '보이는' 손

거듭 말하지만 금리는 돈값이다. 돈에 대한 수요와 공급에 따라 좌우된다. 그런데 다른 상품과 좀 다른 건 이 수요 공급이 단순히 시장에서 결정되는 게 아니라는 점이다. 이를 좌지우지하는 절대적인 존재가 따로 있다. 바로 각 나라의 중앙은행이다.

중앙은행은 화폐를 발행하는 국가기관이다. 한국엔 한국은행, 미국은 연방준비제도(연준, Fed), 일본은 일본은행, 영국은 영란은행이 중앙은행이다. 중앙은행은 그 나라의 화폐 발행권을 독점한다. 그렇기 때문에 마음만 먹으면 발권력을 동원해 화폐를 마구 찍어내서 돈을 늘릴 수 있다.

또 중앙은행은 기준금리 결정권을 독점으로 가진다. 기준금리란 시장에서 통용되는 모든 금리(예금금리, 대출금리 등)의 기준이 되는 금리다. 이걸 중앙은행이 직접 올리고 내리고를 정한다. 즉, 기준금리는 화폐 발행량을 직접적으로 통제할 뿐 아니라, 돈값인 금리까지 직접 움직이는 엄청난 힘을 갖고 있다. 기준금리를 움직이면 모든 금리가 그에 맞춰 움직이고, 그럼 앞에서 설명한 대로 시중의 통화량이 늘거나(밀물), 줄어들게 된다(썰물). 이렇게 중앙은행이 통화량을 조절하기 위해 쓰는 정책을 '통화정책'이라고 부른다.

중앙은행 통화정책은 마치 거대한 댐 수문을 열고 닫는 것과 같다. 그 효과는 경제주체 모두에게 미칠 뿐 아니라, 상당히 강력하다. 중앙은행이 수문을 열고 통화량 방출에 나서면 시중 통화량이 불어나고, 반대로 수문을 확 닫아버리면 시중 통화량이 말라붙는다.

다만 통화량을 조절한다고 해서 그 흐름을 세세하게 조절할 수 있는 건 아니다. 중앙은행이 댐 수문을 열거나 닫는 식으로 방류량을 조절할 순 있지만, 그 물이 어느 저수지로 얼마나 흘러갈지는 정하지 못한다. 수문을 열어도 어떤 저수지는 수위가 바로 올라가지만, 다른 쪽 저수지는 물길이 막혀서 별 효과가 없을 수 있다. 경기를 살리려고 중앙은행이 금리를 내려 통화량을 늘려도, 그 돈이 부동산 시장으로만 쏠리면 부동산 과열만 부추기게 되는 식의 일이 벌어지는 이유다.

긴축과 완화의 통화정책, 경제를 뒤흔들다

한국은행은 '물가안정목표제'를 채택한 중앙은행이다. 즉, 목표로 하는 소비자물가 상승률(연 2%)을 정해놓고, 이를 달성하기 위해 통화정책을 펼친다. 하지만 그렇다고 오로지 물가만 보는 건 아니다. 경제성장과 고용 안정, 금융시장 안정까지. 통화정책을 결정할 때 살펴야 할 건 여러 가지다.

그럼 통화정책은 물가와 경제성장에 어떤 식으로 영향을 미칠까. 아니, 어떤 영향을 끼치기 위해 중앙은행은 통화정책을 쓸까. 이를 설명하기 전에 용어부터 알아두자. 통화정책을 이야기할 땐 '완화' 또는 '긴축'이란 표현을 주로 쓴다. 솔직히 좀 추상적이고 어려운 표현이다. 하지만 경제를 다루는 뉴스에선 수도 없이 나오는 표현이기도 하다. 따라서 뭐가 완화이고 뭐가 긴축인지를 명확하게 알고 있어야만, 금리 이야기가 귀에 쏙쏙 들어온다. 그래서 다소 단순화시킨 거긴 하지만, 이렇게 정리해둘 테니 꼭 알아두자.

> • 기준금리 인상 = 긴축적 통화정책 = 통화량 감소
> • 기준금리 인하 = 완화적 통화정책 = 통화량 증가

그럼 중앙은행은 어떨 때 기준금리를 올릴까. 시중에 돈이 너무 넘쳐서 온갖 자산 가격이 뛰면서 물가도 덩달아 치솟을 때다. 다시 말하자면 경기가 좋아서 모두가 흥청망청하는 시기다. 이 경우, 중앙은행은 풀린 돈을 거둬들이기 위해 긴축에 나선다. 즉, 기준금리를 올린다. 그럼 풀려 있던 돈이 저축을 통해 다시 은행 금고에 잠기는 썰물 효과가 나타난다.

이를 잘 보여주는 사례가 튀르키예(터키)였다. 튀르키예 중앙은행은 연 19%였던 기준금리를 2023년 연 8.5%까지 낮추면서 돈을 왕창 풀었다. 대통령 선거를 앞두고 정부가 싼 돈을 풀어서 민심을 얻으려고 한 건데, 이로 인해 물가가 무섭게 치솟았다. 연간 소비자물가 상승률이 75%를 찍었다. 못 살겠단 아우성이 이어졌다.

결국 대선이 끝난 뒤 튀르키예 중앙은행은 기준금리를 대폭 끌어올리는 긴축에 나선다. 불과 10개월 만에 기준금리가 8.5%에서

50%로 치솟았다. 그 결과 물가는 서서히 잡혀 2025년엔 소비자물가 상승률이 39%로 내려왔다.

이렇게 기준금리를 올리는 긴축 정책은 경제에 상당한 압박을 주는 일이다. 튀르키예에서도 기준금리가 50%까지 치솟자, 빚이 많은 중소기업부터 못 버티겠다며 고통을 호소했다. 기업 활동이 위축되고, 민간 소비가 줄고, 경제성장도 둔화했다. 높은 금리가 경제를 옥죄었다. 하지만 이런 충격 없이는 물가를 잡을 수가 없는 법이다. 즉, 긴축 정책을 쓴다는 건 물가를 잡기 위해 이런 걸 다 감수한단 뜻이 담겨 있다.

달리 보면, 경기가 절정에 달해 이미 과열 양상을 보인 뒤에야 중앙은행은 긴축 정책을 꺼내들게 된다. 만약 경기가 충분히 끓어오르지 않았는데, 괜히 일찍 긴축에 나섰다간 자칫 물가 잡으려다 나라 경제까지 잡는 꼴이 될 수 있어서다.

그럼 반대로 어떨 때 기준금리를 내릴까. 물가가 하락세여서 별로 걱정하지 않아도 될 때, 그런데 경기가 썩 좋지 않아서 띄울 필요가 있을 때 완화 정책을 쓰곤 한다. 특히 전 세계 중앙은행이 일제히 기준금리를 대폭 내린 경우가 있다. 경제가 큰 타격을 입어 경기 부양이 매우 시급한 상황일 때, 바로 2020년 코로나 팬데믹이었다.

그해 팬데믹 직후 미국은 1.75%였던 기준금리를 0.25%로, 한국은 1.5%에서 0.5%로 단숨에 끌어내렸다. 즉, 시중에 돈을 왕창 푸는 대대적인 완화 정책을 펼쳤다. 당시엔 물가보다는 경기 침체가 걱정이다 보니 과감한 조치를 취한 것이다. '기준금리 인하=경기 부양책'

이었다.

그리고 이런 발 빠른 대응 덕분인지, 전 세계 경제는 예상보다 빨리 충격에서 벗어났다. 증시는 되레 풀린 돈의 힘으로 과열 양상을 보였다. 2020년 우리나라 '동학개미 운동' 역시 시중에 풀린 돈이 많은 낮은 금리 시대였기에 가능했다.

하지만 결국 부작용이 나타났다. 2021년 말이 되자 각국에서 소비자물가 상승률이 급등했다. 식료품을 비롯한 모든 물가가 급등하자 먹고살기 힘들다는 원성이 터져 나왔다. 경제 살리기를 위해 과감한 완화 정책을 펼쳤다가 물가라는 벌집을 건드린 경우다.

그래서 지금까지 내용을 다시 정리하면 이렇다.

> · 기준금리 인상 = 긴축적 통화정책 = 통화량 감소 → 물가 안정/성장 둔화
> · 기준금리 인하 = 완화적 통화정책 = 통화량 증가 → 물가 불안/성장 제고

물가 안정과 경제성장. 둘 중 어느 하나도 포기할 수 없는 중요한 목표다. 그리고 중앙은행의 통화정책은 이 두 마리 토끼를 모두 타깃으로 한다. 하지만 실제론 그 둘이 정반대로 가는 경우가 대부분이다. 물가 잡는 데만 몰두하면 경제가 침체에 빠질 수 있고, 반대로 성장에 치중하면 물가가 치솟아 문제다. 결국 중앙은행이 해야 하는 건 그 둘 사이에서 균형을 적당히 맞추는 일이다. 물론 쉽지 않은 일이다. 그래서 중앙은행 역할이 중요하다.

세계 경제 대통령은 워싱턴 D.C.에 있다

그런데 한국은행이 한국의 물가, 한국의 경제 상황만 보고 기준금리를 결정할 수 있는 건 아니다. 못지않게 중요한 변수가 또 있다. 바로 미국 중앙은행의 움직임이다.

한국은행뿐 아니라 전 세계 모든 중앙은행이 통화정책을 펼칠 때 미국 중앙은행인 연방준비제도(연준)의 눈치를 본다. 미국 연준이 기준금리를 내리면 따라서 내리고, 올리면 따라서 올리는 식이다. 왜 그렇게 눈치를 보느냐고? 미국 연준이 사실상 전 세계 경제의 기준 역할을 하기 때문이다. 오죽하면 미국 연준을 이끄는 의장을 이렇게 칭하곤 한다. '세계 경제 대통령'. 그만큼 전 세계 경제에 미치는 영향이 크단 뜻이다.

미국 연준 의장은 미국 대통령이 지명한다. 연준 이사회를 구성하는 이사 7명 중 한 명을 대통령이 고를 수 있다. 연준 의장의 임기는 4년. 현재 연준 의장인 제롬 파월은 2018년 도널드 트럼프 대통령이 임명했다. 이후 조 바이든 대통령은 그를 유임시켜 임기를 이어가고 있다.

미국 연준의 통화정책이 전 세계에 영향을 미치는 방식은 위에서 설명한 것과 같다. 기준금리를 올리면(긴축) 시중의 자금을 거둬들이게 되고, 기준금리를 내리면(완화) 시중에 돈이 풀린다. 다만 전 세계 금융시장에서 미국이 차지하는 비중이 워낙 압도적이기 때문에 연준의 결정이 절대적인 영향력을 발휘한다.

미국 워싱턴 D.C.에 있는 연방준비제도 건물. 1937년에 지어진 건물로, 전 연준 의장 이름을 따서 '매리너 에클스 빌딩'이라고 부른다. 출처: 미국 연방준비제도

만약 미국 연준이 기준금리를 올린다면? 미국 국채, 즉 미국 재무부가 발행한 채권의 금리도 기준금리를 따라 오르게 된다. 그리고 미국 국채는 미국 정부가 지급을 보증하는 것이니, 세계에서 가장 안전한 투자자산으로 꼽힌다. 가장 안전하고 좋은 자산이 금리를 더 얹어주겠다며 '바겐세일' 간판을 거는 것이나 마찬가지다. 그럼 글로벌 금융시장에선 무슨 일이 벌어질까.

글로벌 투자 자금의 대이동이 시작된다. 이전엔 미국 국채 금리가 너무 낮아서 다른 위험한 자산을 기웃거렸던 투자자들이 '안전빵' 미국 국채로 다시 눈을 돌린다. 예전엔 좀 위험하지만 그 대신 금리를 더 많이 쳐줘서 투자자를 끌어모았던 신흥국 채권의 상대적 매력

제롬 파월 의장이 2025년 3월 19일 FOMC 기자회견에서 기자들의 질문에 답하고 있다. 출처: 미국 연방준비제도

  이 떨어진다. 자연히 투자 자금이 높은 금리를 좇아 미국으로 빠져나가는 것이다.

  이렇게 외국인 투자자가 떠나는 건 신흥국으로선 이만저만 큰일이 아니다. 채권을 발행해서, 즉 빚을 내서 나라 살림을 꾸려왔는데 갑자기 그 돈줄이 막힐 수 있어서다. 그렇다고 '우리나라 채권도 미국만큼 안전하고 좋은데'라고 주장해봤자 시장에선 씨알이 먹히지 않는다. 미국으로 떠나가려는 투자자를 붙잡으려면 결국 남은 방법은 하나뿐이다. 신흥국 중앙은행도 미국 연준을 따라서 기준금리를 올리는 거다. 대형마트가 할인 행사를 시작하면 동네 슈퍼마켓도 덩달아 세일을 할 수밖에 없는 것과 마찬가지다. 그럼 신흥국을 버리고 미국으로 가려던 투자자들이 조금이라도 망설이게 될 테니 말이다.

그래서 미국 연준이 기준금리를 올리면 다른 나라 중앙은행도 이를 줄줄이 따르게 된다. 미국 연준은 자국의 물가와 경기 상황만 신경 쓰면 되지만, 한국을 비롯한 나머지 나라 중앙은행은 자국 경제뿐 아니라 미국 연준의 움직임까지 세세하게 신경 쓸 수밖에 없다. 아무리 경기 부양을 위해 기준금리를 내리고 싶어도, 미국 연준이 기준금리를 올릴 땐 거꾸로 가기가 쉽지 않다. 그랬다간 외국인 투자자가 썰물처럼 빠져나가서 시장이 난리가 날 게 뻔하기 때문이다. 겉으로야 엄연히 모든 나라의 중앙은행 위상은 동등하지만, 실제 국제 금융시장에선 전혀 그렇지 않은 셈이다. 돈은 사실상 국경도, 시차도 없이 살아 움직이기 때문이다.

반대로 미국 연준이 기준금리를 내리면? 그땐 신흥국도 마음 편히 뒤따라서 금리를 내릴 수 있다. 금리가 낮은 미국 국채 시장에서 투자자들이 빠져나와서 조금 더 높은 금리를 주는 신흥국 채권으로 몰릴 테니 말이다.

결국 다른 나라 중앙은행은 끊임없이 미국 연준의 눈치를 봐야만 한다. 미국이 어디로 가고 있는지, 앞으로 어떤 속도로 기준금리를 올리거나 내릴지를 늘 주의 깊게 보고 있다. 미국 연준이 어디로 가든 말든 자기 갈 길을 갈 수 있는 그런 중앙은행이란 없다. 미국 연준 의장의 말 한마디, 연준 통화정책 결정문에 나온 단어 하나하나까지 유심히 살피는 이유다. 그리고 이렇게 연준 눈치를 봐야 하는 건 사실상 전 세계 모든 금융시장 참여자가 마찬가지다.

내 자산 가치를 좌우하는 새벽 3시의 발표

미국 연방준비제도는 1년에 8차례 연방공개시장위원회FOMC 정기 회의를 연다. 연준의 통화정책, 즉 기준금리를 올릴지 내릴지 동결할지를 결정하는 회의다. 이 회의는 이틀에 걸쳐서 열리는데, 두 번째 날 회의가 끝나면 결과가 공개된다. 현지 시간으로 오후 2시, 한국 시간으로 새벽 3시(3~11월 서머타임 적용 시) 또는 새벽 4시(12~2월)이다. 그리고 30분쯤 뒤부터 연방준비제도 이사회 의장이 기자회견에 나선다.

미국 연준의 금리 결정이 더할 나위 없이 중요한 거야 당연하다. 미국뿐 아니라 전 세계의 돈값(금리)을 결정하니 말이다.

하지만 정작 언론은 기준금리 결정 자체보다는 기자회견에서 연준 의장이 한 말에 초점을 두는 경우가 더 많다. 연준 의장이 한 발언이 미국뿐 아니라 전 세계 주식시장을 들썩이게 만들기도 한다. 예를 들어 FOMC 회의에서 금리는 예상대로 동결돼서 별로 놀랍지 않은데, 제롬 파월 의장이 "인플레이션 압력이 여전히 높다"고 발언하면 주식시장이 실망하는 식이다. 왜? 그 말에 '물가 때문에 금리 인하를 서두르지 않겠다'는 의미가 담겨 있다는 해석 때문이다.

여기서 알아둘 것. 주식시장은 늘 금리 인하를 좋아한다. 금리가 하락해서 저렴한 돈의 밀물이 밀려들기를 간절히 원한다. 앞에서 설명했던 코로나 팬데믹 당시 주식시장의 분위기를 떠올리면 이해될 것이다. 기준금리가 0%대로 떨어지면서 시장엔 돈이 넘쳤고, 싼 이자로 빚을 내서 주식에 뛰어드는 사람들도 늘어났다. 이렇게 밀려드는 저렴한 돈의 힘으로 전 세계 주식시장이 다 같이 둥둥 떠올랐던 게 2020~2021년이었다. 그 시절의 짜릿했던 투자의 기억을 갖고 있는 사람이라면 기다리고 있을 것이다. 금리가 떨어지면 그런 불장 Bull Market의 기회가 다시 찾아오지 않을까 하고.

'금리 인하=주식 투자에 호재'라는 공식이 워낙 강력해서 나타나는 현상이 있다. 아직 금리 인하는 멀었거나 천천히 다가오고 있는데도 금리가 인하될 가능성을 조금이라도 발견하면 주식시장이 미리 흥분하곤 한다. 그래서 생긴 현상이 이거다.

'(경제에) 나쁜 뉴스가 (주식시장엔) 좋은 일이다.'

예를 들어 미국에서 실업수당 받은 사람이 늘어나고, 신규 일자리 수가 기대만큼 늘지 않았다는 통계가 나온다면 그건 경제엔 좋지 않은 뉴스다. 그만큼 고용시장이 얼어붙어서 실업자가 늘고 일자리 구하기가 어려워지고 있단 뜻이어서다. 하지만 이런 안 좋은 뉴스가 나오면 주식시장은 되레 반색하며 상승세를 보이곤 한다. 그 논리는 이런 거다.

'고용 지표가 나쁘다 → 미국 경제가 좋지 않다 → 경기를 살리고 고용을 안정시킬 필요가 커진다 → 미국 연준이 이를 통화정책에 반영할 거다 → 금리 인하의 가능성이 커진다 → 그럼 주식시장엔 호재다!'

미국의 경제성장률이 예상보다 좋지 않거나, 경기 침체 우려가 커지거나, 소비자심리가 악화되거나, 제조업 구매 담당자들이 위축되거나. 이런 나쁜 경제 신호에도 주식시장이 긍정적으로 반응한다면

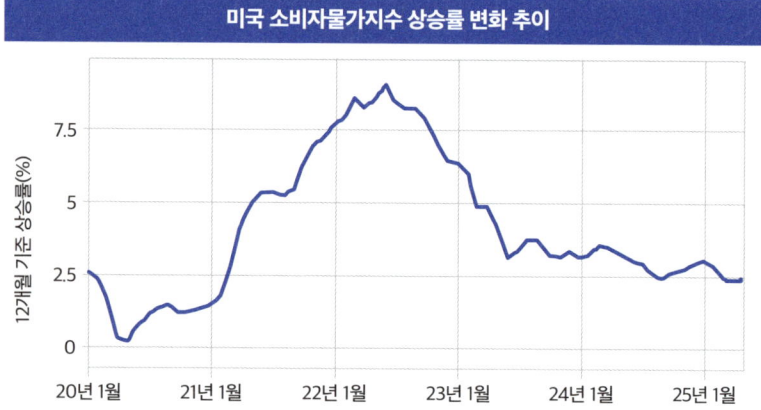

2020년 1월부터 2025년 5월까지 미국 소비자물가지수 상승률(12개월 기준) 변화 추이. 출처: 미국 노동통계국

바로 금리 인하 기대감 때문이다. 언뜻 보면 '경기가 나쁘다고 다들 아우성인데, 왜 주식시장은 좋아하지?'라고 생각할 수 있는데, 이렇게 두세 단계 미리 앞서서 기대감만으로도 움직이는 게 주식시장의 특징이다. 그렇기 때문에 주식에 투자하는 사람이라면 미국의 고용지표까지도 관심 있게 봐야 하는 셈이다.

특히 어떤 경제지표보다 미국 소비자물가지수의 움직임은 투자시장에 미치는 영향이 크다. 거듭 말하지만 미국 연준뿐 아니라 모든 중앙은행의 가장 중요한 목표는 '물가 안정'이다. 그 말은 미국 연준 역시 다른 여러 경제지표보다 소비자물가지수를 중요하게 생각한단 뜻이다.

만약 매달 발표되는 미국 소비자물가지수 상승률이 예상치보다 너무 높게 나왔다면? 주식시장엔 큰 악재가 아닐 수 없다.

'물가가 크게 올랐다 → 미국 연준이 물가 안정을 위해 조치를 취할 수밖에 없다 → 연준이 금리를 올리거나, 적어도 금리 인하를 당초 계획보다 미룰 가능성이 커진다 → 그럼 주식시장엔 큰일이다!'

그래서 전 세계 주식 투자자들은 미국의 소비자물가지수 상승률에 예민하게 반응한다. 자국 물가 못지않게 미국 소비자물가의 안정을 기원한다. 소비자물가지수Consumer Price Index를 약자로 CPI라고 부르는데, 한국 CPI 상승률은 몰라도 미국 CPI 상승률은 정확하게 아는 주식 투자자들도 많다.

02 물가, 올라도 내려도 문제

인플레이션inflation이란 말, 참 많이 들어봤을 것이다. 줄여서 '인플레'라고도 부르는 인플레이션. 어려운 개념은 아니다. 물가 상승과 사실상 같은 말이다. '인플레이션 심화'라고 하면 물가 상승률이 점점 높아진다는 뜻, 반대로 '인플레이션 둔화'는 물가 상승률이 전보다 낮아진단 뜻이다.

인플레이션은 우리 모두에게 아주 익숙한 일이다. 25년 전 편의점에서 아르바이트할 때 650원에 팔았던 컵라면 가격이 이제 1,500원이다. 25년 동안 130% 오른 데다 왠지 한 사발에 담긴 양은 오히려 줄어든 듯하지만, 이걸 가지고 '말도 안 된다'고 할 사람은 별로 없을 듯하다. 이 정도 가격이 뛰지 않은 상품이 거의 없지 않은가. 모든 가격이 다 뛰는데 라면 가격이라고 안 뛸 도리가 있나. 즉, 소비자들은 물가가 오르는 것 자체는 싫어하긴 하지만, 동시에 물가란 원래 시간이 가면 오르는 것이라고 어느 정도 자연스럽게 받아들이고 있다. '인플레이션=무조건 나쁜 것'은 아닌 셈이다.

경제에 좋은 인플레이션이 있다

물가는 왜 시간이 갈수록 오르는 경향이 있을까. 경제가 대체로 꾸준히 성장하기 때문이다. 한 나라의 경제성장으로 소비자는 소비를, 기업은 투자를 늘린다면 제품에 대한 수요는 늘기 마련이다. 그럼 수요가 공급을 초과하면서 제품 가격은 뛰기 마련이다. 또 기업이 공급을 늘리기 위해 더 많은 노동자를 채용하고, 더 많은 임금을 지급하면 이로 인해 소비는 더 늘어나고, 그래서 물가는 더 오른다. 이런 식으로 경제가 성장할 때 물가도 덩달아 뛰기 마련이다.

이렇게 경제성장과 맞물려 나타나는 적절한 수준의 인플레이션을 일컬어 '좋은 인플레이션'이라 부르기도 한다. 물가 안정을 내세운 한국은행이 소비자물가 상승률 목표치를 0%가 아니라 연 2%로 두고 있는 것도 이 때문이다. 한국 경제가 괜찮게 지속적으로 성장하려면 필요한 좋은 인플레이션이 2% 정도라고 보는 것이다.

물론 좋은 인플레이션이란 말은 소비자 입장에선 썩 와닿지 않는 경제학적 용어일 뿐이다. 오히려 '2%이든 1%이든 물가가 오르는 건 정말 싫어'라고 할 소비자도 많을 것이다. 사실 늘 사던 우유 가격, 늘 가던 김밥집 메뉴 가격이 몇백 원이라도 뛰는 걸 반길 사람은 없다.

하지만 만약 나라 경제가 좋고 기업이 돈을 잘 벌어서 내 월급이 많이 올랐다면? 오른 가격을 보고 투덜댈진 모르지만 그렇다고 해서 우유를 안 사거나 김밥을 덜 먹게 되진 않을 것이다. 오히려 더 비싼 유제품, 더 비싼 외식 메뉴를 고르게 될지 모른다. 결국 중요한 건 물가가 올랐냐 내렸냐보다는 급여 상승률이 물가 상승률보다 높으냐 낮으냐다. 만약 내 월급이 소비자물가보다 더 빠르게 오르기만 한다면, 겉으론 '아휴, 물가가 너무 올랐네'라며 투덜거릴지 몰라도 실제로 먹고 살기는 더 좋아진다. 물가가 좀 올라도 여유로운 소비자들이 기꺼이 그 값을 치를 수 있고, 그래서 우유 공장 노동자 월급과 김밥집 사장님 수입이 모두 늘어나는 것. 바로 그게 국가 경제엔 가장 좋은 일이다.

'벼락 거지' 만드는 나쁜 인플레이션

물론 이런 이상적인 일만 벌어지진 않는다. 흔히 우리는 이렇게 말한다. "내 월급 빼고 다 올랐어!" 월급은 제자리인데 물가만 다락같이 오르니 점점 가난해지는 기분이다. 경제학 용어를 쓰자면 실질소득(물가 변동을 고려해 계산한 소득)이 줄어드는 셈이다.

물가를 밀어 올리는 요인은 경제성장 말고도 여러 가지다. 특히 공급 충격이 물가를 예상치 못한 수준으로 치솟게 만드는 일이 종종 벌어진다. 이상 기온으로 수확량이 급감한 배춧값이 금값이 된다거나, 이스라엘-하마스 전쟁으로 국제유가가 뛰거나, 코로나로 인한 부품 공장 셧다운 여파로 중고차 가격이 뛰는 식이다.

어떤 공급 충격은 금세 지나간다. 11월 한 달은 이상 고온으로 인해 배춧값이 급등했는데, 12월이 되자 고랭지 배추가 나오면서 다시 값이 뚝 떨어지는 일이 주기적으로 반복된다. 중동 전쟁 위험으로 뛰었던 유가는 휴전 기대감이 커지면 다시 제자리로 돌아온다.

하지만 쉽사리 회복이 어려운 경우도 있다. 코코아가 그런 사례다. 2023년의 이상기후와 전염병으로 서아프리카 지역 코코아나무가 말라죽은 뒤, 다시 새 묘목을 심었지만 다 키워 수확하려면 5년쯤 걸린다. 그사이 코코아 가격은 3배로 뛰었고, 전 세계 제과업계가 초콜릿 가격을 올렸다.

정부의 정책이나 규제가 물가 급등의 원인이 되기도 한다. 대표적인 게 그린플레이션Greenflation이다. 환경을 위해 신재생 에너지 개발을 장려하고 탄소 배출을 규제하는 게 관련 물가를 끌어올리는 걸 뜻한다. 예컨대 전 세계적으로 항공기에 탄소 배출을 줄인 '지속가능항공유SAF'를 쓸 것을 의무화하는 추세인데, 결국 그 부담은 항공료 인상으로 이어질 게 뻔하다. 좋은 목적의 친환경 정책이 소비자에겐 부담이 되는 셈이다.

각국 정부가 쓰는 관세 정책·외환 정책도 물가 상승의 부메랑이 돼 돌아오곤 한다. 자국 산업 보호를 위해 높은 수입 관세를 매기면 그만큼 수입품 소비자 가격은 뛰기 마련이다. 게다가 국산품까지 이를 틈타 가격을 올리곤 하니, 소비자 후생엔 마이너스이다. 수출 기업은 보통 환율이 오르면(자국 통화가치가 떨어지면) 달러 표시 가격을 낮출 수 있어서 유리하다. 하지만 그만큼 수입품 가격이 뛰기 때문에 국내 소비자들은 울상이다.

경기를 살리겠다는 취지로 사용한 경제정책이 결국 파괴적인 물가 급등으로 이어진 사례는 수도 없이 많다. 대표적인 게 코로나 팬데믹 당시 각국 정부가 썼던 '돈 풀기 정책'이다. 2020년엔 미국, 한국 할 것 없이 대부분 나라가 기준금리를 대폭 낮추는 동시에 재정 곳간을 활짝 열어 국민 손에 직접 현금을 쥐여줬다. 어려운 소상공인을 지원한다며 전 국민에게 25만 원씩 나눠준 '재난지원금'도 그중 하나다.

그래서 무슨 일이 벌어졌을까. 2020년 침체에 빠졌던 각국 경제는 2021년부터 빠르게 회복됐다. 이게 다 신속하게 돈을 풀어 경기를 부양한 덕분이라며 각국 정부는 자화자찬했다. 처음엔 정말 그런 줄로 알았다.

그런데 웬걸. 2022년쯤 되자 돈 풀기의 부작용이 속출했다. 물가가 뛰어도 너무 뛴 것이다. 2022년 한국의 연간 소비자물가 상승률은 5.1%. 외환위기였던 1998년 이후 가장 많이 뛰었다. 미국은 더했다. 미국의 2022년 소비자물가 상승률은 6.5%였는데, 특히 2022년 6월엔 연 9.1%로 41년 만에 최고 기록을 썼다.

물가 잡기에 실패한 정권은 용서받지 못한다

사실 2022년 물가 급등은 전 세계적 현상이었다. 코로나 재정 풀기 정책의 반사 효과가 나타난 데다, 운 나쁘게도 러시아-우크라이나 전쟁까지 겹쳤다. 에너지·식료품·서비스요금까지. 물가가 고삐 풀린 듯 뛰었다. 소비자 입장에선 월급보다 더 빨리 물가가 뛰는 '실질임금 감소'의 고통이 찾아왔다.

적정 수준을 벗어난 인플레이션은 경제성장을 갉아먹게 된다. 월급이 물가 상승을 따라가지 못하면 소비자는 지갑을 닫을 수밖에 없다. 소고기 대신 닭고기를 사 먹고, 외식과 여행을 줄이고, 5년에 한 번 바꾸던 자동차를 7~8년씩 타게 되는 식이다. 이렇게 소비가 감소하면 기업도 타격을 입고 투자가 줄어들면서 경제 전반이 쪼그라들게 된다. 이런 식으로 경기 침체와 인플레이션이 함께 오는 걸 가리켜 '스태그플레이션Stagflation'이라고 한다.

스태그플레이션은 경제엔 최악의 상황이고 무조건 피해야만 하는 시나리오다. 2022년 이렇게 물가가 급등하자 당연히 미 연준을 포함한 중앙은행들이 물가를 잡기 위해 나섰다. 방법은 하나뿐. 기준금리를 무서운 속도로 올리기 시작했다. 코로나 직후 과도하게 풀렸던 돈을 다시 거둬들인 셈이다. 그 영향으로 인플레이션은 서서히 둔화했다. 즉, 물가 상승률 자체는 다시 낮아졌다.

하지만 9%였던 물가 상승률이 3%가 된다 한들, 물가 수준 자체가 낮아지는 건 아니다. 물가 상승률이 마이너스로 돌아서지 않는 한, 가격은 계속 오른단 뜻이다. 물가는 계속 전보다 높은 상태를 유지했다.

그리고 그게 소비자를 분노하게 만들었다. 국가 경제 차원에서 보자면, 인플레이션은 둔화했고 경기 침체의 위험에서도 벗어났고 상상하기 싫은 스태그플레이션 위기도 지나갔다. 혼란은 어느 정도 정리됐으니 그리 나쁘지 않은 결과다. 하지만 실제 소비자들이 맞닥뜨린 상황은 달랐다. 마트나 편의점에서 장 볼 때마다, 주유소에서 기름을 넣을 때마다, 온라인으로 쇼핑할 때마다 소비자들은 가격표를 보고 이렇게 반응한다. "가격이 왜 이래?"

인플레이션이 무서운 건 모든 사람에게 영향을 미친다는 점이다. 전반적인 소비자 심리 면에선 실업보다 인플레이션이 더 파괴적이다. 실업으로 인한 고통은 실직을 당한 본인과 가족에 집중되기 때문에 의외로 잘 못 느끼는 이들이 많다. 하지만 매번 사는 식료품·휘발유 가격이 뛰는 건 모르려야 모를 수가 없다.

바로 이게 언론이 인플레이션 기사를 많이 쓰는 이유이기도 하다. 방송 뉴스에서 경제는 시청률이 잘 나오지 않는 아이템이다. 그런데 경제뉴스인데도 유독 시청률을 보증하는 주제가 있으니, 바로 물가 급등 소식이다. '배춧값이 올랐다, 사과가 금값이다, 딸기가 금딸기다, 라면값이 또 100원이나 올랐다….' 이런 방송 뉴스를 종종 접할 것이다. 평소엔 경제에 관심 없어 보였던 방송사들이 이런 건 일제히 굵직한 뉴스로 보도한다. 그만큼 대중들이 관심 있어 하는 뉴스란 뜻이다.

솔직히 기사 쓰는 기자들은 '또 물가 기사라니'라며 지겨워하기도 한다. 앞에서 설명했듯이 이상기후로 인한 농산물 가격 급등이야 주기적으로 나타나는 일이기 때문이다. 또 어제는 라면값, 오늘은 우웃값, 내일은 김밥값이 올랐다고 중계하듯이 기사를 쓰다 보면 지친다. 다 결국 같은 얘기인데 뭐 하러 계속 쓰나 싶다. 하지만 쓰지 않을 수가 없다. 시청자들에겐 너무너무 중요하니까.

그리고 이런 인플레이션에 대한 국민적 관심은 정치적으로 힘이 세다. 2024년 이후 전 세계 주요국이 치른 선거에서 집권당은 호되게 두들겨 맞았다. 미국·영국·독일·프랑스·폴란드에선 정권이 교체됐다. 한국도 2024년 총선에서 야당이 압승을 거뒀다. 급등한 물가에 분노한 유권자들이 정권을 심판했기 때문이다. 인플레이션이 얼마나 힘이 센지, 경기를 띄우기 위한 돈 풀기 정책이 어떤 의외의 결말로 이어질 수 있는지를 보여준다.

디플레이션이 더 무섭다

인플레이션이 때론 무섭고 힘이 세다는 건 이해하기가 쉽다. 그럼 인플레이션의 반대인 디플레이션Deflation은 어떨까. 물가가 하락한다면 경제엔 어떤 상황이 펼쳐질까.

아마 잘 기억나지 않겠지만 우리나라도 한동안 디플레이션이 올까 봐 걱정하던 시절이 있었다. 2015년 연간 물가 상승률이 0.7%로 역대 최저를 기록했다. 유가가 하락한 영향이 크긴 했지만 그 시절 'D의 공포'라며 디플레이션 우려에 대한 기사가 쏟아졌다. 그럼 왜 디플레이션은 공포였을까?

사실 주요국 중 장기간 디플레이션을 경험한 나라는 많지 않다. 다만 디플레이션이 뭔지를 똑똑히 보여준 사례가 하나 있다. 바로 이웃 나라 일본이다.

한때 잘나갔던 일본 경제가 버블 붕괴로 고꾸라지기 시작한 건 1990년대 초반. 부동산과 주식 가격 급락으로 소비자들은 돈 쓸 여유가 사라졌다. 자연히 지갑을 닫았고, 이런 수요 위축은 경기 침체를 심화시켰다. 살림살이가 빠듯해진 소비자들에게 어필하기 위해 기업은 제품 가격을 낮춰야 하는 상황. 마침 중국산 저가 제품이 밀려들며 물가 하락을 더 부추겼다. 급기야 1999년부터는 일본의 소비자물가가 하락세로 돌아섰다.

문제는 일단 디플레이션이 시작되면 거기서 헤어 나오기가 쉽지 않단 점이다. 디플레이션으로 자산과 제품 가격이 하락하는 걸 본 소비자들은 어떻게 행동할까? 이전보다 가격이 저렴해졌으니, 그걸 사고 싶을까? 아니, 그 반대다. 소비자들은 더욱더 돈 쓸 엄두가 나지 않게 된다. 괜히 부동산 같은 자산에 투자해봤자 값이 떨어질 것 같고, 제품은 나중에 사야 더 싸게 살 수 있을 테니 말이다.

'현금이 최고'인 시대가 열리게 된다. 소비자들은 소비를 더 자제하고 저축을 늘리기에 바쁘다. 뭔가에 투자하고 싶은 생각 자체가 사라진다. 게다가 일본처럼 고령화가 진행된다면 더 그렇다. 돈은 은행 예금에만 잠겨 있고, 시중엔 돈이 돌지 않으니 경제는 더 쪼그라든다.

물론 일본도 이런 상황을 반전시키려고 무지 애썼다. 2010년부터 기준금리가 쭉 '제로'였고, 2016년엔 '마이너스'로 기준금리를 내렸던 게 다 디플레이션 탈출을 위해서였다. 이 당시 일본에선 은행에 정기예금을 가입해봤자 예금금리가 0.01% 수준. 제발 저축 좀 그만하고 싼 이자로 대출 받아서 집 사고 주식 사라고 부추겼지만 일본인은 요지부동이었다. 그만큼 '버블 붕괴'의 충격은 깊었다.

게다가 경제가 점점 쪼그라들면서 기업들은 제품 가격뿐 아니라 노동자 임금도 수십 년 동안 올리지 못했다. 어느덧 일본 집값이 한국보다 싸졌고, 일본 노동자 월급이 한국보다 낮아졌다. 물론 물가가 오르지 않으니 20년 전과 똑같은 월급으로도 먹고사는 데 큰 문제는 없다. 하지만 경제는 활력을 잃고 시들어갔다. 전 세계가 '일본화 Japanification'를 경계하게 된 이유다.

물론 일본 경제는 코로나 이후 다시 물가가 오르고 월급이 오르고 성장을 되찾기 시작했다. 2024년 7월엔 일본은행이 금리를 0.25%로 인상하면서 제로 금리에서도 탈출했다. 하지만 여전히 세계에서 가장 기준금리가 낮은 나라다.

최근엔 중국이 디플레이션에 처할 수 있단 우려가 커진다. 부동산 시장의 버블이 꺼진 뒤 소비자들이 지갑을 닫고 있어서다. 실제 2025년 2~3월 중국 소비자물가지수가 하락세를 보이기도 했다. 중국 정부가 가라앉은 소비를 되살리기 위한 정책 처방을 잇따라 내놓고 있지만, 분위기 반전이 쉽지 않다.

03 환율을 예측한다는 거짓말

"일본 엔화 값이 많이 올랐어. 이제 일본도 못 놀러 가겠네."

혹시 이런 얘기를 주고받은 적 있지 않은지? 주식이나 채권에 투자하지 않아도, 일본 경제에 대해 잘 몰라도 환율은 우리의 관심을 끄는 주제다. 환율의 오르내림은 바로 눈으로 확인할 수 있고, 이게 내게 불리한지 유리한지를 판단하기 어렵지도 않다.

하지만 사실 환율은 무지 어려운 주제다. 오죽하면 이런 유명한 얘기가 있다. 아인슈타인이 죽어서 천국에 갔다. 신은 그에게 일을 맡겼다. 천국에 들어오는 사람들의 직업을 정해주라고. 아인슈타인은 천국의 입구에서 새로 들어오는 사람들의 면접을 봤다. 처음 들어온 사람에게 물었다. "IQ가 얼마입니까?" 그가 답했다. "200입니다." 그러자 아인슈타인은 "그럼 상대성이론을 연구하시오"라고 말했다. 다음 사람은 IQ가 150이었다. 아인슈타인은 그에게 "세계 경제를 예측하는 일"을 시켰다. 마지막으로 IQ 60인 남자가 나타났다. 아인슈타인은 이렇게 말했다. "그럼 환율이나 예측하시죠."

일본의 외환 정책을 담당했던 사카키바라 에이스케가 저서『환율과 연애하기』에서 쓴 내용이다. 지능이 낮아도 환율을 예측할 수 있다는 얘기가 아니다. 오히려 그 반대다. 환율은 어차피 예측해봤자 틀릴 테니, 누가 해도 상관없다는 뜻이다. '환율 예측은 신의 영역'이란 말을 돌려서 한 셈이다.

환율과 통화가치, 똑똑하게 이해하기

그럼 왜 환율이 경제성장률이나 주가보다도 예측하기 어렵다고 할까? 환율은 좌우하는 변수가 훨씬 더 많기 때문이다.

그럴 수밖에 없는 게 환율은 애초에 상대적 개념이다. 두 나라 통화를 비교해야만 답이 나온다. 한국의 경제 상황을 아무리 훤히 꿰뚫고 있는 전문가라고 해도 원-달러 환율을 얘기할 순 없다. 미국 상황까지 다 파악한 뒤 '그럼 미국 달러화와 한국 원화의 상대적 가치는 어떻게 될 것인가'를 비교해서 답을 내놔야 한다.

일단 환율 얘기를 시작하기 전에 하나 정리하고 넘어가자. 만약 환율이 1달러당 1,400원에서 1,500원으로 상승한다고 치자. 우리나라 원화의 가치는 오른 걸까, 내린 걸까?

정답은 '환율이 오르면=원화 가치는 내린다'이다. 환율을 뒤집어서 생각하면 된다. 1달러당 1,400원에서 1,500원이 된다는 건 1,000원의 가치가 '1/1.4달러(0.71달러)에서 1/1.5달러(0.67달러)'로 낮아진단 뜻이다. 경제 기사나 보고서에서는 이 두 가지 표현(환율 상승=원화 약세)을 섞어서 쓴다. 그 둘이 같은 얘기란 걸 확실히 알고 있어야 헷갈리지 않는다. 물론 그 반대(환율 하락=원화 강세)도 마찬가지다.

환율도 결국 외환시장에서 그 나라 통화에 대한 수요와 공급에 따라 결정된다. 따라서 한국 원화를 사고 싶어 하는, 즉 한국 자산(채권·주식·부동산 등)에 투자하려는 외국인이 많거나 한국 제품을 사가려는 외국인이 많아지면 원화 가치는 상승할 수 있다.

그럼 환율은 어떤 식으로 예측할까. 예를 들어 한국이 수출을 많이 해서 무역수지 흑자가 엄청나게 날 거란 전망이 나온다고 치자. 무역수지가 흑자라는 건 한국에서 나가는 달러(수입)보다 한국으로 들어오는 달러(수출)가 더 많단 뜻이다. 우리나라 수입 기업이 원화를 달러로 바꾸는 것보다, 수출 기업이 벌어들인 달러를 원화로 바꾸는 게 더 많단 뜻이기도 하다. 이것만 보면 원화 가치가 오를 만한 이유로 보인다. 바꿔 말하자면 환율이 내릴 이유가 된다.

그럼 "올해 무역수지 흑자로 원화가 강세를 보일 것(또는 환율이 하락할 것)"이라고 예측할 수 있을까. 아니다. 언뜻 보면 논리적이지만, 실제론 그런 식으로 환율이 움직이지 않는다. 왜? 환율은 상대적이니까.

한국보다 미국 경제가 훨씬 더 잘나간 경우를 보자. 실제로 코로나 팬데믹 이후 한동안 그런 상황이 펼쳐졌다. 애플·마이크로소프

출처: 한국은행 경제통계시스템

트·엔비디아 같은 미국 기술 기업이 엄청난 실적을 보이면서 글로벌 투자자들이 죄다 미국 주식을 사려고 몰려들었다. 한국의 '서학개미'들도 마찬가지였다. 미국은 주식시장만이 아니라 경기도 좋았다. 너무 좋아서 과열을 걱정할 정도였다. 미국보다 경제가 더 잘나가는 나라가 없는데, 투자자들 입장에선 굳이 미국 달러를 팔고 다른 나라 통화를 사들일 이유가 없다. 2024년 한국은 518억 달러의 무역수지 흑자를 기록했지만, 원-달러 환율은 1달러당 1,400원을 돌파했다. 한국 경제가 딱히 나쁘지 않아도 미국 경제가 더 좋아서 '강달러=원화 약세=환율 상승'이 됐다.

정리하자면 환율은 예측이 매우 어렵다. 전문가들도 정말 많이 틀린다. 사실 환율은 예측보다는 대응의 영역에 가깝다. 괜히 전문가도 아닌데 미리 앞서 나가지 말란 뜻이다.

통화가치는 국력, 원화의 미래는?

외환시장은 엄청난 돈이 걸린 전쟁터 같은 곳이다. 사실상 24시간 열리는 이 거대한 온라인 시장에서 외환 딜러들은 각종 변수를 체크해가며 끊임없이 각국 통화(또는 통화 선물)를 사고판다. 거의 초 단위 단타(단기매매)로 치고 빠지기 때문에, 작은 뉴스에도 환율은 요동치곤 한다. 경제적·정치적 변동에 대한 뉴스뿐 아니라, 때론 확인되지 않은 루머도 외환시장을 흔들 수 있다.

그래서 가까이서 파고들면 환율을 정하는 변수는 너무나 많아서 한마디로 정리가 불가능하다. 하지만 좀 멀찍이 떨어져서 장기간 추세로 보면 이렇게 말할 수 있다. 결국 통화가치는 국력을 반영하기 마련이다. 더 강하고, 앞으로 더 크게 성장할 나라의 통화가치가 오르기 마련이다. 그 나라에 투자하기 위해 투자자들이 몰려들 테니 말이다.

통화가치가 곧 국력이라는 건 그 나라 국민 입장에서 생각해보면 더 확실히 알 수 있다. 예를 들어 2024년 중순, 일본 엔화 가치는 바닥을 쳤다. 100엔이 850원밖에 되지 않았다. 한국을 비롯한 전 세계인이 슈퍼 엔저에 환호했다. 싸다며 몰려든 외국인 여행객으로 일본은 북적였다. 물론 그게 그 나름 일본 경제엔 보탬이 됐다. 엔저로 일본의 수출 대기업들은 이익이 쏠쏠했다. 똑같은 1억 달러어치를 팔아도, 버는 돈이 120억 엔에서 160억 엔으로 불어났으니 말이다.

하지만 일본 국민들은 상대적 박탈감만 심해졌다. 엔저 때문에 점점 가난해진다고 느꼈다. 일본인은 가기 힘든 비싼 음식점과 비싼 호텔은 외국인 관광객으로 북적거렸다. 환율 때문에 일본에서 판매하는 수입품 가격은 죄다 비싸졌다. 일본인은 외국 여행 나가기도 부담스러운 상황이 됐다. '바겐세일 재팬', '싸구려 일본'이란 한탄이 나왔다.

당장 내일, 또는 내년의 환율을 예측하기란 불가능하다. 하지만 20년, 또는 30년 뒤쯤의 환율이 지금보다 오를지 내려갈지는 조금 짐작할 방법이 있긴 하다. 두 나라 중 어느 나라 경제가 더 세질지, 어디가 더 매력적일지를 비교함으로써 말이다.

그럼 한국은 어떠냐고? 사실 그 답은 결국 성장률에 달려 있다. 1%대로 떨어진 한국의 경제성장률이 장기적으로 다시 높아질 수 있느냐가 원화 가치의 궤적을 좌우하는 가장 중요한 변수이다. 20년, 30년 뒤에 원화 가치가 지금보다 크게 떨어지지 않게, 우리 국민들이 '싸구려 한국'이라고 한탄하진 않게 만들려면 한국이 글로벌 투자자들에게 매력적인 나라가 돼 있어야 한다.

그리고 만약 지금 같은 저출산·고령화가 지속된다면 솔직히 희망이 별로 없다. 누가 인구가 3분의 1로 줄어드는 나라(일론 머스크 테슬라 CEO가 한국에 대해 예측한 것)에 투자하려 할까. 그래서 멀리 내다보면 우리 국민들은 고환율(원화 가치 하락) 시대를 각오해야 할지 모른다. 그때쯤엔 '내가 환율이 달러당 1,400원이던 30년 전엔 해외여행을 좀 다녔었는데 말이야'라고 말하게 될지도.

경제뉴스 인사이트

트럼프와 파월은 왜 싸우는 것일까?

미국 도널드 트럼프 대통령이 2025년 7월 24일 워싱턴 D.C.에 있는 미국 연방 준비제도 본부를 방문했다. 전 세계 언론이 트럼프 대통령과 제롬 파월 연준 의장의 어색한 투샷을 대대적으로 보도했다. 미국 대통령이 연준을 직접 찾은 것 자체가 이례적인 일이라 큰 뉴스거리였다. 이를 두고 월스트리트저널은 "연준의 정책 자율성에 대한 정면 압박"이라고 해석했다.

2025년 7월 24일 워싱턴 D.C. 연준 본부를 찾아간 트럼프 대통령이 제롬 파월 의장과 이야기를 나누고 있다. 출처: 백악관

방문의 명분은 연준이 건물 공사비를 너무 많이 쓴 문제를 지적하기 위한 것. 하지만 트럼프 대통령이 실제 하고 싶은 얘기는 따로 있었다. 바로 금리를 내리라는 압박이었다. 트럼프 대통령은 "그들(연준)이 금리를 낮추면 좋겠다. 그(파월)가 늦었지만 옳은 일(금리 인하)을 할 거라고 생각한다"고 파월 앞에서 이야기했다.

그럼 트럼프 대통령은 왜 이렇게까지 금리 인하를 재촉할까. 또 무려 대통령이 이렇게 금리 인하를 요구하는데, 왜 파월 의장은 들은 체하지 않고 7월 30일 결국 금리 동결을 결정했을까. 연준의 통화정책 독립성은 왜 중요할까.

정치인은 금리 인하를 원한다

일단 트럼프 대통령뿐 아니라 세상 거의 모든 정치 지도자는 기준금리 인하를 원한다. 그것도 간절히. 금리 인하는 유권자들에게 바로 체감할 수 있는 직접적인 경제적 혜택을 줄 수 있기 때문이다. 빚이 있던 사람이라면 이자 부담이 줄어드니 가처분 소득이 커진다. 그렇지 않았던 사람은 저렴한 이자율로 대출을 받아서 할 수 있는 게 많아진다. 기업은 낮아진 금융 비용 덕분에 설비투자를 늘릴 수 있다. 주식에선 투자가 늘고 경기가 살아날 거란 기대감이 반영돼 주가가 뛴다.

무엇보다 정부 입장에서 금리 인하의 가장 큰 장점은 이 많은 것을 이루는 데 정부 예산이 들지 않는다는 점이다. 아니, 오히려 금리 인하로 정부가 발행하는 국채 금리까지 내려갈 테니, 정부가 채권자들에게 줄 이자 비용이 줄어드는 효과까지 있다. 이렇게 정부가 손 안 대고(예산을 축내지 않고) 코 풀 수 있는(경기를 띄울 수 있는) 마법 같은 카드가 있는데, 이걸 쓰지 않고 싶은 정치 지도자가 있을까. 그래서 미국뿐 아니라 여러 나라에게 많은 정치인들이 툭하면 "경제가 어려우니 금리를 내리라"고 중앙은행에 직접 또는 간접적으로 압박하는 일이 벌어지곤 한다.

중앙은행은 카드를 아껴야 한다

그럼 반대 입장을 생각해보자. 중앙은행은 왜 금리를 섣불리 내리고 싶지 않아 할까. 정부가 저렇게까지 경제 살리기가 급하다고 신호를 보내는데, 왜 계속 신중할까. 그건 바로 중앙은행 입장에서 금리 인하는 꼭 필요할 때를 대비해 아껴 써야 하는 '필살기'이기 때문이다.

정해진 규칙이 있는 건 아니지만, 보통 주요국 중앙은행은 기준금리를 내리거나 올릴 때 0.25%포인트 단위로 움직인다. 0.1이나 0.15%포인트 단위로 움직이면 안 된다는 법은 없지만, 관례가 그렇다. 그래서 중앙은행이 기준금리를 0.25%포인트를 조정하면 '베이비 스텝Baby Step', 한 번에 0.5%포인트 이상 조정하면 '빅 스텝Big Step'이라고 표현한다.

이걸 고려하면 중앙은행 입장에선 자기네가 쥐고 있는 금리 인하 카드의 갯수가 이미 정해져 있는 셈이다. 2025년 7월 한국은행 기준금리는 연 2.50%이다. 이는 0.25%포인트 단위로 기준금리를 인하하는 카드를 최대 10장 쓸 수 있다는 의미이기도 하다. 기준금리를 제로까지 내린다는 가정에서 말이다.

중앙은행이 경기 침체에 맞서 싸울 수 있는 가장 중요한 무기는 금리 인하인데, 그 무기는 마냥 쓸 수 있는 게 아니라 횟수가 제한적이다. 그래서 본능적으로 중앙은행은 그걸 아껴서 쓰고 싶어 한다.

그렇다고 항상 중앙은행이 금리 인하 카드를 아끼기만 하는 건 아니다. 경제에 극심한 충격이 닥쳤을 땐 이 필살기를 대방출하곤 한다.

글로벌 금융위기가 전 세계를 휩쓸었던 2008년 하반기. 한국은행은 2008년 10월부터 2009년 2월까지 5개월 동안 6차례의 금리 인하를 통해 연 5.25%였던 기준금리 연 2.00%로 끌어내렸다. 이 기간엔 한 번에 금리를 1.0%포인트 내린 적도 두 번이나 된다. 평소엔 한 장 쓰는 것도 아까워했던 금리 인하 카드를 한 번에 4장씩 마구 뿌린 셈이다.

균형이 깨지면 벌어지는 일

당장 자기 임기 안에 경제 호황을 이루고 선거에서 승리해야 하는 대통령에겐 단기간의 경제 성과가 무엇보다 중요하다. 하지만 거시경제 안정을 책임지는 중앙은행에 중요한 건 당장 이번 분기 또는 올해 경제성장률을 끌어올리는 게 아니다. 그보단 주기적으로 닥쳐오는 경제위기에 대비해서 국가 경제가 수렁에 빠지지 않게 하는 게 더 큰 임무다. 남은 임기가 점점 줄어드는 대통령은 조급하게 빨리 앞으로 나아가려 하지만, 중앙은행에 중요한 건 빠른 것보단 안전하게 가는 것이다. 각자 맡은 역할이 다르니, 주장하는 바도 다를 수밖에 없다. 둘 중 어느 한쪽이 틀린 게 아니라, 원래 그렇게 견제와 균형이 이뤄지는 게 맞는 일이다.

물론 미국 연준이나 한국은행 모두 총재를 포함한 통화정책을 결정하는 위원을 대통령이 임명한다. 아무리 법으로 중앙은행의 독립성을 보장한다지만, 그래도 임명권자인 대통령의 주장을 무시하기란 인간적으론 어려울 수 있다. 실제 과거 역사를 보면 중앙은행 통화정책에 대통령이 개입한 경우도 찾아볼 수 있다.

1970년대 미국 리처드 닉슨 대통령이 대표적인 사례. 당시 연준 의장이었던 아서 번즈(1970~1978년 재임)는 원래 인플레이션을 혐오하는 보수적인 경제학자였다. 하지만 1972년 재선을 앞둔 리처드 닉슨 대통령은 번즈 의장에게 금리 인하를 강하고 집요하게 요구했다. 이미 인플레이션이 심상찮았던 상황이었지만 번즈 의장은 이 요구에 끝까지 맞서지 못했고 금리를 내렸다.

닉슨은 재선에 성공했지만, 그 직후 물가 폭등이 본격화한다. 전대미문의 스테그플레이션(경기 침체+고물가) 시대가 열린 것이다. 1970년대 후반은 미국 역사상 가장 인플레이션이 높았던 평화 시기로 기록된다. 결국 아서 번즈 의장은 미국 경제를 혼란에 빠뜨린 무능한 연준 의장이란 오명을 피할 수 없게 됐다. 그리고 이후 미국 연준의 독립성은 한층 더 중요한 가치로 여겨지게 된다. 지금의 파월 의장을 포함한 이후 모든 연준 의장들의 목표 중 하나는 '아서 번즈처럼 되지 않는 것'이다.

PART 3
투자

**주식과 채권,
뜨겁지만 차갑게
첫걸음 내딛기**

01 주식의 시대가 열렸다

오랜만에 만난 친척들. 서로 어찌 지냈는지 신상 보고를 마치면 별 할 얘기가 없다. 영화나 드라마 이야기도 잠시. 그러다 괜히 화제가 정치로 튀기라도 하면 큰일이다.

경험상 이럴 때 나누기 딱 좋은 주제가 주식이다. '내가 엔비디아에 투자했는데'라고 말하기 시작하면, 아마 대학생이든 70대 어르신이든 눈을 반짝 빛낼 것이다. 각자 대박 난 종목, 쪽박 찬 종목, 사려다 안 사서 아쉬운 종목, 조금 올라서 팔았더니 이후 급등한 종목 등등. 투자 썰을 푸느라 시간 가는 줄 모른다. 그리고 각자 내다보는 테슬라와 삼성전자 주가 전망까지. 웬만한 유튜브보다 더 재미있는 대화가 펼쳐진다.

주식 투자는 게임이 아닌 기업을 사는 것

2020년 동학개미 운동 이후, 주식하는 사람이 정말 많아졌다. 동네 카페에 모인 60대 아주머니들도 '2차전지 관련주' 주가를 논하곤 한다. 지하철을 타면 손에 든 스마트폰에서 MTS(모바일 트레이딩 시스템)로 주가 창을 들여다보고 있는 사람들도 쉽게 목격한다. 또 주식 유튜버, 주식 단톡방은 또 얼마나 많은지. 정말 주식 안 하는 사람이 없는 것만 같다.

요즘 보면 주식이 전 국민이 즐기는 게임 같다는 느낌이 든다. 재미있고 머리가 팽팽 돌아가고 스릴 만점인 데다 돈까지 벌거나 잃게 만드는 게임. 그래서 자기가 주식을 산 기업에 대한 좋은 뉴스엔 열광하고, 부정적 뉴스가 나오면 악플을 달며 저주를 퍼붓는다. 무슨 프로야구팀 팬클럽, 더 나아가 열성적인 종교 신도들 같은 양태를 보이기도 한다.

하지만 주식 투자는 게임이나 스포츠가 아니다. 특정 종목의 팬클럽이 돼 응원하는 건 더더욱 아니다. 피 같은 내 돈이 걸린, 냉정한 투자 활동이다.

만약 잘 알지도 못하는 이웃 사람이 '저 식당을 차리려고 하는데, 돈 500만 원만 투자하세요. 식당 잘되면 나중에 1,000만 원으로 갚을게요'라고 제안한다 치자. 바로 '무슨 말 같지 않은 소리냐'며 단박에 거절하지 않을까. 그런데 의외로 주식은 옆자리 김 과장이 '좋은 종목'이라고 추천해서, 유튜브의 자칭 투자 전문가가 '텐배거(10배로 오를 종목이란 뜻)'라고 찍어줘서 덜컥 사버리는 경우를 많이 본다. 주식을 돈 놓고 돈 먹는 게임으로 보고 접근하기 때문이다.

그럼 주식은 무엇일까. 주식은 주식회사의 자본을 구성하는 단위다. 따라서 어떤 기업의 주식을 산다는 건 그 기업을 산다는 걸 의미한다. 비록 비중은 보잘것없지만, 그 기업의 오너와 공동으로 그 회사를 소유하는 일종의 동업자가 되는 셈이다.

즉, 주식을 사는 건 짤짤이 게임처럼 주가가 오르냐 내리느냐에 베팅하는 게 아니다. 저 회사를 소유하겠다, 저 회사 오너와 한배를 타겠다는 마음으로 투자하는 게 맞다. 그리고 그렇게 생각하면 주식 투자에 임하는 자세가 한결 진지해질 수밖에 없다. 주가의 오르내림 말고도 훨씬 더 많은 것을 들여다봐야 하기 때문이다.

그래서 주식 투자는 쉽지 않다. 많은 지식과 정보가 있어야 하고, 부지런히 뉴스와 공시도 쫓아야 한다. 기업과 산업만 잘 알아서 되는 것도 아니고, 주식시장의 논리나 거시경제 흐름까지 파악해야 한다. 물론 그렇게 많이 공부하고 열심히 해도 여러 이유로 뜻대로 잘 안 되기도 하는 게 주식 투자다. 즉, 생각보다 만만찮고 어려운 일이다.

그러니 주식 투자가 잘 맞지 않는 사람들이 있다. 스스로 공부할 의지도 여유도 없는 사람들. 이들 중에도 괜히 로또처럼 운을 기대하며 주식을 사는 경우가 있는데, 사고 나서라도 공부를 해야지 그거 할 자신 없으면 아예 처음부터 안 사는 게 낫다.

이미 성장성이 높은 첨단 산업에 몸담고 있는 근로자인가? 만약 그런 경우라면 굳이 주식시장을 기웃거릴 필요 없다. 이런 사람들은 굳이 주식 투자에 시간과 노력을 쏟느니, 자기 직업에 매진해서 몸값을 높이고 크게 성장할 기회를 찾는 게 더 나은 선택이다.

반대로 자신이 머무는 산업이 미래가 별로 보이지 않는 사양산업이라면? 그런데 이제 와서 사양산업을 박차고 나와 인공지능AI·로봇·우주 같은 첨단 산업 쪽으로 진출하게 될 것 같지도 않다면? 그런 경우엔 주식 투자에 뛰어드는 걸 적극적으로 고려해야 한다. 성장성 높은 기업에 올라탈 사실상 유일한 방법이기 때문이다. 비록 주식 투자가 나를 화려한 파이어족으로 만들어주진 못하더라도, 적어도 일부 산업만 누릴 수 있는 성장 궤도에서 내가 소외되지 않도록 이끌어줄 순 있다. 그게 바로 사람들에게 주식 투자가 의미 있는 이유다.

주식 왕초보, 주가와 시가총액을 이해하자

가끔 주식 얘기를 하다가 '이 사람은 정말 초보로구나'라는 느낌을 받을 때가 있다. 상대방이 이런 말을 할 때다.

'○○○ 주식은 한 주에 10만 원도 넘어서 안 샀어요.'

'주가가 1만 원 이하인 것 중에 골라서 샀어요.'

설마 1주당 가격만 보고 싸다, 비싸다를 판단하는 사람이 있냐고? 있다. 꽤 많다. 깜짝 놀라곤 한다.

그래서 알 만한 사람은 다 알겠지만, 설명하고 넘어가겠다. 어떤 기업의 가치를 보여주는 건 주가가 아니라 시가총액이다. 주가는 1주의 가격이고, 시가총액은 주가를 주식 수와 곱한 것이다. 예를 들어 주가가 1만 원인데, 그 기업이 발행한 주식 수가 1억 개이면 시가총액은 1조 원이 된다. 그리고 기업마다 발행 주식 수는 제각각이기 때문에 시가총액이 비슷해도 주가는 천차만별이다. 예컨대 현대차와 두산에너빌리티는 시가총액이 비슷한 기업이지만(2025년 8월 현재, 약 43조 원) 주가는 현대차가 21만 원, 두산에너빌리티가 6만 6,000원 수준이다. 주식 수로는 두산에너빌리티가 3배쯤 되기 때문이다.

주식시장에서 어느 기업이 잘나가는지를 알려면 주가가 아니라 시가총액(줄여서 시총)을 봐야 한다. 예컨대 현재 전 세계에서 가장 시가총액이 높은 기업은 엔비디아(약 4조 5,000억 달러)이다.

한국의 시가총액 1위는 삼성전자, 대만 시가총액 1위는 반도체 기업 TSMC이다. 예전엔 삼성전자 시총이 TSMC를 앞섰지만, 이제 옛말이 됐다. TSMC 시총이 2020년 삼성전자를 추월했고, 이후 차이는 더 벌어졌다. 주식시장에서 두 기업의 위상이 역전됐다는 걸 보여준다.

반드시 알아야 할 주가지수

코스피가 올랐다, 떨어졌다. 이런 기사는 하루에도 몇백 개씩 쏟아져 나온다. 그럼 코스피가 뭘까.

코스피KOSPI는 한국을 대표하는 제1주식시장을 가리키는 말이다. 많은 대기업들이 이 코스피 시장에서 자기네 주식이 거래될 수 있도록 주식을 상장해놨다. 그리고 이 코스피 시장에 상장돼 거래되는 주식의 가치를 숫자로 표현한 게 '코스피지수'이다. 즉, '코스피가 1% 올랐다'라는 말은 정확히는 '코스피지수가 1% 올랐다'는 뜻이다.

코스피지수는 코스피에 상장된 종목 전체의 시가총액을 가지고 계산한다. 기준 시점인 1980년 1월 4일의 시가총액을 100으로 놓고, 오늘 현재의 전 종목 시가총액이 얼마나 되는지를 구한 것이다. 식으로 표현하면 아래와 같다. 즉, 코스피지수가 2,500포인트라는 건 1980년 1월 4일과 비교했을 때 코스피 상장사 시가총액이 25배가 됐단 뜻이다.

$$KOSPI = \frac{비교\ 시점\ 시가총액}{기준\ 시점(1980.\ 1.\ 4)\ 시가총액} \times 100$$

코스피 말고 코스닥지수도 있다. 코스닥KOSDAQ은 한국의 제2주식시장 이름이다. 코스피보다 문턱이 낮은 편이라 더 작은 기업들이 주로 많이 상장한다. 코스닥지수 역시 코스닥 상장 기업의 시가총액으로 계산한다. 코스닥지수의 산출 기준일은 1996년 7월 1일. 다만 코스닥은 기준값이 100이 아니라 1,000이다. 즉, 코스닥지수가 800이라는 건 상장사 시가총액이 기준일의 80% 수준에 머문단 뜻이다. 코스닥 시장이 1996년보다 오히려 가라앉았다는 걸 알 수 있다.

미국을 대표하는 주가지수로는 다우 DOW 지수와 나스닥 NASDAQ 지수가 있다. 각각 미국을 대표하는 주식시장인 뉴욕증권거래소와 나스닥의 주가 흐름을 보여준다.

우리가 흔히 '다우지수'라고 부르는 건 정확히는 '다우존스 30 산업평균지수'를 뜻한다. 뉴욕증권거래소에 상장된 30개 대표 종목의 시세를 단순 평균 내서 구한다. 나스닥지수는 나스닥에 상장된 모든 종목에 대해 시가총액에 따라 가중치를 부여해 산출한다.

다우지수는 구성 종목이 30개밖에 안 되기 때문에 전체 시장을 포괄하는 데는 한계가 있다. 나스닥지수는 나스닥 시장 자체가 IT 기업이 주로 상장하기 때문에, IT 이외 분야의 주가는 반영하지 못한다.

바로 이런 한계 때문에 좀 더 포괄적인 미국 주식시장 동향을 파악하려면 다우지수나 나스닥지수가 아닌 이걸 보는 게 더 낫다. 바로 'S&P500지수'이다. S&P500지수는 뉴욕증권거래소 또는 나스닥에 상장된 종목 중 우량주 500개의 시가총액으로 산출한다. 미국 상장 기업 전체 시가총액의 약 80%가 포함된다. 미국 주식시장 전반을 가장 잘 보여주는 주가지수라 할 수 있다.

이렇게 주가지수는 종류가 다양하고 계산법과 대상 종목 수도 제각각이다. '개별 종목 말고 지수에 투자하는 게 안전하다'고들 얘기하는데, 꼭 그런 건 아니다. 오히려 그 지수가 어떤 종목으로 구성되고 어떻게 산출되는지 모른 채 섣불리 투자한다면 그게 더 위험할 수도 있다. 이 부분은 뒤에 상장지수펀드ETF 부분에서 다시 설명하겠다.

주식을 싸게 사고 싶다면 '퍼(PER)'를 알아라

다시 말하지만 주식 투자는 기업을 사는 것이다. 그럼 어떤 기업을 사야 할까. 건실하고 돈 잘 벌고 배당금 두둑이 주는 우량 기업? 빠르게 성장하고 미래가 전도유망한 성장 기업?

모두 맞는 말이지만, 가장 중요한 기준이 빠졌다. 바로 '주가가 싼 기업'을 사야 한다는 점이다. 정확히 표현하자면, 가치에 비해 주가가 저렴한, 그런 주식이 바로 투자하기에 좋은 주식이다.

이게 바로 잘나가고 크고 돈 잘 버는 기업이라고 해서 무조건 투자해선 안 되는 이유이다. 남들이 많이 투자해서, 또는 내가 그 기업 제품을 좋아해서 투자하는 것도 답이 아니다. 아무리 좋은 기업이라도 주가가 비쌀 때 사서는 돈을 벌 수 없기 때문이다. 즉, '좋은 기업= 좋은 주식'은 아니다.

이게 바로 주식 투자의 어려운 점이기도 하다. 예컨대 우리가 만약 해당 기업에 단순히 돈을 빌려주는 채권자라면, 채권을 살지 말지 기준은 좀 더 심플하다. 그 기업이 우리 돈을 떼먹을까, 아닐까. 하지만 주식 투자자는 돈을 빌려주고 원금과 이자를 만기에 돌려받기만 하면 그만인 채권자가 아니다. 기업의 가치에 비해 현재 주가가 싼지, 비싼지까지 따져봐야 한다.

결국 주가가 쌀 때 사서 비쌀 때 팔라는 소리인데, 아마 '그런 말은 누가 못 하냐'고 할 거다. 도대체 뭘 봐야 주가가 기업 가치보다 싼지 비싼지를 아는지가 궁금할 것이다.

그리고 이와 관련해 가장 널리 쓰이고 가장 신뢰받는 지표가 있다. 바로 PER이다. 영어로는 'Price Earning Ratio'의 줄임말인데, 우리말로는 '주가수익비율'이라고 번역한다. '피이알'이라고 읽는 게 정석이지만, '퍼'라고 읽는 사람도 많다. 주식 얘기를 하는데 '퍼'가 어쩌고 얘기하면 그건 다 PER을 뜻한다고 보면 된다. 말 그대로 주가가 기업이 벌어들이는 수익의 몇 배인지를 비율로 표현한 것인데, 공식은 이렇다.

$$PER = \frac{시가총액}{당기순이익} = \frac{시가총액 \div 주식\ 수}{당기순이익 \div 주식\ 수} = \frac{주가}{EPS}$$

한 기업의 시가총액을 그 기업의 연간 당기순이익으로 나누면 PER이 몇 배인지 알 수 있다. 미국 기업의 경우엔 주당순이익EPS, 즉 1주당 순이익을 따로 발표하기도 하는데, 이걸 알면 계산이 더 쉽다. 주가를 주당순이익으로 나눠주면 된다. 주가가 1만 원인데 주당순이익(=당기순이익÷주식 수)이 1,000원이라면 PER이 10배인 셈이다.

결국 PER이 알려주는 건 그 기업이 주가에 비해 얼마나 돈을 잘 버는지이다. PER이 낮을수록 버는 돈에 비해 주가가 낮다는 얘기이고, 따라서 '주식이 저렴하다' 또는 '주가가 저평가'됐다고 말할 수 있다.

네이버 증권에서 PER 확인하기

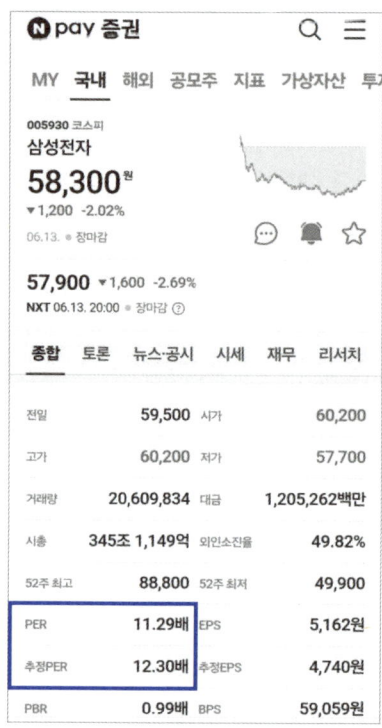

네이버 증권에 나오는 종목 정보엔 최근 실적을 기준으로 한 PER과 올해 예상 실적을 기준으로 한 '추정 PER'이 모두 제공된다.

종목별 PER은 주식을 거래할 때 쓰는 증권사 MTS(모바일 트레이딩 시스템)에서도, 네이버페이 증권 같은 데서도 쉽게 확인할 수 있다.

그럼 PER이 낮은 주식은 주가가 저렴하단 뜻이니까 투자할 만한 걸까? PER이 5배인 종목은 투자할 만하고, PER이 50배인 종목은 근처에도 가면 안 되는 걸까. 그런 건 아니다. 중요한 건 PER의 절대수치가 아니다. 같은 업종, 경쟁사, 그리고 과거 그 기업의 기록과 비교했을 때 상대적으로 PER이 높은지, 낮은지를 따져봐야 한다.

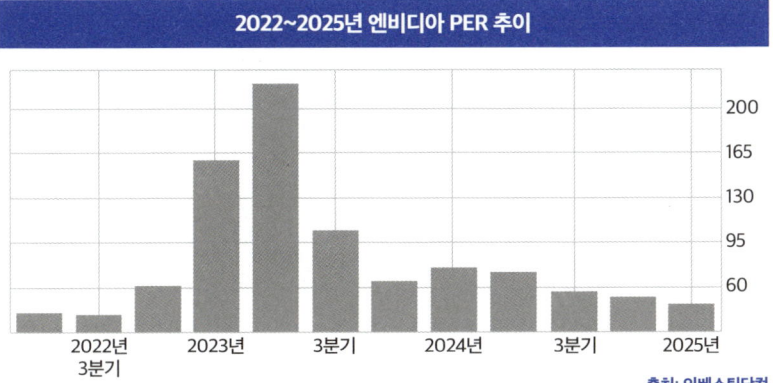

보통 인공지능AI 산업처럼 성장이 빠른 업종은 PER이 높게 형성된다. 예를 들어 엔비디아는 2023년 한때 PER이 200배를 훌쩍 넘었다. IT 업종이 PER이 높다고는 하지만 그래도 200배는 너무 높은 것 아니냐는 말이 당연히 나왔다. 그러나 이런 얘기는 엔비디아가 예상을 뛰어넘는 수준의 실적을 내놓으며 잠잠해졌다. 당기순이익이 급증하자 PER이 뚝 떨어졌기 때문이다. 주가가 급등해도 그보다 실적이 더 빨리, 많이 늘어나면 PER은 되레 떨어지게 된다. 이렇게 고성장 덕분에 PER을 끌어내릴 수 있다면, 그만큼 성장이 가파르단 의미다.

물론 PER이 만능 지표는 아니다. 흔히 보는 PER은 이미 발표된 순이익, 즉 지나간 과거 실적을 가지고 계산돼 있다. 과거 지표가 미래 실적을 알려주는 건 아니라는 점에서 한계가 분명하다.

PER을 애널리스트들이 내놓은 미래의 당기순이익 추정치를 가지고 계산하기도 한다. 이걸 '선행 PER' 또는 '추정 PER'이라고 하는데, 다만 어디까지나 실적 추정치를 가지고 계산하는 거라 언제든 바뀔

수 있고 잘 들어맞지 않을 수 있다.

따라서 PER은 주가가 가치에 비해 높은지 낮은지, 고평가됐는지 저평가됐는지를 알려주는 좋은 지표이지만, 수학 공식처럼 딱딱 들어맞진 않는다. "PER이 100배라니, 완전 거품이네"라고 했던 기업이 오히려 순이익이 팍팍 늘면서 주식시장에서 더 잘나가는 경우도 종종 있다. 반대로 "PER이 5배밖에 안 되니까 너무 저평가된 거야"라고 덥석 집었는데 실적 부진이 길어지면서 주가가 되레 더 떨어질 수도 있다. 주식이 싼지 비싼지를 판별하는 많은 기준 중 하나이지만 너무 절대적 기준으로 생각하진 말자.

성장주와 가치주, 금리 인하기에 오르는 주식은?

앞에서 금리의 인하는 밀물과 같다고 설명했다. 돈값이 내려가면서 저렴한 돈이 더 높은 수익률을 찾아 투자시장으로 밀려든다. 낮아진 은행 예금 이자나 채권 수익률로 만족하지 못하는 이들이 위험을 감수하고서라도 주식시장에 뛰어든다. 금리가 내려가는 게 주식시장에 호재인 이유다.

그리고 금리의 영향이 모든 주식에 똑같이 미치는 게 아니다. 유독 금리가 내릴 땐 더 주가가 뛰고, 금리가 올라갈 땐 주가가 추락하는 주식이 따로 있다. '흔히 금리 인하기엔 성장주, 금리 인상기엔 가치주가 유리하다'라고 말한다.

그럼 성장주, 가치주가 뭘까. 이름에서 유추할 수 있듯이 성장주는 빠르게 실적이 성장하는 기업이다. 당장은 실적이 별 볼 일 없거나 당분간은 투자비가 많이 들어서 돈 벌기 쉽지 않지만 미래가 창창한 경우를 말한다. 인공지능, 양자컴퓨터, 로봇 같은 첨단 기술 관련 주식이 여기 해당한다.

가치주는 그 반대다. 성장세는 완만하지만 주가에 비해 가치가 높은, 즉 저평가된 주식을 말한다. 앞에서 설명한 주가수익비율^{PER}이 상대적으로 낮은 주식이다. 돈 잘 벌고 실적이 좋지만 미래에 몇 배로 커질 거란 그런 기대는 없다. 주로 은행·통신·건설·소비재 같은 업종이다.

금리 인하는 성장주엔 특히 호재다. 성장주인 기업은 돈을 쌓아두고 있는 게 아니라, 미래를 위해 활발하게 투자를 벌여야 한다. 그만큼 대출을 많이 끌어 쓰는데, 이자율이 내려가니 좋은 일이다. 낮아진 돈값 덕분에 더 과감하게 투자하고, 성장을 더 촉진할 수 있게 된다.

반면 금리 인상은 성장주를 얼어붙게 만든다. 이자 부담이 급증하면서 미래 성장을 위한 투자를 줄여야 하기 때문이다. 적자 상태여서 당분간 돈 벌기 어려운 기업이라면 금리 인상으로 돈줄이 막혀 급격히 어려워질 수도 있다. 금리 인상기에 성장주가 좀처럼 힘을 쓰지 못하는 이유다.

가치주는 이와 정반대이다. 실적이 안정적이고 대출이자율에 민감하지 않다 보니 금리 인상기에도 주가가 크게 흔들리지 않는다.

오히려 은행주는 금리가 오르면 대출에서 얻는 이익이 늘어나서 실적이 더 좋아지기도 한다. 저금리일 땐 재미없다며 외면당한 가치주가 금리 인상기엔 안정적인 투자처로 떠오르게 된다.

배당, 주식으로 월급 받기

주식 투자를 하는 가장 큰 이유는 당연히 그 기업의 성장에 올라타 주가 상승이란 과실을 따 먹기 위해서다. 하지만 그게 다가 아니다. 주식 투자로 얻을 수 있는 또 다른 쏠쏠한 이점도 있다. 바로 배당이다.

배당은 기업이 이익을 냈을 때 그중 일부를 주주들에게 나눠주는 걸 말한다. 배당을 하느냐 마느냐, 얼마나 자주 하느냐는 기업이 정하기 나름이다. 보통은 1년에 한 번 배당하는 기업이 많지만, 요즘 대기업 중엔 분기에 한 번 배당하는 곳이 늘어나고 있다.

배당은 기업이 정한 날짜(배당 기준일)에 주식을 소유한 사람만이 받을 수 있다. 날짜는 기업마다 다르지만, 1년에 한 번 배당하는 기업 중엔 배당 기준일이 12월 31일인 경우가 가장 많다. 이날 기준의 '주주명부'에 이름이 올라가 있어야 배당금을 받을 수 있단 뜻이다.

그럼 배당을 받고 싶으면 12월 31일에 주식을 사면 될까? 그건 아니다. 여기서 주식 투자하는 사람 누구나 꼭 알아둬야 할 게 있다. 우리나라가 쓰는 'T+2일 결제 제도'이다.

거래일Transaction로부터 영업일 기준 2일 뒤에 거래소에서 결제가 완료된단 뜻이다. 여기서 영업일은 정규장이 열리는 날, 즉 평일을 말한다. 즉, 월요일에 주식을 사도 주주명부에 올라가는 건 수요일이다. 반대로 월요일에 주식을 팔았다면 그 돈이 실제 내 계좌로 들어오는 건 수요일이다. 즉, 주식을 팔아도 2영업일이 지나야 그 돈을 계좌에서 이체할 수 있다. 마치 온라인 쇼핑 배송처럼 시차가 있다고 보면 된다.

가끔 급하게 현금이 필요해서 주식을 팔았는데, 그 돈을 곧바로 빼서 쓰지 못하고 최소 이틀을 기다려야 한다는 사실을 뒤늦게 깨닫는 주식 초보들이 있다. 영업일 기준 2일이기 때문에 중간에 공휴일이나 연휴가 끼어 있으면 기다려야 하는 기간이 더 늘어난다. 이걸 잘못 계산했다가 낭패를 볼 수 있으니 꼭 알아두자.

그럼 다시 배당 얘기로 돌아가서, 12월 31일 기준으로 배당받고 싶은 기업의 주주가 돼 있으려면 언제까지 주식을 사야 할까. 그건 매해 조금씩 달라지는 데, 2025년의 경우 12월 26일이다. 12월 31일은 휴장일이니까 의미 없고, 실제론 마지막 영업일인 12월 30일에 주주명부에 올라가야 하는데 2025년 12월 30일이 화요일이다. 그럼 영업일 기준으로 이틀 전은 그 전주 금요일인 26일인 거다.

다만 요즘엔 배당 기준일을 12월 31일이 아닌 3월로 정하는 기업도 점점 많아지는 추세다. 따라서 무작정 '12월 26일에 샀으니까 배당금을 받겠지'라고 생각할 게 아니라, 일일이 확인해봐야 하긴 한다.

모든 기업이 배당을 하는 건 아니다. 한국거래소에 따르면 2024년

배당을 받기 위한 마지막 매수일 알아보기

2025년 12월

일	월	화	수	목	금	토
	1	2	3	4	5	6
7	8	9	10	11	12	13
14	15	16	17	18	19	20
21	22	23	24	25	**26**	27
28	29	**30**	**31**			

- 26: 배당금 받기 위한 마지막 매수일
- 30: 마지막 영업일(실질적인 배당 기준일)
- 31: 휴장일

엔 코스피 상장 기업 중 70%가 배당을 했다. 배당을 얼마나 하느냐도 기업마다 제각각이다.

투자자 입장에선 아무래도 배당을 많이 하는 기업을 좋아할 수밖에 없다. 그만큼 기업이 벌어들인 이익 중 많은 부분을 주주들과 나눠주는, 주주 친화적인 기업이란 뜻이니 말이다. 특히 주가 대비 배당금 비율(배당수익률)이 높은 주식, 즉 고배당주를 선호하는 투자자가 많다.

고배당주의 기준이 정해져 있는 건 아니지만, 흔히 배당수익률이 5%를 넘어가면 고배당주로 불린다. 투자자 입장에서 보면 주식 가치가 100만 원인데 5만 원 이상을 배당으로 준다는 뜻이다. 요즘 웬만한 정기예금도 연 5%대 이자율은 기대하기 어렵다는 점에서 이 정도면 상당한 수준이긴 하다. 고배당주는 주로 통신·금융·에너지·유틸리티 같은 안정적인 '가치주'에 몰려 있다. 예컨대 2025년 4월 배당한 기업 중엔 서울보증보험(배당수익률 8.03%), 교보증권(7.58%) 같은 기업이 눈에 띄었다. 참고로 삼성전자는 분기 배당을 시행하는데, 이를 합쳐서 연간 배당수익률을 따져보면 2.67%였다. 역시 분기 배당을 하는 현대차의 배당수익률은 6.6%였다.

그런데 고배당주는 늘 투자자에게 유리할까. 그런 건 아니다. 왜 그 종목이 고배당주가 됐는지를 따져봐야 한다. 만약 실적이 계속 불어나서 점점 더 돈을 잘 벌게 되고 배당금을 팍팍 늘릴 여유가 있어서라면, 그건 좋을 수 있다. 하지만 배당이 늘어서가 아니라 주가가 고꾸라져도 배당수익률이 높은 고배당주가 될 수 있다. 그런 건 경계해야 한다. 또 이익이 거의 없거나 심지어 적자에 빠졌는데도 배당을 하는 기업이라면 그것도 문제다. 미래를 위해 투자하지 않고 흥청망청 있는 돈을 다 써버리는 거나 마찬가지니 말이다.

무엇보다 대체로 성장주는 배당이 없거나 쥐꼬리인 경우가 많다. 즉, 성장주는 주가 상승에 베팅하고 투자하는 거지, 배당수익을 노리고 투자하는 게 아니다. 화끈한 걸 추구한다면 변동성 크고 배당금도 기대하기 어렵지만 주가 상승을 노리는 성장주, 안정적인 걸 원한다면 주가 변동 폭이 그리 크지 않고 배당도 쏠쏠한 가치주가 낫다고 하겠다. 그래서 금리가 내려가고 주식시장이 전반적으로 호황일 땐 성장주, 반대로 금리가 오르고 증시가 불안할 땐 가치주로 더 쏠리곤 한다.

배당금에는 배당소득세가 붙는다. 세율은 예금 이자와 똑같은 15.4%이다. 배당금으로 만약 총 10만 원을 받는다면 15.4%가 원천징수된 채 8만 4,600원만 주식 계좌로 입금된다.

참고로 예금 이자와 주식 배당 같은 금융소득을 다 합친 게 연간 2,000만 원이 넘으면 '금융소득종합과세 대상자'로 분류돼서 최고 49.5%의 높은 세율을 적용받게 된다. 다만 이재명 정부는 기업이 배당을 늘리도록 유도하기 위해 일정 조건을 충족하는 경우 배당소득을 분리과세 해주는 법 개정을 추진 중이다. 이 계획대로라면 1년에 2,000만 원을 초과한 배당을 받을 때 내는 세금이 지금보다 줄어들 수 있다.

애널리스트 보고서에서 힌트 읽는 법

주식 투자를 한다면 눈여겨봐야 할 게 증권사 애널리스트 보고서이다. 각 섹터(업종)를 담당하는 애널리스트들은 그 섹터에서 자신이 중요하다고 여기는 종목을 몇 가지 뽑아서 세세하게 들여다보는 보고서를 낸다. 그 기업의 실적을 추정하고 그에 따라 투자 의견(매수·중립·매도)과 목표 주가도 제시한다. 투자자라면 꼭 알고 싶은 다양한 정보가 빼곡히 들어 있다.

이런 애널리스트 보고서의 진짜 독자는 사실 펀드매니저이다. 큰돈을 굴리는 펀드매니저를 설득해서 자기네 증권사를 통해 주식을 사거나 팔게 하려는 영업 목적으로 쓰여진 보고서다. 그렇기 때문에 전문용어나 약어도 많이 쓰고 좀 어렵다. 원래부터 일반 대중이 많이 읽게 하는 게 목적이 아니기 때문이다.

하지만 펀드매니저나 전문 투자자가 아닌 우리도 애널리스트 보고서를 볼 수 있다. 보통 증권사는 앱(MTS)을 통해 고객들에게 자기네 애널리스트가 쓴 보고서를 공짜로 제공한다. 또 일부 증권사의 경우 네이버 같은 포털사이트에도 애널리스트 보고서를 무료로 공개한다. 이런 꿀 정보를 그냥 얻을 수 있다니 좋은 일이 아닐 수 없다. 우리도 큰손들이 보는 정보를 가지고 투자 판단을 할 수 있으니 말이다.

애널리스트는 그 분야에선 전문가이다. 특히 한 업종을 10년, 20년씩 다루며 주식시장의 흥망성쇠를 지켜본 베테랑들의 판단은 상당히 신뢰할 만하다. 애널리스트는 자기가 보고서를 쓰는 종목엔 투자할 수 없다는 제한도 있다. 자기가 산 주식이 좋다고 떠벌려 사게 만드는 그런 유튜버들보다 훨씬 믿을 수 있다. 어떤 산업, 기업에 대해 공부한다면 애널리스트 보고서만 한 교재가 없다고 본다.

다만 보고서의 행간을 읽는 법을 아는 게 중요한 데, 이게 그렇게 쉽게 터득되는 게 아니다. 오랫동안 꾸준히 보고서를 읽어야만 보는 눈이 생긴다. 특히 그 애널리스트가 과거에 썼던 것과 어떻게 평가가 달라지는지 미묘한 뉘앙스 차이를 파악해야 하는데, 사실 쉽지 않다. 그래서 몇 가지 팁을 꼽자면 이렇다.

❶ 우선 제목을 보라

애널리스트들도 보고서를 쓸 때 제목에 힘을 준다. 사실상 제목 안에 그 종목을 사라는 건지 팔라는 건지 의미를 담으려고 노력한다. 만약 주가가 떨어질 것 같은 종목이라면? '사지 마'라고 직접적으로 쓰진 않는다. 그 대신 이런 식의 표현이 들어간다. '눈높이를 낮춰라', '바닥 찾기'. 좀 더 애매모호해서 헷갈리는 부정적 표현도 있다. '미래가 기대되는', '향후 눈여겨볼 만한'. 언뜻 보면 좋은 의미인가 착각할 수 있지만 '지금은 아니야'라는 부정적인 뜻이 훨씬 강하다.

반면에 지금 잡아야 할 좋은 종목이라고 본다면 'O만원까지 간다', '매수 서두를 때'라는 식으로 좀 더 확실하고 강렬한 표현을 담는다. '편안하다', '바겐세일' 같은 표현도 지금 사기 좋은 타이밍이란 뜻이다.

❷ 매수가 꼭 매수는 아니다

애널리스트 보고서엔 투자 의견이 매수, 중립(보유), 매도로 나뉜다. 언뜻 보면 매수이면 지금 사라는 거고, 중립이나 매도이면 별로니까 사지 말라는 것처럼 보인다. 하지만 꼭 그런 건 아니다. 보통 웬만해선 투자 의견에 중립이나 매도는 없다. 즉, 거의 대부분이 '매수'다.

애널리스트들은 웬만해선 매수에서 중립으로 투자 의견을 바꾸지 않는다. 그럴 수밖에 없는 이유가 있다. 일단 같은 회사 다른 부서가 싫어한다. 예컨대 IB 부서*는 어떤 기업의 M&A 딜을 따내는 게 중요한데, 애널리스트 투자 의견 하향 때문에 영업에 차질이 빚어져선 곤란하니 말이다. 또 애널리스트 본인도 자칫 고달파진다. 예를 들어 해당 기업이 공장 투어 같은 행사에서 본인만 쏙 빼놓는 식으로 복수하면 난감해질 수 있다. 그러니 웬만해선 좋게 지내려 하는 편이다.

만약 정말 좋지 않게 봐서 주식을 팔아야 한다고 본다면? 그럴 땐 보고서를 내지 않아버린다. 때론 커버리지(본인이 분석 대상으로 삼은 종목)에서 제외해버리기도 한다. 대놓고 '매도'를 외치는 것보단 그게 피차 타격이 덜하다고 봐서다.

물론 중립 또는 매도 보고서가 아예 없는 건 아니다. 2023년 2차 전지 열풍이 불었을 때 한병화 유진투자증권 연구원이 에코프로비엠 투자 의견을 매도로 낮춰 큰 화제가 된 적 있다. 물론 이로 인해 해당 종목 투자자의 원성이 자자했지만, 상당히 용기 있는 행보였다고 평가한다.

❸ 목표 주가를 보라

그럼 진짜로 사라는 건지, 아닌지는 어떻게 구분할까. 목표 주가를 봐야 한다. 매수 의견 자체보다 목표 주가를 얼마나 올리거나 내렸는지를 봐야 애널리스트가 하려는 말을 알 수 있다.

만약 현재 주가가 1만 원인데 5만 원도 거뜬히 갈 것 같은 좋은 종

---

* IB란 Investment Banking의 약자로, IB 부서는 기업공개(IPO), 유상증자, 회사채 발행, 인수합병(M&A) 등을 통해 기업의 자금 조달을 주간하는 부서다.

목이라면, 애널리스트는 목표 주가를 얼마로 쓸까? 바로 '5만 원' 이렇게 보고서에 쓰진 않는다. 적당하게 현재 주가보다 30~40% 높게 쓴다. 그 대신 주가가 좀 더 오르면 또 목표가를 높이고, 더 오르면 더 높이길 반복한다. 즉, 보고서를 낼 때마다 자꾸 목표 주가가 상향되고, 그것도 목표 주가가 현재 주가보다 30% 이상 높다면 그건 매우 좋게 보고 있단 뜻이다.

반대로 이 종목은 주가가 너무 올라서 별로 안 오를 것 같다고 본다면? 그럴 때도 목표 주가를 올리지만 현재 주가와 거의 차이가 없게, 한 15% 정도만 높게 잡는다. 그리고 보고서에 이런 멘트를 추가한다. '조심해서 보자. 단기간에 너무 올랐다.' 굳이 그렇게 한 줄 추가하는 건 사지 말란 뜻이다.

세금이 아까우면 국내 주식에 투자하라?

"금융소득종합과세가 걱정이야."

대기업 부장급인 한 친구가 모임에서 이런 고민을 토로한다. 살고 있는 집 한 채 말고는 나머지 모든 자산을 예적금에 올인한 경우였다. 예금 자산이 불어나면서 이제 이자소득이 연간 2,000만 원을 초과할 판이라고 했다. 그만큼 현금 부자란 뜻이다. 부러운 마음에 괜히 한번 찔러봤다.

"세금이 그렇게 아까우면 국내 주식 투자를 하지 그래?"

절대 안정형인 친구는 주식은 무섭다며 손사래를 쳤다. 솔직히 세금 걱정 없이 투자하기엔 현재로선 국내 주식만 한 게 없는 건 사실이다. 대주주가 아닌 한 국내 주식은 사고팔며 얻는 시세 차익에 부과하는 소득세가 아예 없으니 말이다. 물론 얼마를 버느냐와 상관없이 주식을 팔 때 무조건 부과되는 세금은 있긴 하다. 농어촌특별세 0.15%가 붙는 건데, 주식 100만 원어치를 팔 때 이익을 봤든 손해를 봤든 상관없이 세금으로 1,500원을 떼어간단 뜻이다. 따라서 주식을 자주 샀다 팔았다 하는 단타 매매를 반복하면 더 많은 세금을 내는 구조다.

원래 '소득이 있는 곳에 세금이 있다'는 게 조세 원칙으로 통한다. 이에 따라 예금 이자도, 주식 배당금도 모두 15.4%의 소득세를 매긴다. 이자와 배당으로 단돈 1만 원을 벌어도 소득세는 무조건 내야 한다. 또 부동산 역시 시세차익을 보고 팔면 양도소득세가 따라 붙는다. 즉, 투자로 돈을 벌면 그에 맞게 세금을 내야 하는 법이다.

그런데 유독 국내 주식은 개인 투자자가 얼마를 벌든 그 차익에 대한 세금을 한 푼도 내지 않는다. 물론 일반 개인 투자자가 아닌 대주주라면 좀 다르긴 하다. 하지만 양도소득세를 내야 하는 대주주란 한 종목 주식을 50억 원어치 이상 보유한 사람을 뜻한다. 그러니 절대다수의 개인 투자자는 국내 주식 투자로 큰돈을 벌어도 소득세를 내지 않는다.

그럼 왜 국내 주식은 소득세를 물리지 않을까? 한마디로 국내 주식 투자 활성화를 위해서다. 세금 안 물릴 테니, 국내 주식에 많이 투자 좀 하라고 정부가 독려하는 셈이다. 국내 주식에 투자한다는 건 곧 국내 기업에 투자한다는 뜻이니, 이는 국내 기업 활동을 지원하는 측면도 있다.

하지만 소득 있는 곳에 세금이 있다는 대원칙에 어긋나는 건 분명하다. 이익이 나든 안 나든 떼어가는 증권거래세보다는 이익을 많이 낸 사람에게 더 많은 세금을 거두는 게 더 선진적인 제도이기도 하다. 그러니 이제 한국도 이걸 바꾸자는 논의가 있었고, 2020년 12월 주식 매매차익에도 소득세를 부과하는 '금융투자소득세(줄여서 금투세)'를 도입하는 법안이 국회를 통과한다.

하지만 2023년 시행된다는 금투세는 2025년으로 2년 유예됐고, 결국 2024년 12월 폐지됐다. 개인 투자자들의 엄청난 반발에 직면했기 때문이다. '금투세가 도입되면 국내 주식에 투자하는 큰손들이 떠날 수 있다, 그럼 국내 주가가 떨어지고 결국 개인 투자자가 손해 볼 거다'라는 게 반대 논리였다.

사실 금투세는 연간 국내 주식 매매로 번 이익이 5,000만 원이 넘어야만 내는 세금이었다. 상위 1% 주식 부자만 대상이라, 대부분 개인 투자자는 낼 일이 없는 남 얘기였다. 금투세가 폐지됐다고 해서 그 영향으로 국내 주가가 오른 것도 아니었다.

금투세 도입과 폐지. 둘 중 어느 게 옳거나 그르다고 말할 순 없다. 어차피 어디에 세금을 매기느냐는 선택의 문제일 뿐이다. 사회적으로 합의해서 정하면 되는 거지, 절대적으로 따라야 할 규칙 같은 건 없다. 원래 세금은 정치적이다.

그리고 금투세 법안 통과부터 폐지까지 4년 동안의 치열한 논쟁이 남긴 교훈은 이거다. 개미(개인 투자자)가 뭉치면 무섭다는 것. 아마 당분간 어떤 정치인도 감히 주식 매매차익에 소득세 물리자는 얘기를 함부로 못 할 것이다. 세금이라면 진저리 치는 개미들에겐 다행이고, 세수 확보로 골머리 앓는 정부 입장에선 걱정이 아닐 수 없다.

02 ETF, 새롭게 떠오른 대세

ETF(상장지수펀드)를 아는가? 의외로 주변 주식 초보 중 ETF는 아는 사람이 많다. 개별 종목 투자는 왠지 무섭고, ETF만 투자한다는 이들도 많다. 그래서 ETF가 정확히 뭘까.

ETF 개념은 이름에 다 나와 있다. 거래소에서**Exchange** 주식처럼 사고팔 수 있는**Traded** 인덱스 펀드**Fund**를 뜻한다. 여기서 인덱스 펀드란 특정 지수를 100% 복제해서 움직이는 펀드라는 뜻이다. 즉, 증시에 상장돼 마치 주식처럼 사고팔 수 있는 인덱스 펀드가 ETF라고 보면 된다.

ETF는 자산운용사가 만드는 금융 상품이다. 자산운용사들은 자기네 ETF 브랜드를 갖고 있다. 예를 들어 미래에셋자산운용은 'TIGER(타이거)', 삼성자산운용은 'KODEX(코덱스)', 한국투자신탁운용은 'ACE(에이스)'라는 브랜드명을 ETF 상품에 붙여놨다.

만약 코스피200지수를 따라가는(추종하는) ETF로는 TIGER200(미래에셋), KODEX200(삼성), ACE 200(한국투자) 등이 있는 식이다. 사실상 같은 자산에 투자하는 상품이지만 제조사가 다 다른 셈이다.

ETF 붐에는 다 이유가 있다

국내 ETF 시장은 빠르게 커져가고 있다. 2023년 ETF 순자산이 100조 원을 돌파했는데, 2025년 말쯤엔 200조 원을 돌파할 거란 관측까지 나온다.

그럼 ETF는 왜 이리 인기일까? 일단 싸고 간편하다는 게 큰 장점이다. 일반 주식처럼 상장돼 있으니까 증권사 앱(MTS)을 이용해 수시로 사고팔 수 있고, 자산운용사가 떼가는 비용(보수)도 상당히 낮다.

그리고 개인 투자자 입장에서 특히 좋은 점은 소액으로 분산투자를 할 수 있단 점이다. 예를 들어 코스피200지수는 코스피를 대표하는 200개 종목을 모아놓은 것이다. 만약 이 200개 종목을 1주씩 빠짐없이 사려면 1,000만 원 넘는 돈이 필요하다. 하지만 코스피200지수를 따라가는 TIGER200 ETF 한 주 가격은 3만 4,000원 정도. 만약 코스피200 전체 종목에 한꺼번에 투자하고 싶다면 이런 ETF를 이용하면 된다.

또 ETF로는 웬만한 자산에 모두 투자할 수 있다는 게 특히 인기를 끄는 점이다. 국내 주식뿐 아니라 전 세계 주식과 채권은 물론 각종 원자재에 투자하는 ETF가 이미 나와 있다. 예컨대 멕시코나 인도 주식에 투자하고 싶은데, 증권사에서 취급하는 해외 주식엔 이들 나라가 포함돼 있지 않다면? 한국거래소에 상장된 멕시코 ETF나 인도 ETF가 대안이 될 수 있다. 구리나 콩, 원유처럼 접근이 쉽지 않은 원자재도 ETF를 이용하면 투자할 수 있다.

어떤 ETF를 골라야 할까

국내에 상장된 ETF 수만 1,000개 가까이 된다. 사실 ETF는 추종할 지수만 있으면 자산운용사가 뚝딱 만들 수 있는 상품이다. 또 어떤 ETF가 잘 팔리면 경쟁사가 비슷한 걸 금세 따라 만들어 내놓기도 한다.

그래서 비슷비슷한 ETF가 여러 개 나와 있곤 하다. 그중에 무얼 고르는 게 가장 나은 선택일까? 원래는 투자 비용이 상품마다 다르니까 따져봐야 하지만, 요즘엔 업계 경쟁이 과열되면서 전반적으로 보수율을 낮추는 트렌드라서 예전처럼 차이가 많이 나진 않는다. 대표 상품의 경우 보수율이 0.01% 수준인데 거기서 조금 높고 낮고가 뭐 그리 대수인가 싶다.

요즘엔 비용보단 거래량이 더 중요한 잣대이다. 비슷한 상품이라면 되도록 거래가 활발한 ETF로 골라야 한다. 그렇지 않으면 ETF 가격이 지수를 제대로 따라가지 못할 위험이 있다. 전문용어로 말하자면 괴리율(ETF 시장가격과 순자산가치의 차이)이 커진다고 얘기한다. 또 거래량이 너무 적은 경우엔 ETF를 팔고 싶어도 잘 안 팔려 애를 먹기도 한다. ETF는 만들기 쉬운 상품이라 상장은 돼 있지만 거의 팔리진 않는 유령 상품도 많기 때문에 주의해야 한다.

쓰디쓴 '레버리지 ETF'를 조심하라

"개별 주식은 위험해서 무조건 ETF에 투자했는데, 3분의 1 토막 났어요."

미국 트럼프 관세 여파로 주식시장이 요동쳤던 2025년 4월. 지인이 이렇게 하소연한다. 도대체 무슨 ETF이길래 60% 넘게 떨어진단 말인가 싶어 물어봤더니 이런 답이 돌아왔다.

"반도체 3배 ETF, SOXL(디렉시온 데일리 세미컨덕터 불 3X 셰어즈 ETF)이요."

아, 역시 레버리지다. 그것도 3배짜리. 정말 한국 개미들의 레버리지 ETF 사랑은 못 말리지 싶다.

레버리지Leverage는 지렛대를 뜻한다. ETF는 기초지수 수익률을 그대로 따라가도록 만들어진 상품이라고 설명했다. '레버리지 ETF'는 기초지수 수익률을 2배, 또는 3배로 따라가는 ETF이다. ETF가 그냥 아메리카노라면 레버리지 ETF는 샷이 추가된 아메리카노라고 할 수 있다. 이때 추가되는 건 '변동성'이다. 레버리지 ETF는 2배, 또

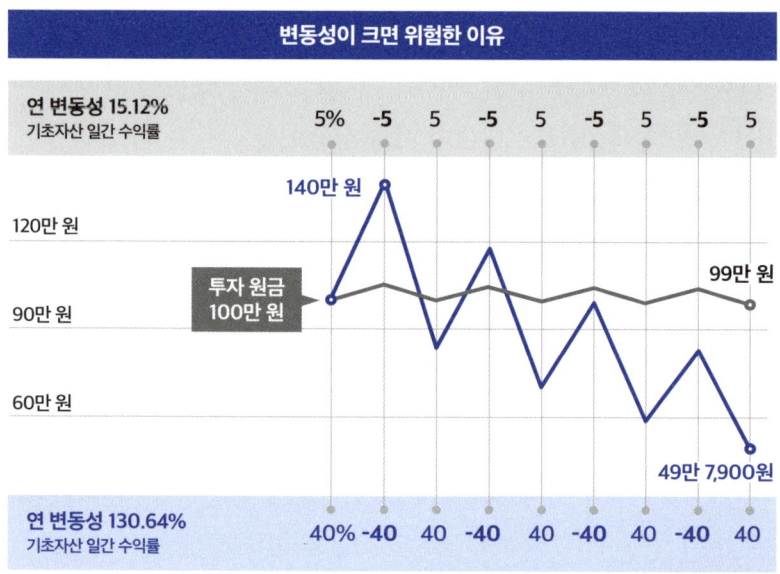

는 3배의 변동성에 노출된다.

변동성이 크니까, 그만큼 주가가 오를 때 화끈하게 오르니까 투자 기회가 많다고? 그건 변동성의 쓴맛을 몰라서 하는 소리다. 예를 들어 하루는 기초자산 수익률이 5% 오르고, 그다음 날은 5% 내리기를 반복하는 경우를 생각해보자. 이렇게 8일이 지나면 100만 원이었던 자산 가치가 99만원이 된다.

이와 달리 수익률이 하루는 +40%, 다음날은 -40%로 널뛰기를 반복한다면? 8일 만에 100만 원이 49만 7,900원으로 쪼그라든다. 높은 변동성이 투자 원금을 녹아내리게 하기 때문이다.

물론 대세 상승기에 레버리지 ETF에 투자하면 단기에 높은 수익률을 거둘 수 있다. 하지만 매일같이 한 방향으로 오르기만 하는 그런 자산은 사실 없다. 장기적으로 주가가 오르거나 내릴 확률이 반반이라고 본다면, 위에서 설명한 대로 변동성이 큰 레버리지 ETF 투자자는 크게 당할 위험이 있다.

따라서 레버리지 ETF는 방향성에 대해 확신이 있을 때, 단기로만 보유해야 하는 상품이다. 일주일 이상 장기 보유도 금물, 투자 손실을 봤다고 물타기는 더 금물이다. 3배 벌려다 3배로 잃을 수 있다. 진짜 된통 당하기 십상이다.

ETF는 분산투자니까 안전하다는 착각

'개별주식은 위험하고 ETF는 안전하다'는 것도 사실 편견일 수 있다. 많은 투자자들이 ETF는 여러 종류의 주식이 담긴 '꾸러미'이니까 몰빵 투자가 아닌 분산투자라서 더 안전하다고 생각한다. 또 코스피200이나 나스닥100 같은 대표 지수에 투자하는 ETF라면 실제 이런 분산투자 효과를 노릴 수 있다.

하지만 '꾸러미는 안전할 것'이란 착각에 포장만 보고 덥석 살 건 아니다. 소중한 내 돈이 걸린 투자 아닌가. 뭐가 들었는지 속을 열어서 확인해보고, 투자할 만한 기업인지 잘 따져봐야 한다.

특히 특정 분야에 포커스를 맞춘 테마형 ETF라면 더 그렇다. 예를 들어 요즘엔 로봇 ETF, 방산 ETF, 인공지능 ETF 식의 테마형 ETF

가 많은데, 단순히 이름만 볼 게 아니라 어떤 종목이 어떤 비중을 차지하는지 확인해봐야 안전하다. 만약 원래 사고 싶었던 주요 종목이 잘 담긴 꾸러미라면 당연히 선뜻 살 만하다. 하지만 뭔지 잘 모르는 기업들이 구성 종목 톱10에 자리잡고 있는 꾸러미라면? 도대체 그게 어떤 종목인지 공부를 좀 더 해보고 나서 투자할지 말지 결정해야 한다. ETF 구성 종목에 대한 정보는 증권사 MTS에서 쉽게 찾아볼 수 있다. 또는 ETF를 만든 자산운용사 홈페이지에도 잘 나와 있다.

귀찮게 그걸 어떻게 하느냐고? 만약 그게 싫으면 차라리 시장 전반을 추종하는 코스피200이나 나스닥100 ETF에 투자하는 게 낫다. 아니면 아주 잘 아는 개별 종목 하나에 투자하든가. 잘 알지도 못하는 테마 꾸러미를 덥석 집는 어설픈 분산투자는 잘 공부하고 한 몰빵 투자보다 오히려 더 위험할 수 있다. 투자는 늘 신중해야 한다.

이런 경고를 하는 이유는 ETF 시장 특성상 자산운용사들이 무책임하게 신상품을 내놓고 마케팅을 벌이는 일이 많아서다. 한 대형 자산운용사에서 ETF를 만드는 일을 하는 담당자에게 이렇게 물어본 적 있다.

"○○ ETF 신상품이 이번에 나와서 히트 쳤던데, 지금 그 테마는 너무 주가가 고점 아닌가요? 투자자들이 너무 꼭지일 때 들어가고 있는 것 같은데?"

그리고 돌아온 답은 이랬다.

"ETF란 지수를 추종하는 인덱스 펀드잖아요. 우리는 그 지수를 얼마나 잘 따라가느냐가 중요하지, 지수가 오르느냐 떨어지냐가 중요한 건 아니죠."

자산운용사 담당자로서는 당연한 얘기였는데, 소비자 중 한 사람으로선 그 대답이 충격적으로 다가왔다. 애초에 자산운용사는 그 지수가 앞으로 더 많이 오를 거라서 ETF 상품을 만드는 게 아니다. 제조사 입장에선 그게 얼마나 많이 팔리느냐가 중요할 뿐이다. 상품이 팔린 다음 수익률은 냉정하게 말하자면 투자자가 알아서 할 일이다. 자산운용사는 '지수를 추종한다'고 했지 '그 지수가 오른다'고 한 건 아니니까 탓할 수 없다. 결국 투자는 본인의 책임이라는 것. 늘 명심하자.

국장보단 미장? 서학개미 되기

한동안 '국장(한국 주식시장)에 질렸다'며 미국 증시에 투자하는 서학개미들이 크게 늘었다. 특히 2024년 국내 증시가 맥을 못 추는 데 비해, 미국 증시는 훨훨 날면서 이런 흐름이 거셌다. 2019년 말, 84억 달러(12조 3,000억 원)에 불과했던 국내 투자자의 미국 주식 투자액이 2024년 말엔 1,000억 달러(약 145조 8,000억 원)를 넘어섰다. 2025년이 되자 증시 분위기는 역전됐지만, 그래도 서학개미들은 꽤 군건하다.

아예 한국 주식은 건너뛰고 곧바로 미장(미국 증시)에서 투자에 입문하는 이들도 많아졌다. 요즘엔 증권사들이 수수료 인하 등 서학개미를 잡기 위한 각종 이벤트를 벌인다. 미국 주식 관련 정보도 유튜브, 책, 블로그 등 정말 많다. 투자 장벽이 그만큼 낮아졌다. 또 미국 증시엔 전 세계에서 제일 잘나가는 기업들이 대부분 모여 있는 데다, 미국에 상장돼 거래되는 ETF는 4,300개가 넘는다. 국내 증시보다 선택지가 훨씬 다양한 데다, 전 세계 투자자가 몰려 있어 거래도 훨씬 활발히 이뤄진다. 솔직히 한국 증시와는 수준이 다른 건 사실이다. 게다가 한국엔 없는(그런데 한국인이 유독 좋아하는) 3배 레버리지 ETF까지 있다.

환전 타이밍도 투자 전략이다

서학개미가 된다는 게 쉬운 일은 아니다. 주식을 사고파는 거래 자체는 별로 어려울 게 없지만, 국내 주식을 거래할 때보다 신경 쓸 게 훨씬 많다. 그중 가장 큰 게 환율과 환전 수수료다.

미국 주식에 투자한다는 건 곧 달러 자산에 투자한다는 의미다. 당연히 환율이 오르냐(강달러) 내리냐(약달러)에 따라 투자수익률이 직접적으로 영향받는다.

예를 들어 원-달러 환율 1,400원대일 때 미국 주식을 산다면 이런 생각을 하는 게 어쩌면 자연스러울지도 모른다.

'환율이 다시 1,200원까지 떨어진다면? 환율 때문에 14% 정도 손해를 볼 수도 있는 거네.'

하지만 환율이 어디로 갈지, 그건 앞에서 설명했듯이 전문가라도 예측이 어려운 영역이다. 환율이 낮을 때 미국 주식을 사면 그게 좋기야 하겠지만, 그 타이밍을 잡기란 쉽지 않다. 그래서 오히려 현실적인 건 이거다. 장기로 볼 때, 그러니까 5년 또는 10년 뒤에 달러 환율이 어디로 갈지를 예측하고 달러 자산에 장기투자 하는 것.

앞에서 말했듯이 환율은 결국 국력을 반영한다. 만약 미국이 앞으로도 굳건히 세계 최대 경제강국 자리를 지키고 더 번성할 거라고 본다면 '달러 자산을 모아간다'는 생각으로 미국 주식에 투자할 만하다. 하지만 그 반대라면? 다른 투자처를 물색하는 게 합리적이다.

그리고 미국 주식을 사려면 증권사 앱에서 환전을 먼저 해야 한다. 그 수수료는 대략 1%대. 무시할 수 없는 비용이다. 1,000달러를 환전할 때 1% 환전 수수료가 붙는다면 10달러나 비용으로 낸다는 뜻이니 말이다. 국내 주식에 투자할 땐 들지 않는 비용이라 더 아깝다. 요즘엔 증권사들이 서학개미 유치에 열을 올리다 보니, 신규 가입자를 대상으로 '환전 우대 이벤트'를 종종 벌인다. 환전 수수료를 일정 기간 100%까지 깎아주기도 하는데, 이런 서비스를 노려볼 만하다.

또 환전 시간 선택도 중요하다. 요즘엔 필요하면 한밤중에도 환전이 가능하긴 하다. 다만 그 시간대별로 환전 수수료율이 달라진다. 당연히 업무 시간 중인 낮 시간대(보통 9시부터 오후 4시 정도까지. 증권사마다 다름)가 가장 수수료가 저렴하다(수수료 우대를 많이 해줌). 그리고 이후 저녁과 야간 환전은 수수료율이 높아지곤 한다(수수료 우대가 미미함). 급한 경우가 아니라면 환전은 미리 낮에 해두

자. 미국 주식 투자에 있어선 환전도 중요한 투자 전략이다.

미국 주식에 투자할 때 신경 써야 할 또 다른 요소는 세금이다. 국내 주식은 얼마를 벌든 소득세가 없으니 신경 쓸 게 없지만 미국 주식은 다르다. 발생한 수익 중 연간 250만 원까지는 공제하고 이를 초과한 금액에 대해 22%를 소득세로 가져간다. 2025년 한 해 동안 발생한 이익에 대해 2026년 5월에 신고하는 식이다.

이런 해외 주식 양도소득세는 투자자 입장에서 상당히 속 쓰린 일이다. 예금 이자나 주식 배당금처럼 세금을 뗀 채로 계좌에 입금되면 세금이 숫자로 찍혀 있을 뿐이니 그나마 실감이 덜 난다. 하지만 해외 주식의 경우엔 이미 오래전에 이익을 봤고, 이후 잊고 있었는데 한참 뒤에나 그에 대한 세금을 한꺼번에 내려니 여간 아까운 게 아니다.

양도소득세 신고 자체가 그리 어렵진 않다. 요즘엔 증권사마다 신고 대행 서비스를 제공해줘서 증권사 앱에서 간편하게 무료로 신청할 수 있다. 안 내면 어떻게 되느냐고? 당연히 자진신고를 하지 않으면 가산세(세액의 20%)가 붙고, 정해진 기간에 세금을 내지 않아도 가산세(하루에 0.02% 정도)를 물게 된다. 어차피 돈을 번 만큼 세금을 내는 것이니 기꺼이 기간 내에 내자. 물론 세금을 낼 때 아까운 마음이 드는 건 어쩔 수 없겠지만 '내년엔 훨씬 더 많은 세금을 내는 것'을 투자의 목표로 삼아야 할 것이다.

테슬라 0.1주, 엔비디아 1만 원어치 사볼까

종종 '미국 주식은 너무 비싸서 못 사겠다'는 주식 초보들을 만난다. 예컨대 메타 주가는 주당 700달러, 마이크로소프트는 500달러가 넘다 보니 한 주를 사기에도 버겁단 뜻이다.

그리고 바로 이런 이유로 인기를 끄는 서비스가 '소수점 주식 투자'이다. 1주를 다 사지 않고 0.2주, 이런 식으로 쪼개서 사게 하는 서비스다. '주식 모으기' 서비스도 결국 이런 소수점 투자 방법 중 하나다. 예를 들어 테슬라를 매일 1만 원어치씩 사도록 설정해서 주식을 모아갈 수 있다.

소수점 주식 투자가 인기를 끄는 건 시드머니(종잣돈)가 없어도 소액으로 우량 주식을 살 수 있기 때문이다. 정기적으로(매일·매주·매월) 자동 매수되도록 설정해두면 크게 신경 쓰지 않아도 된다는 점도 편하다. 마치 어릴 적 저금통에 동전을 모으던 것처럼, 그렇게 꾸준히 소액이나마 주식을 모아간다는 점이 뿌듯함을 준다. 실제 매일 조금씩이라도 주식을 모아간다면 나중엔 꽤 불어날 수 있다.

주식에 처음 입문한다면 이런 문턱이 낮은 방식으로 투자에 접근하는 것도 방법이다. 거듭 말하지만 주식 투자는 기업을 사는 것이고, 따라서 기업과 산업에 대한 분석부터 철저히 하고 시작하는 게 정석이긴 하다. 하지만 솔직히 소액이라도 주식을 사서 내 돈이 걸려 있어야, 그때부터 진지하게 공부를 시작하게 되는 것도 사실이다. 즉, 일종의 '수업료'로 생각하고 소수점 주식 투자로 주식 공부를 시작한 뒤, 종잣돈을 모아 더 큰 투자로 나아간다면 나쁘지 않다.

하지만 반대로 워낙 소액으로 쉽게 투자할 수 있어서 오히려 게임하듯이 주식 투자를 쉽게 생각하게 될 위험도 있다. '어차피 소액인데'라는 생각에 큰 고민 없이 남들이 많이 사는 종목을 따라 사놓고, 수익률만 들여다보며 '왜 내 것만 안 오르지?'라고 투정하는 식이어선 곤란하다.

원래 소수점 주식 거래는 증권사가 고객들의 주문을 모아서 한꺼번에 처리에 처리하는 방식이다. 그래서 생긴 뚜렷한 단점이 있는데, 원하는 타이밍에 원하는 가격으로 사고팔 수 없단 점이다. 예를 들어 지금이 주가가 싸다고 생각해서 주문을 넣어도, 증권사가 실제 이를 체결하는 시점이 달라서 생각보다 더 비싸게 사게 될 수 있다. 그래서 최근엔 일부 증권사들이 속속 이런 단점을 보완한 '실시간 소수점 거래' 서비스를 선보이고 있다. 하지만 여전히 '실시간' 거래가 아닌 증권사도 많으니, 이를 따져보고 거래하자.

또 다른 단점은 모든 종목이 다 소수점 거래가 되는 게 아니란 점이다. 증권사가 골라놓은 인기 있는 종목만 대상이다. 또 최소 주문 금액도 증권사마다 다르다.

국내 주식의 경우엔 소수점 거래는 증권사가 떼어가는 수수료가 훨씬 더 비싸다는 점도 알아둬야 한다. 일반적인 국내 주식 거래 수수료는 0.015% 정도인데, 소수점 거래는 증권사마다 다르지만 0.15% 안팎의 비싼 수수료를 받는 경우가 많다. 조각난 소수점 주식 주문을 한 데 취합하고, 모자라는 조각은 증권사가 채워야 하니 수수료가 더 높은 게 일리 있긴 하다.

이에 비해 해외 주식은 소수점 거래도 보통 일반 거래와 수수료 차이가 없는 편이다. 각 증권사가 서학개미 고객 유치에 열을 올리고 있기 때문이다. 단, 해외 주식을 소수점 거래할 땐 환전 수수료에 주의하자. 만약 미리 환전을 해두지 않은 채 '주식 모으기' 서비스를 설정해두면, 미국 증시가 열리는 야간에 원화를 달러로 바꾸는 '자동 환전'이 이뤄진다. 그러면 낮 시간대보다 훨씬 비싼 환전 수수료를 물게 돼 손해다.

원래 '신경 쓸 필요 없이', '쉽고 간편하게', '자동으로 알아서' 같은 문구가 붙는 모든 금융서비스는 그만큼의 비용(수수료 등)이 따라붙는 법이다. 따라서 해외 주식을 적립식으로 모아가는 서비스를 이용하더라도, 환전은 증권사가 알아서 하게 두지 말고 본인이 신경 쓰는 게 맞다. 아니, 매일 또는 매주 주식을 사는데 어떻게 그렇게 자주 환전을 직접 하느냐고? 너무 귀찮다고?

맞다. 그래서 0.1주, 또는 1만 원어치씩 소수점으로 해외 주식을 모으는 방식보단 돈을 모아서 온전한 1주를 사는 투자가 더 낫다고 본다. 실제론 그게 오히려 신경 쓸 게 적은 방법이다. 또는 몇만 원의 적은 돈으로 여러 주식을 사고 싶다면 ETF를 1주 사는 방법도 있다.

03 채권, 생각보다 쉽다

주식은 알아도 채권은 모르겠다는 사람들이 많다. 주가 변동이 실시간으로 눈에 보이고 관련 기사가 쏟아져 나오는 주식시장과 달리 채권시장은 그 움직임이 잘 보이지 않아서 그럴 것이다. 하지만 실제론 채권도 증권사 앱(MTS)에서 쉽게 살 수 있는 금융 상품 중 하나일 뿐이다. 그리 어렵지도 않고, 오히려 주식보다 친숙할 수도 있다. 은행 정기예금처럼 정해진 이자를 꼬박꼬박 주고, 만기가 되면 원금을 돌려주는 그런 상품이기 때문이다.

채권은 정부나 기업, 공공기관이 돈을 빌리기 위해 발행한 일종의 차용증서다. 언제까지 돈을 빌릴지, 이자는 언제 얼마나 지급할지에 대한 조건이 발행할 때부터 정해져 있다. 은행 정기예금은 은행이 망하지 않는 한 원금과 이자를 만기에 모두 돌려받는다. 채권 역시 채권을 발행한 기관이 망하지 않는 한 이자는 정해진 날짜(보통 분기에 한 번)에, 원금은 만기에 돌려받게 된다. 다만 채권은 은행 예금처럼 예금자보호는 되지 않는다. 즉, 발행기관이 망하면 원금을 한 푼도 돌려받지 못할 수 있다.

그럼 채권은 정기예금처럼 기간을 정해서 가입하면 되는 걸까. 그럴 수도 있지만, 채권은 꼭 발행 시점에 사거나, 만기까지 보유하지 않아도 된다. 만기 전에도 자유롭게 사고팔 수 있다는 게 정기예금과 다른 특징이다. 중간에 팔거나 산다고 해서 이자율이 달라지지도 않는다. 중도 해약을 하면 이자 대부분을 포기해야 하는 정기예금과 비교하면 큰 장점이다.

채권은 어디서 사고파나

채권에 투자했다고 얘기하면 '그걸 어디서 사?'라고 묻는 이들이 많다. 채권은 주식처럼 광범위하게 유통되는 유가증권(재산적 가치를 나타내는 증서) 중 하나다. 당연히 증권사를 통해 사거나 팔 수 있다.

증권사 지점에 굳이 가거나 전화를 하지 않고도 채권을 살 수 있다. 증권사 앱으로 들어가면 다양한 상품 중 하나로 채권을 팔고 있다. 거기서 그 증권사가 현재 판매 중인 채권을 바로 확인할 수 있다.

다만 주식과 다른 건 한국거래소를 통해 거래되는 '장내채권'보다는 거래소 밖에서 거래되는 '장외채권'이 채권 거래에선 더 중심이란 점이다. '장외'라고 해서 특별히 거래가 어렵거나 한 건 아니다. 다만 증권사마다 보유하고 있는 장외채권이 다르고, 보유한 수량도 제각각이다. 어떤 채권을 사고 싶은데, 내가 거래하는 증권사는 그 상품을 아예 취급하지 않거나 이미 다 팔렸을 수 있다.

또 장외채권을 사는 건 증권사 앱을 통해서도 되지만, 팔 때는 전화 또는 지점 방문이 필요한 경우가 많다. 만기 전에 채권을 매도하는 건 가능하지만, 아무래도 이런 번거로움 때문에 주식처럼 활발하게 샀다 팔았다 하게 되진 않는 편이다.

장외채권 정보 예시

```
AAA  5등급(낮은위험)  금융/회사채              특판
[ISA 전용] 기업은행(신)2405이1.5A-21(사)

잔존만기               세전은행환산수익률
3개월                  (ISA 비과세)  연 5.440%
만기일 2025-11-21      (ISA 9%과세) 연 5.029%
                      (일반과세)    연 4.800%
가입금액(1인당)         이자 받는 주기
3,000,000원            3개월

* 채권 매수 단가에 따라 실제 매수 금액은 다를 수 있음

채권상세정보(세전, 연)      발행회사 자세히 보기

신용등급                              AAA
(신용평가: 한국신용평가, 2025.05.22.)

매매단가                          10,045원

표면금리                            3.560%

변제순위                              선순위

상품위험등급                   5등급(낮은위험)

민평금리                            2.476%
```

증권사는 앱을 통해 현재 판매 중인 장외채권 정보를 상세하게 제공한다.

채권 가격은 금리와 반대로 움직인다

채권 투자의 타이밍은 금리 흐름에 따라 결정된다. 최근 채권 투자 붐이 일었던 건 2023~2024년이었다. 금리가 오를 대로 올랐고, 이제 곧 내려갈 때가 다가온다는 기대감이 팽배했던 시기다. 이렇게 기준금리가 하락하기 직전이 채권 투자엔 가장 좋은 타이밍이다.

왜 그럴까. 이걸 이해하려면 우선 이것부터 머릿속에 넣어둬야 한다. '채권 가격은 금리와 반대로 움직인다.' 즉, 금리가 내려가면 채권은 가격이 뛸 테니, 투자자 입장에선 그 직전에 채권을 사둬야 하는 셈이다.

그럼 '채권 가격'이 뭘까. 말 그대로 시장에서 수요와 공급에 따라 결정되는 시세를 말한다. 그리고 그 시세는 시장금리에 따라 달라진다. 시장금리가 오르거나 내리면 기존 채권에 대한 수요가 곧바로 줄거나 늘기 때문이다.

채권을 저금통에 비유하면 이해가 더 쉽다. 연 5% 금리의 만기 1년짜리 채권에 투자한다는 건 1년 뒤에 105만 원을 주는 저금통을 100만 원에 사는 것과 같다. 그런데 시장금리가 내리면서, 내가 이 저금통을 사자마자 이 상품이 단종된다. 그리고 이제 1년 뒤 104만 원을 주는 저금통을 100만 원에 판매한다(연 4% 금리의 만기 1년짜리 채권). 그럼 내가 가진 그 저금통, 1년 뒤에 1만 원 더 챙길 수 있는 저금통을 중고 마켓에 내놓으면 얼마에 팔릴까. 당연히 100만 원보단 비싸게 주고 사려는 사람이 있을 거다. 그렇다고 101만 원을 달라고 하면 안 팔릴 거고. 한 100만 9,000원 정도엔 팔리지 않을까? 이렇게 금리가 떨어지면 채권의 시세는 오르는 효과가 있다.

그리고 이런 효과는 채권 만기가 길수록 커진다. 예를 들어 위의 저금통처럼 매년 5만 원씩의 이자를 무려 10년 동안 주고, 10년 뒤엔 원금(100만 원)을 찾을 수 있는 100만 원짜리 저금통이 있다고 치자. 그리고 이걸 샀는데, 그게 갑자기 단종되고 이제 매년 4만 원씩의 이자를 10년 동안 주는 신상품만 나온다. 자, 그럼 내가 가진 '10년 동안 연 5만 원' 저금통은 중고 마켓에서 얼마에 팔릴까? 10년간 받을 수 있는 이자 금액 차이가 무려 10만 원이나 되니까, 당연히 탐내는 수요자는 많을 거다. 그럼 한 109만 원 정도에 내놔도 팔리지 않을까?

이런 상황을 채권에 대입하면 채권 금리가 1%포인트 내려가자(연 5%→4%), 10년 만기 채권 가격이 단숨에 9% 뛰는 거나 마찬가지다. 앞에서 본 1년 만기 채권의 가격 오름폭(0.9%)보다 훨씬 크다. 그래서 채권 금리가 곧 내릴 것 같은 시점이 되면 투자자들은 가급적 만기가 긴 장기채권을 사려고 한다. 만기가 길수록 금리 인하 효과를 더 크게 누릴 수 있어서다.

물론 금리가 오른다면 정반대의 일이 일어난다. 내가 10년 동안 5만 원씩 주는 저금통을 100만 원에 샀는데, 사자마자 연 6만 원 이자를 주는 신상품이 나왔다고 생각해보자. 이제 내 저금통을 100만 원에 사 갈 사람은 어디에도 없게 된다. 만약 이걸 중고 마켓에서 팔고 싶다면 가격을 깎는 수밖에 없다. 신상품과 비교하면 10년 동안 10만 원을 덜 주는 셈이니까, 판매 가격을 90만 원 정도로 하면 팔리

려나? 어쩌면 더 깎아줘야 할지도. 금리가 오르자 채권 가격은 급락하고 투자자 입장에선 손해가 막심하게 된다.

그렇기 때문에 중앙은행이 기준금리를 인하하기 직전, 즉 앞으로 금리가 크게 내려가서 채권 가격이 상당히 뛸 것이 뻔히 보이는 시점이 되면 채권으로 투자자들이 몰려든다. 금리가 가장 높은, 즉 반대로 채권 가격은 가장 바닥인 시점이라고 보기 때문이다. 값이 쌀 때 사야 이익인 건 주식이나 채권이나 마찬가지다.

신용등급과 만기를 따져라

채권은 어디서 발행하느냐에 따라 국채(정부), 지방채(지방자치단체), 공사채(공기업), 금융채(금융회사), 회사채(일반 기업) 등으로 구분된다. 발행기관이 어디냐는 채권을 투자할 때 가장 중요하게 봐야 할 점이다. 그 발행기관이 망하면 채권은 휴지 조각이 되어버려 한 푼도 돌려받지 못하게 될 수 있기 때문이다.

당연히 안정성에선 정부가 발행하는 국채가 최고다. 그리고 당연히 제시하는 수익률도 가장 낮을 수밖에 없다(가격이 비싸다). 그래서 개인은 보통 그보다 높은 금리를 주는 공사채나 금융채, 회사채에 많이 투자하게 된다.

이런 경우엔 발행기관의 신용도가 제각각이니 잘 살펴서 망하지 않을 만한지를 따져봐야 한다. 당연히 신용등급이 높을수록 기대할 수 있는 수익률은 낮아진다. 그러니 최고 신용등급 AAA만 고집할 건 아니다. 신용등급도, 수익률도 모두 적당한 채권을 찾기 마련인데 그래서 잘 망하지 않을 것 같은 공기업과 금융회사, 대기업 계열사 채권이 대체로 인기를 끈다. 공기업이나 금융회사는 설마 정부가 망하게 두진 않겠지, 대기업 계열사는 설마 모그룹이 망하지 않게 구제해주겠지 하는 기대가 깔려 있어서다. 물론 그런 기대가 어긋나는 일이 가끔은 생기기도 하지만.

증권사가 판매하는 채권은 만기가 다양하다. 투자자들은 대체로 연 수익률이 비슷하다면 만기가 짧은 채권 쪽으로 몰리는 경향이 있

채권의 투자 적격 여부에 따른 이자 수익		
투자 적격 여부	평가 등급	이자 수익
투자 적격	AAA(Aaa)	작다
	AA(Aa)	↕
	A	
	BBB(Baa)	
투자 부적격	BB(Ba)	
	B 이하	크다

채권의 신용등급이 높을수록 이자 수익률은 낮아진다.

다. 너무 길게 한 상품에 돈이 묶이는 걸 싫어해서다. 하지만 시장금리가 인하되는 시점이라면 반대로 채권 만기가 긴 상품에 투자하는 게 나을 수 있다. 앞에서 설명했듯이 금리가 내려가면 채권 가격은 올라가는데, 잔존 만기(만기일까지 남은 기간)가 길수록 가격이 더 많이 올라가게 되기 때문이다.

바로 이런 이유 때문에 2023~2024년 한국에서도 미국 국채 중 만기 30년짜리 장기채에 투자하는 사람들이 많았다. 금리 인하와 함께 환율 인상(강달러) 효과까지 이중으로 볼 수 있어서다. 실제 최상목 전 기획재정부 장관이 2024년 미국채 30년물에 투자했다는 사실이 알려지기도 했다. 이를 둘러싸고 이게 바람직하냐 아니냐 논란도 컸지만, 한 가지는 확실히 보여줬다. 역시 금리 인하기엔 만기가 긴 장기채권 투자가 유리하다는 거다.

04 IRP, 절세와 노후 대비를 모두 잡아라

"IRP는 어떻게 운용해야 해?"

요즘 부쩍 주변에서 이런 질문을 많이 받는다. 투자엔 젬병이라며 IRP에 관심을 두지 않았던 친구마저 이런 질문을 하는 걸 보니 나이가 들긴 들었다. 은퇴를 10년 남짓 앞둔 40대 중반쯤부터는 갑자기 IRP의 중요성이 확 와닿기 마련이다.

개인형퇴직연금IRP은 근로소득자나 자영업자처럼 소득이 있는 사람 누구나 가입할 수 있는 퇴직연금 제도다. 달리 말하자면 주부나 어린이처럼 소득이 없다면 가입할 수 없다.

IRP 계좌가 필요한 이유

우리가 IRP 계좌를 만들어야 하는 이유는 크게 두 가지다.
① 퇴직 또는 이직할 때 퇴직급여를 받아서 운용하기 위해서.
② 연간 납입 금액의 최대 900만 원까지 세액공제 혜택을 받기 위해서.

일단 ①번 이유로, 한 번이라도 퇴직 또는 이직을 해본 사람은 아마 IRP 계좌를 만들 수밖에 없었을 것이다. 만 55세 이전에 회사를 그만두면 그동안 적립된 퇴직금이 모두 IRP 계좌로 들어오니 말이다. 그리고 이 IRP 계좌를 이용해 계속 퇴직금을 운용한다면 만 55세 이후에 이를 연금 형태로 받아 갈 수 있다. 물론 55세까지 못 기다리겠다면 퇴직금을 일시에 찾아갈 수 있지만, 이 경우엔 더 많은 세금을 떼야 한다. 즉, IRP에 퇴직금을 두고 더 굴리다가 만 55세 이후 연금으로 받는 게 세금 면에서 훨씬 유리하다.

그리고 설사 퇴직과 이직이 멀게만 느껴지는 경우라도 IRP에 관심을 가져야 하는 진짜 이유는 ②번의 세액공제 혜택 때문이다.

IRP 세액공제는 매우 쏠쏠하다. IRP 계좌엔 퇴직금 말고도 1년에 개인적으로 연간 1,800만 원까지 추가 납입할 수 있는데, 이 중 900만 원까진 최대 16.5%의 세금을 돌려주기 때문이다. 즉, 900만 원을 꽉 채워 납입했다면 연말정산 때 148만 5,000원의 세금이 환급된다는 뜻이다. 다만 연간 총급여액이 5,500만 원을 넘는 경우엔 공제율은 13.2%, 최대 환급액은 118만 8,000원이다. 근로자의 노후 준비를 지

퇴직급여와 근속연수에 따른 예상 퇴직소득세

퇴직급여	근속연수			
	5년	10년	20년	30년
5,000만	236만	75만	-	-
1억	1,036만	426만	123만	26만
2억	3,571만	1,966만	773만	380만
3억	6,392만	4,289만	1,984만	1,085만

단위: 원, 2024년 퇴직자 기준 출처: 미래에셋투자와연금센터

원한다는 취지에서 상당히 높은 공제율을 적용해준다. 그만큼 재테크를 생각한다면 놓칠 수 없는 게 바로 IRP이다.

IRP 계좌, 어디가 좋을까

IRP 계좌를 만들 수 있는 곳은 크게 은행, 보험사, 증권사로 나뉜다. IRP 계좌는 금융사별로 1개씩 만들 수 있다. 어디에서나 가입해도 되긴 하지만, 금융회사마다 투자할 수 있는 상품이 서로 다르다. 내가 투자하고 싶은 상품을 그 금융회사가 제공하는지를 파악한 뒤 가입해야 한다.

요즘엔 은행, 보험사보다 증권사에서 IRP에 가입하는 경우가 점점 많아진다. ETF(상장지수펀드)처럼 거래소를 통해 실시간 거래가

가능한 상품은 증권사만 취급하기 때문이다. 은행 IRP에서도 ETF를 담을 수 있다고는 하지만, 증권사처럼 실시간 거래가 되지 않고 짧게는 30분, 길게는 하루 정도 뒤에 거래가 체결된다.

또 증권사 IRP 계좌라고 해도 모든 종류의 ETF에 투자할 수 있는 건 아니다. 일단 국내 증시에 상장된 ETF만 대상이다. 해외 증시에 상장된 ETF는 투자할 수 없다. 또 레버리지 ETF 같은 상품도 투자할 수 없다.

그리고 IRP 적립금은 70%까지만 위험자산에 투자할 수 있다는 제약도 있다. 위험자산이란 주식 비중이 많은(40% 초과) 펀드(ETF 포함)를 뜻한다. 예컨대 나스닥지수를 추종하는 ETF에 '몰빵' 할 순 없단 뜻이다. 이렇게 투자에 제약이 많은 건 애초에 IRP가 노후 준비 자금을 안정적으로 굴리게 한다는 취지를 가지는 퇴직연금 제도이기 때문이다.

ETF 투자도 되고, 세제 혜택도 있다니. 그럼 일찍부터 IRP 계좌를 만들어 최대한 많이 돈을 모아 굴리는 게 최선일까?

노후를 생각하면 그렇긴 하지만 하나 꼭 명심할 점이 있다. IRP는 원칙적으로 일부만 중도 인출이 되지 않는다는 점이다. 아예 전체를 해지해야만 하는데, 이 경우엔 그동안 세액공제 혜택 받은 것에 대해 16.5%의 기타소득세가 부과된다. 즉, 세액공제 받은 걸 모두 다시 돌려내야 하는 것이다.

해지하면 불이익이 너무 크니까 아예 처음부터 '이건 만 55세까지 꼭 유지하고 말겠다'고 마음먹고 납입해야 한다. 그러니 정말 깨지 않

금융업권별로 IRP에서 투자 가능한 실적배당상품

구분		특징	투자		
			증권사	보험사	은행
펀드		주식, 채권 등 다양한 자산에 투자하는 간접투자 상품	○	△*	○
실적배당보험		일반 펀드와 비슷하게 운용되는 보험	○	○	×
거래소 상장	ETF	특정 지수를 추종하는 상장 펀드	○	×	△**
	ETN	특정 지수를 추종하는 상장 파생결합증권	○	×	×
	리츠	국내외 부동산에 투자하는 상장 간접투자 상품	○	×	×
	인프라 펀드	국내외 인프라 시설에 투자하는 상장 펀드	○	×	×

*신탁업 인가 받은 보험사만 펀드 제공 가능   **신탁 계약을 통해서만 ETF 거래 가능

을 자신이 있는 금액만 가급적 넣도록 하자. 아직 55세까지 20~30년 남았는데, 너무 일찍부터 무리해서 IRP에 큰돈을 넣으면 나중에 후회할 일이 생길 수도 있다. 결혼, 내 집 마련, 실직, 질병 등등 예정엔 없던 인생의 큰일이 닥칠 확률은 누구에게나 있다.

다만 법으로 정한 몇 가지 사유에 한해 중도 인출이 허용된다. 6개월 이상 요양이 필요하거나 개인회생·파산 선고를 받는 경우다. 또 무주택자가 자기 명의로 주택을 구입할 때도 중도 인출이 가능하긴 한데, 이 경우엔 세금 면에선 손해를 감수해야 한다.

IRP 계좌를 만든 지 5년이 지나고, 만 55세가 넘으면 퇴직을 했든

구분	중도 인출 시 적용 세율		
	퇴직급여	세액공제 받은 저축 금액과 운용 수익	세액공제 받지 않은 저축 금액
6개월 이상 요양 의료비*	연금소득세 (퇴직소득세의 70%)	연금소득세 (5.5~3.3%)	과세 제외
개인회생, 파산 선고			
천재지변			
사회적 재난에 의해 발생한 15일 이상의 입원 치료비			
무주택자의 주택 구입, 전세보증금**	퇴직소득세	기타소득세 (16.5%)	
15일 이상의 입원 치료비 외의 사회적 재난에 의한 피해(주거시설 피해, 배우자 또는 부양가족의 실종 등)			

IRP에서 중도 인출이 가능한 사유와 적용 세율

* 요양 의료비 중 연금소득세 적용 범위 = 의료비+간병인 비용+(휴직 월수×150만 원)+200만 원
　IRP 특례(기업형 IRP)의 경우 연간 임금 총액의 12.5% 초과 시 중도 인출 가능
** IRP 특례(기업형 IRP)의 경우 전세보증금 마련을 위한 중도 인출은 사업장당 1회만 가능

안 했든 IRP 적립금을 연금으로 받을 수 있게 된다. 그걸 어느 시점부터 몇 년에 걸쳐 받을지는 본인이 정할 수 있다. 연금을 얼마씩 받느냐에 따라 세율이 달라지기 때문에 받는 시점에 이를 잘 선택해야 한다. 현재는 연금소득 중 연간 1,500만 원까지는 낮은 연금소득세(3.3~5.5% 분리과세)가 적용된다.

세금을 깎아주는 연금소득이 연간 1,500만 원뿐이라니 너무 적은

것 아니냐고? 괜히 연금에 많이 투자했는데, 나중에 세금으로 많이 떼어 갈까 봐 걱정이라고? 하지만 이 기준은 2024년에 기존 1,200만 원에서 1,500만 원으로 한 차례 높아진 것이다. 그리고 아마도 은퇴자 혜택을 키우기 위해 이 한도는 점점 더 높아질 가능성이 커 보인다. 그러니 지금 당장은 나중에 낼 세금 걱정보다는 받을 수 있는 연금 액수를 늘리는 데 집중하는 게 합리적이다.

경제뉴스 인사이트

닷컴 버블이 남긴 교훈은 무엇인가?

"1990년대 IT 버블과 현 AI 버블의 차이점을 꼽자면, 현재 뉴욕 증시 시총 상위 10개 기업이 1990년대 상위 10개 기업보다 더 고평가됐다는 거다."

2025년 7월 16일 미국의 자산운용사 아폴로글로벌매니지먼트가 낸 보고서 내용이 여러 언론에 보도됐다. AI 관련 기업에 쏠린 투자 열풍이 너무 과해서 1995~2000년 '닷컴 버블'보다 더한 거품이라는 경고였다. 곧 거품이 터질 거란 비관론이다. 2023년부터 본격화된 AI 투자 열기가 3년째 이어지면서 이런 경고는 점점 커지고 있다. 그리고 그때마다 지금 상황이 닷컴 버블에 비유되곤 한다. 도대체 닷컴 버블이 무엇이길래 25년이 지난 지금까지 수시로 소환되는 걸까.

인터넷 혁명과 나스닥의 폭등

개인용 컴퓨터PC의 보급, 월드와이드웹WWW의 확산, 정보 기술 발전과 관련 비용의 급락. 1990년대 중반, 인터넷 혁명이 전 세계를 휩쓸기 시작한다. 야심 찬 기업가는 앞다퉈 온라인 사업에 뛰어들었고, 투자업계는 그 엄청난 잠재력에 매료돼 돈을 쏟아부었다.

마침 연방준비제도가 기준금리 인하에 나서면서 유동성이 풍부했던 시절이었다. 장밋빛 사업 전망을 내세운 IT 스타트업이 앞다퉈 IPO(기업공개)에 나섰다. 그 사업계획이 실현될 가능성이 있든 없든 '닷컴dotcom' 기업으로만 묶이면 투자자들은 열광하며 달려들었다. 인터넷 주식은 이미 높은 가격에 상장됐지만, 첫 거래일에 주가가 3배로 뛰곤 했다. 매출이 보잘것없어도, 이익을 내지 못해도 상장만 하면 주가는 치솟았고 수십억 달러 시가총액을 기록했다. 벼락부자가 속출했다. 닷컴 주식을 보유하는 건 부자가 되는 지름길로 여겨졌다.

전통적인 방식의 가치 평가는 무의미해졌다. 닷컴 기업 관계자는 물론 상당수 애널리스트들까지 "새로운 시대이기 때문에 매출이나 이익 부진은 무시해도 된다"는 논리를 폈다. '주가가 이미 너무 비싸' 따위의 말을 하는 사람은 시대에 뒤떨어진 꼰대로 취급됐다. 물론 이게 다 거품이라고 지적하는 이들도 많았다. 하지만 버블이 무섭게 부풀어 오르는 시기, 투자자들은 어김없이 이렇게 생각한다. '이번엔 다르다.'

이른바 '신경제'의 상징이었던 나스닥 종합지수는 1995년부터 2000년 3월까지 무려 582% 상승했다. 특히 1999년은 한 해 동안 나스닥지수가 86% 뛰었을 정도로 투자 열기가 절정에 달했다.

그 버블의 시절을 대표하는 인물로는 손정의 일본 소프트뱅크 회장을 꼽을 수 있다. 1995년 미국 검색 포털 '야후'에 투자해 대박을 낸 손 회장은 이후 무려 800개에 달하는 스타트업 지분을 사 모았다. 온라인 증권거래회사 이트레이드E-Trade, IT 미디어 지디넷ZDNet, 미국 온라인 슈퍼마켓 웹밴Webvan 등이었다. 이 덕분에 닷컴 버블이 절정이던 1999년, 그는 잠시나마 빌 게이츠 마이크로소프트 창업자를 제치고 '세계 최고 부자' 타이틀을 얻었다. 손 회장은 "그 시절, 내 개인 순자산이 매주 100억 달러씩 늘어났다"고 회고한다.

그리고 그게 끝이었다. 2000년 3월 5,048포인트를 찍었던 나스닥지수는 무너졌고, 2002년 10월엔 최고점 대비 77% 하락한 1,139포인트를 기록했다. 나스닥지수가 다시 5,048포인트를 회복한 건 무려 15년이 뒤인 2015년 4월이었다.

닷컴 기업에 투자했던 투자자들은 막대한 재산을 잃고 말았다. 손정의 회장 역시 2000년 닷컴 버블 붕괴로 1년 만에 무려 700억 달러라는 어마어마한 손실을 기록했다. 오죽하면 당시 그에게 붙었던 수식어가 '인류 역사상 가장 많은 돈을 잃은 사람'이었을 정도다. (하지만 손 회장은 2000년 투자해둔 중국 알리바바 덕분에 기적적으로 재기에 성공한다.)

시스코와 '미친 밸류에이션'

흔히 닷컴 버블이라고 하면 실체 없이 막연한 기대감에 기술주 주가가 급등하는 걸로 생각한다. 하지만 다 그런 건 아니었다. 분명한 실체가 있는 혁신적인 기술 기업도 많았고, 오히려 그런 기업이 주인공이었다. 대표적인 게 한때 마이크로소프트를 제치고 세계 시가총액 1위에 올랐던 시스코CISCO다.

시스코는 인터넷 연결에 꼭 필요한 네트워크 통신 장비를 만들어 판매하는 기업이다. '닷컴 골드러시' 시대에 곡괭이와 삽을 파는 기업이라 할 수 있었다. 인터넷 혁명 바람이 불면서 시스코의 스위치와 라우터는 만드는 족족 무섭게 팔려나갔다. 수요는 가파르게 늘어났고, 공급이 그 속도를 따라잡을 수 없었다.

1995년 22억 달러였던 시스코 매출이 2000년 189억 달러로 불어났다. 연평균 매출 증가율 55%. 이런 성장은 영원히 계속될 것만 같았다. 1995년 초 2달러가 되지 않았던 주가는 수직 상승에 2000년 3월 80달러를 찍었다. 그 시절, 시스코 주가수익비율PER은 205배에 달했다. 그야말로 '미친 밸류에이션'이었다. 하지만 애널리스트들은 아랑곳하지 않았다. 인터넷 시대가 드디어 도래했고, 시스코는 이 시대의 필수 기업이기 때문에 당분간 쭉 이런 성장곡선을 그릴 거라고 믿었다.

하지만 2000년 3월 닷컴 버블이 터지자 그 장밋빛 전망이 무참히 깨지게 된다. '실체'라고 봤던 시스코 제품에 대한 수요 역시 낮은 금리로 넘치던 유동성과 이로 인한 과잉·중복 투자가 만들어낸 허상일 뿐이었다. 갑자기 수요가 뚝 끊기면서 시스코엔 재고가 쌓여만 갔다. 순이익은 적자로 돌아섰고, 매출도 감소한다. 1년 반 만에 주가는 10분의 1토막 났다.

그런데 알아둘 점은 시스코는 20여 년이 지난 지금도 여전히 돈 잘 버는 탄탄한 기업이라는 점이다. 시장 점유율은 여전히 1위이고, 매출은 2000년과 비교하면 3배로 늘었다. 하지만 주가는 70달러 안팎. 여전히 2000년 최고점 근처에 도달하지 못했다.

시스코가 인터넷 시대의 승자가 될 거라던 25년 전 투자자 예측은 빗나가지 않았고 현실이 됐다. 다만 문제는 그 시절 주가가 터무니없이 높았다는 점이다.

거품과 혁신은 함께 온다

2000년 닷컴 버블 붕괴를 미리 경고했던 전설적 투자자 하워드 막스는 "거품은 모두 혁신과 관련 있다"고 말한다. 인류의 삶을 바꿀 정도의 혁신적인 기술은 필연적으로 자본시장의 거품을 부추긴다는 뜻이다.

달리 보면 혁신은 버블 속에서 피어나는 법이다. 그리고 그 거품이 터져버린 뒤에도 혁신은 살아남아 세상을 바꾼다. 버블 붕괴로 주가 폭락을 겪은 뒤에도 더 위대해진 기업들, 예를 들어 아마존이나 어도비, ASML, 오라클 같은 기업이 이를 증명한다. 닷컴 버블은 꺼졌지만 인터넷의 종말은 오지 않았고, 오히려 인터넷 시대는 활짝 꽃피었다. 그저 그 과정에서 도태된 수많은 기업들이 있을 뿐이다.

2025년, 이제 모두가 AI 혁명을 말한다. AI가 세상을 바꿀 거라고 모두들 얘기하고 있고, 그 방향엔 동의하지 않을 수 없다. 언젠가는 AI 시대가 활짝 열릴 것이다. 다만 어떻게 그렇게 될지, 최종 승자가 누구인지 아무도 정확히 알 수 없을 뿐이다.

많은 기업들이 이 흐름에 올라타기 위해 AI 관련 사업을 발표한다. 사업계획은 그럴싸하지만 어떻게 돈을 벌지, 그 실체가 모호한 경우도 태반이다. 아마 AI 혁명이 현실로 실현되는 시점엔 그중 상당수가 결국 도태되고 말 것이다.

다행인 건 지금의 주식시장이 닷컴 버블 때처럼 미친 광기 수준으로 끓어오르진 않았다는 점이다. 닷컴 버블이 정점이던 시절 나스닥의 주가수익비율PER은 70배가 넘었지만, 2025년 7월 현재엔 28.5배 수준이다. 상장 즉시 주가가 몇 배로 치솟는 끝없는 IPO 행렬도 아직까진 보이지 않는다. 아마도 이는 25년 전 닷컴 버블이 새겨준 뼈아픈 교훈이 아직 살아 있기 때문일 것이다. 하지만 인간은 같은 실수를 반복하곤 하기 때문에, 그렇게 되지 않도록 조심할 필요가 있다.

운명을 바꾸는 초압축 경제 공부

PART 4
부동산

___

'내 집 마련'
희망의 불씨 살리기

01 전세냐 월세냐, 그것이 문제로다

신혼집이 월세였다. 보증금 4,000만 원에 월세 100만 원. 정확히는 2년 치 월세를 입주하면서 몰아서 미리 내는 '통월세'(깔세)였다.

상태 좋은 새 아파트여서 마음에 들었는데, 집주인이 통월세 방식을 고집했다. 당시 그 아파트 25평 전세 시세가 1억 8,000만 원이었으니, 보증금 뺀 1억 4,000만 원을 월세 100만 원으로 전환하는 조건이었다. 전월세 전환율(전세보증금의 일부를 월세로 전환할 때 전환하는 비율)을 따져보니 8.6%였다. 당연히 집주인엔 좋은 조건이었다. 당시 정기예금(6%대 초반) 이자율보다 높았다. 무엇보다 2년 치를 한꺼번에 받으니 매달 월세가 제때 들어오는지 신경 쓸 필요가 없어 편했다.

세입자로서도 그리 나쁘지 않았다. 월세가 선납인 대신 시장가보다는 저렴했기 때문이다. 그 시절엔 '보증금 1억 원=월세 100만 원'

이 전월세 전환율 공식으로 통했다. 즉, 1억 4,000만 원의 전세보증금은 월세 140만 원에 해당했다. 어떻게 그렇게 높았나 싶은데, 실제 한국감정원 통계에 따르면, 2004년부터 2010년까지 만 6년 넘게 전국 평균 월세 이율은 월 1%(연 12%)였다. 연 8.6%이면 그보다 낮을 뿐 아니라 당시 8%대였던 은행 전세자금대출 금리와도 차이가 없었다.

무엇보다 모아둔 돈은 많지 않지만 근로소득이 있는 맞벌이 신혼부부였기에 가능한 선택이었다. 월 100만 원이면 부담되긴 해도 둘이 버니까 살림이 쪼들릴 정도는 아니었다. 하필 글로벌 금융위기 직후라 갖고 있던 주식형 펀드가 반토막 나는 바람에 목돈이 부족하기도 했다. 당시 상황으로선 집주인과 우리 부부 모두에 윈윈이 되는 선택이었다.

생돈 내는 월세, 목돈 묶히는 전세

전세냐, 월세냐. 집을 빌리려고(임차) 한다면 정말 고민되는 주제다. 뚜렷한 정답이 없기 때문에 더 그렇다. 같은 비용이어도 누군가엔 전세가, 누군가엔 월세가 나을 수 있다. 결국 전세와 월세의 차이점을 명확히 알고 각자 판단하는 수밖에 없다.

일단 전세란 집주인에 일정 금액의 전세보증금을 맡기고 그 집을 일정 기간 빌려 쓰는 방식이다. 그리고 계약 기간이 끝나고 그 집에서 나올 땐 전세보증금 전액을 돌려받는다. 지역마다, 주택마다 다르지만 전세보증금은 집값의 50% 내외라서 꽤 거액이 필요하다.

이와 달리 월세는 집을 빌려 쓰면서 보통 다달이 사용료를 집주인에게 내는 형식이다. 매달 얼마를 내느냐에 따라 보증금을 줄일 수 있다. 목돈이 없어도 이용할 수 있고, 거액의 보증금을 나중에 돌려받지 못하고 떼이게 될 위험도 줄어든다. 보증금이 적은 만큼 중개수수료도 저렴하다.

언뜻 보면 목돈이 있으면 전세, 없으면 월세처럼 보일 수도 있다. 하지만 꼭 그런 건 아니다. '매달 생돈 같은 월세 나가는 게 아까워서' 무조건 전세 아니면 안 된다는 사람도 있다. 매달 다박다박 들어오는 소득이 뒷받침되지 않는다면 월세가 오히려 부담스러울 수도 있다.

반대로 상당한 재산이 있지만 월세만 고집하는 경우도 있다. 금융투자 전문가였던 지인이 밝힌 월세살이 이유는 '거액을 집에 묶어두는 게 아까워서'였다. 목돈을 가지고 주식·채권 등에 투자하면 월세보다 훨씬 큰 수익을 거둘 자신이 있는데, 뭐하러 그걸 전세보증금으로 내느냐는 논리였다. 투자 위험을 얼마나 감수할 수 있느냐 역시 전세·월세 선택의 중요한 기준이 되는 셈이다.

전세의 본질은 사금융이다

전세는 영어로 'Jeonse'라고 표기한다. 사실상 한국에만 있는 특이한 제도이기 때문이다(남미 볼리비아와 인도 일부 지역 정도에만 전세와 비슷한 제도가 있다). 1876년 강화도조약 이후 인구가 몰려든 개항지(부산·인천·원산)를 중심으로 전세가 생겨났다는 연구 결과가 있다.

그리고 150년 전이나 지금이나 전세의 실체는 이거다. 사금융.

우리는 흔히 전세가 집주인이 세입자에게 집을 빌려주는 것이라고 본다. 하지만 실제로는 오히려 세입자가 집주인에게 거액의 목돈(전세보증금)을 빌려주는 것에 가깝다. 그 대신에 마치 전당포가 물건을 저당 잡고 돈을 빌려주듯이, 세입자는 그 집을 담보로 삼는다. 그 담보물인 집을 사용하면서도 사용료는 따로 내지 않는다. 그 대신에 그것을 집주인에게 받아야 할 이자와 퉁친다.

그럼 왜 이런 전세라는 제도가 오래전에 생겼을까. 옛날엔 은행 문턱이 높아서 주택담보대출 받기가 어려웠기 때문이다. 집값이 오를 것 같아서 집을 사고는 싶은데, 은행에서 대출받기는 어려운 사람들이 주택 구매 자금 마련을 위해 고안한 게 바로 전세였다. 물론 지금은 웬만한 사람은 금융기관에서 주택담보대출을 받을 수 있지만, 그럼에도 전세가 집주인들에게 유용한 '무이자 대출' 창구로 쓰이고 있는 셈이다. 전셋값이 집값의 50%인 집을 갭 투자(전세를 끼고 구매)한다면, 그건 구매 자금의 절반을 전세를 통해 무이자로 조달했다는 뜻이다. 전셋값이 올라서 매매 가격의 70~80% 수준으로 높아질 때, 집값 상승 추세가 가팔라서 하루빨리 집을 사고 싶어 하는 사람이 늘어날 때 이런 갭 투자가 늘어난다.

그럼 다시 세입자 입장으로 돌아와서 생각해보자. 전세는 애초에 꽤 위험할 수 있는 계약이다. 자신의 전 재산이나 다름없는 전세보증금을 계약서 한 장만 믿고 신용도도 확인되지 않은 집주인에게 덜컥 내주기 때문이다. 물론 등기부등본으로 그 사람이 진짜 집주인이 맞는지 확인하고, 집주인이 세금을 체납하진 않았다는 증명서도 받고, 만약을 대비해 주민센터에 가서 확정일자도 부여받는다. 하지만 세입자가 은행처럼 집주인의 신용 내역이나 직장과 소득 정보를 훤히 보는 건 아니다. 이렇게 잘 모르는 남에게 큰돈을 빌려줘도 되나 싶다.

하지만 그래도 전세제도는 굴러간다. 왜? 어차피 세입자가 낸 그 보증금을 돌려주는 사람은 집주인이 아니다. 그럼 누구냐고? 그다음에 들어올 세입자이다. 집주인이 그 돈을 마련할 능력이 설사 없다고 해도 그 집에 들어올 다음 세입자를 구할 수 있고, 그동안 전셋값이 떨어지지만 않는다면 보증금을 떼일 염려는 없다.

이게 바로 요즘 아파트는 여전히 전세가 많은데 다세대주택(빌라)은 월세가 대세가 된 이유다. 아파트 집주인이라고 해서 무조건 빌라 집주인보다 신용도가 높다고 장담할 순 없다. 아파트라고 해도 집주인이 빚이나 세금을 떼먹고 망하면 경매에 넘어가거나 할 위험은 여전히 있다. 하지만 적어도 거주 여건이 괜찮은 아파트라면 빌라와는 달리 계속 전세로 살려고 하는 수요자가 공급될 거란 믿음은 강한 편이다. 세입자에게 중요한 건 '내 보증금'을 지키는 거니까, 전세 수요가 탄탄히 받쳐주는 데를 찾을 수밖에 없다.

물론 서울 주요 지역 아파트라고 해서 항상 전셋값이 오르는 건 아니다. 2023년 한동안 부동산 시장의 주요 화두가 '역전세난'이었다. 집주인이 세입자를 구하기가 어려워지고 전셋값이 떨어져서 애를 먹은 거다. 애초에 갭 투자(전세 끼고 매매)로 집을 산 집주인이 전세보증금을 내줄 목돈을 갖고 있을 리 없다. 기존 세입자가 나가겠다는데, 새로 들어올 사람을 구하지 못하면 집주인은 큰 낭패가 아닐 수 없다. 전세보증금을 깎아서라도 세입자를 구하는 수밖에 없다. 이로 인한 '역월세' 사례도 있다. 기존 세입자를 잡기 위해 집주인이 되레 세입자에게 매달 얼마씩 월세처럼 지불하기로 재계약을 맺는 식이다.

월세보다 싼 전세대출의 양면성

역전세난과 전세난은 주기적으로 되풀이된다. 그럴 수밖에 없는 게 전세시장 상황이 주택 매매시장에도 영향을 미치기 때문이다. '역전세난이 일어나면→전세 끼고 집 사려는 갭 투자 수요가 줄면서→전세시장에 공급이 줄고→이는 다시 전셋값 상승과 전세난의 도래'로 이어지는 식이다. 실제 2023년 역전세가 화두였지만 2024년이 되자 다시 전셋값이 상승세를 탔다. 전세를 구하려는 입장에선 오락가락 전셋값을 갈피 잡기 어렵지만, 어디까지나 시장 논리에 따라 오르내리는 것이다.

그리고 우리나라에서 전세에 대한 수요가 꽤 굳건히 유지되게 만드는 요인이 있다. 바로 월세보다 싼 전세자금대출이다.

전세자금대출은 말 그대로 전세자금(보증금)을 담보로 대출을 받는 것이다. 전세로 집을 빌리고 싶은데 보증금이 모자랄 때, 전세자금을 담보로 보증금의 최대 90%까지 대출을 받을 수 있는 상품이다. 물론 그 대신 전세 기간 동안 이자를 갚아야 하고, 전세 계약 기간이 끝나면 원금을 상환해야 한다.

전세자금대출은 무주택자이냐 유주택자이냐, 소득이 어느 정도냐에 따라 받을 수 있는 곳이 달라진다. 무주택자이면서 가구 소득이 연 5,000만 원 이하(신혼가구 7,500만 원 이하)인 경우엔 정부 주택도시기금이 운영하는 '버팀목 전세자금대출' 같은 상품을 이용할 수 있다. 하지만 이 기준을 충족하지 못하더라도 1·2금융권의 전세자금대출을 이용할 수 있다. 물론 1금융권이 2금융권보다 금리가 낮은 대신 대출 조건은 좀 더 까다로울 수 있다.

사실 전세의 좋은 점은 매달 월세를 내야 하는 고정 지출 부담이 없단 것이다. 그런데 요즘엔 전세를 구할 땐 전세자금대출 받는 게 너무나 흔해졌다. 마치 은행에 월세를 내듯이 대출 이자를 내면서 전세를 살고 있는 것이다.

왜 그럴까. 전세자금대출 이자가 웬만해선 월세보다 더 저렴하다. 한국부동산원 통계에 따르면, 2025년 기준 수도권 아파트의 평균 전월세 전환율은 5%. 전세보증금 1억 원이 월세로 약 42만 원(연 500만 원)과 맞먹는단 뜻이다.

그런데 전세자금대출 이자율은? 어디서 누가 빌리느냐에 따라 다르지만, 버팀목 전세자금대출 금리는 연 2.5~3.5%, 은행권은 3%대 후반~4%대이다. 계산기를 두드려보지 않더라도 전세대출 이자가 월세보다 싸게 먹힌다는 걸 쉽게 알 수 있다. 게다가 무주택자가 전세자금대출을 받으면 원리금(원금+이자) 상환액의 40%를 소득공제(연 400만 원 한도 이내)해주는 세제 혜택도 있다. 이 정도면 정부가 전세자금대출 받아서 전세 살라고 부추기는 느낌이다.

정부가 '서민 주거 안정'을 이유로 전세자금대출의 문턱을 낮추고 한도를 확 올린 게 2008년이다. 그 후로 '목돈 없이 은행에 이자만 내고 전세 사는' 시대가 열렸다. 그동안 2년마다 치솟는 전셋값 올려주기 힘들었던 세입자들, 이제 집주인이 전셋값을 올려도 저렴한 이자로 대출을 받으면 되니 살던 집에서 계속 살 수 있게 됐다. 그럼 모두 행복해지고 그렇게 서민 주거는 안정됐을까?

그럼 참 좋겠지만 실상은 정반대에 가깝다. 다시 말하지만 전세는 사금융이다. 집주인이 무이자로 전세를 끼고 집을 사게 만들어주는 제도다. 그런데 여기에 공기업이 보증하는 저금리 전세자금대출이 쏟아져 들어오고 있다. 결국 전세라는 거대한 사금융 시장에 저렴한 자금이 밀려들고 있단 뜻이다.

그 결과 전세자금대출이 높은 전셋값을 떠받치고 있다. 예전 같으면 '전셋값 너무 비싸니까 외곽의 더 싼 곳을 찾거나 월세로 갈까?' 하고 고민했을 세입자도 '전세대출 받으면 되겠네'라며 비싼 전셋값을 수용하게 됐다. 그리고 이렇게 전셋값이 높게 유지되는 한 전세 끼

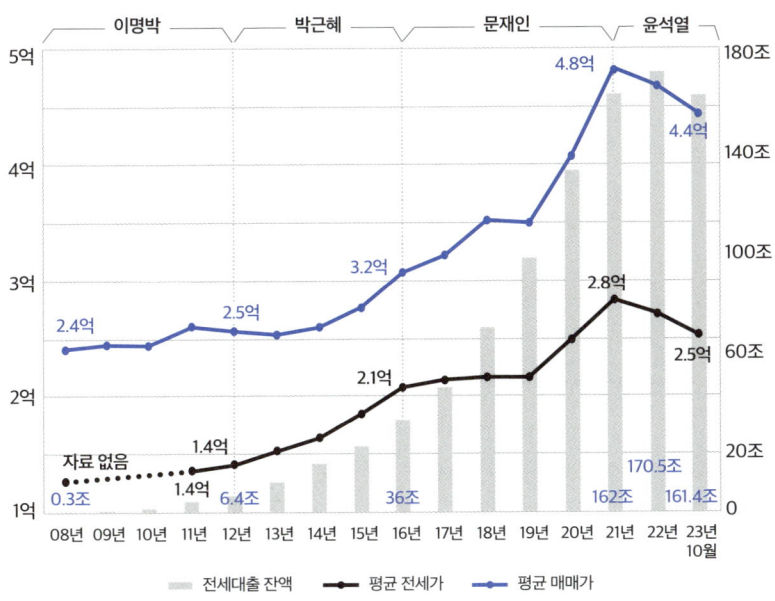

※ 연도 말 잔액 기준(국내 은행 대상)   출처: 경제정의실천시민연합

고 집 사려는 수요는 사라지지 않는다. 결과적으로 막대한 전세자금 대출이 풀리면서 높은 부동산 가격을 지탱하는 한 축이 되어버렸다.

전세자금대출이 부동산 시장 거품을 일으키는 원흉이라는 건 사실 예전부터 부동산 전문가들이 공공연히 해왔던 얘기다. 다만 그 누구도 '그러니까 이제 그만 전세대출을 조이자'라며 정책의 방향을 틀지 못했을 뿐이다.

예를 들어 전세대출은 현재 가장 중요한 대출 규제인 DSR(총부채원리금상환비율) 적용 대상에서 빠져 있다. 전세대출을 DSR 규제에 포함시키자는 얘기는 주기적으로 나오지만 현실화하진 못했다. '전세대출=서민 자금'이라는 논리가 워낙 강하기 때문이다.

이재명 정부가 들어서면서 금융 당국은 다시 전세대출 규제 카드를 만지작거리고 있다. 부동산 시장의 거품을 빼고 갭 투자를 근절하고 가계부채 증가세를 잡기 위해선 꼭 필요한 카드인 건 틀림없다.

전세 사기 피하려면 꼭 알아야 할 체크리스트

거액의 돈이 오가는 사금융이란 특성상 전세제도가 시작된 초기부터 전세 사기는 있었다. 1939년 동아일보엔 "주택난을 기화 삼아 전세 사기가 횡행한다"라는 기사가 실리기도 했다. 자신이 얻은 월셋집이 마치 자기 집인 것처럼 속여서 10여 명에게 전세금을 가로챈 사기범 사례였다.

이젠 등기부등본으로 실제 집주인인지를 확인할 수 있으니 그런 허술한 사기는 잘 통하지 않는다. 하지만 중개업자를 통하지 않은 부동산 직거래를 할 땐 여전히 신분증 위조 같은 수법으로 사기를 칠 가능성이 있긴 하다. 혹시 모르니 계약 당일의 등기부등본과 임대인(집주인) 신분증 꼼꼼 확인은 필수다.

그 대신 최근 큰 사회문제가 되는 건 전셋값을 과도하게 부풀려 바가지를 씌우는 식의 전세 사기다. 주로 시세를 알 수 없는 신축 빌라의 감정평가를 부풀려서 매매가격보다 높은 전세금을 받아 챙기는 식이다.

전셋값이 마구 치솟아서 이런 높은 전세가를 받아줄 다음 세입자가 나타난다면, 사기꾼은 들키지 않고 넘어갈 수 있다. 하지만 일단 전셋값이 떨어지거나 다음 세입자를 구할 수 없게 되면 사기꾼들은 보증금을 돌려주지 못한다. 애초에 자기 돈 한 푼 들이지 않고 빌라를 수십, 수백 채씩 산 '무자본 갭 투기꾼'이기 때문이다. 이 경우 집이 경매에 넘어가는데, 내줘야 할 전세금이 집값보다 비싼 주택을 경매받을 사람이 없을 게 뻔하다. 즉, '깡통 전세'다. 결국 세입자는 울며 겨자 먹기로 그 집을 자기가 낙찰받아야 할 판이다. 이만저만 손해가 아니다.

그럼 전세 사기 피해자가 되는 걸 막으려면 어떻게 해야 할까. 일단 가장 중요한 건 전세가율, 즉 매매가 대비 전세가 비율이 너무 높지 않은지 따져보는 것이다. 온라인으로 찾아보면 바로 시세가 나오는 아파트와 달리, 빌라는 약간 발품을 팔아서 주변 시세를 확인해야 할 수 있다. 만약 주변 빌라 매매 가격을 기준으로 따진 전세가율이 80% 이상이라면 너무 높으니 피하자. 보통은 전세가율이 70% 미만이어야 떼일 염려가 적다고 보는 편이다.

또 중요한 건 등기부등본에서 그 집을 담보로 받은 대출이 남은 게 있는지 보는 것이다. 만약 금융기관 대출이 이미 있다면 나중에 그 집이 경매로 넘어갔을 때 세입자가 후순위가 돼서 보증금을 다 돌려받기 어려울 수 있다. 만약 담보대출이 있다면 이를 갚고 근저당을 말소하는 걸 조건으로 계약해야 한다.

집주인이 혹시 과거에 전세보증금을 반환하지 않아 문제가 된 적이 있는지도 계약 전에 확인해보자. 주택도시보증공사HUG 지사 또는 안심전세 애플리케이션을 이용하면 된다. HUG 전세보증금 반환보증에 가입된 집주인 보유 주택 수가 몇 채인지, 혹시 집주인이 보증 금지 대상인지, 최근 3년 동안 전세보증금을 반환하지 않은 경우가 몇 건 있는지를 알 수 있다. 집주인의 동의 없이도 공인중개사로부터 받은 계약의사 확인서가 있으면 이용할 수 있다.

'안심전세' APP

집주인이 미납한 세금이 없는지도 꼭 체크하자. 대출이 남은 게 없고 등기부상 아무 하자가 없는 경우라도 집주인의 세금 체납 때문에 집이 공매에 넘어갈 가능성도 있기 때문이다. 보통은 중개업자가 집주인의 국세·지방세 완납 증명서를 받아 확인한다. 만약 필요하다면 본인이 직접 확인할 수도 있다. 임대 계약을 체결한 뒤 입주일 전까지 임대인 본인 동의 없이 이를 열람할 수 있다. 다만 온라인으론 안 되고 세무서에 직접 찾아가야 한다.

돈이 좀 들긴 하지만 전세보증금을 보호하는 가장 확실한 방법은 전세보증금 반환보증에 가입하는 거다. 주택도시보증공사나 서울보증보험SGI에서 가입할 수 있는데, 계약 기간의 2분의 1이 경과하지 않은 시점이면 가입이 된다. 다만 모든 주택이 가입되는 건 아니고, 가입이 거절되는 경우도 있다. 특히 전세금이 매매가보다 너무 높은 빌라라면 가입되지 않을 가능성이 크다.

따라서 빌라인 경우엔 계약할 때부터 전셋값이 보증보험에 가입할 수 있는 정도인지 따져봐야 한다. 그걸 확인하려면 '공시가격'을 알아야 한다. 왜 매매가가 아니라 공시가격이냐고? 실거래 내역이 별로 없어서 시세가 나오지 않는 빌라의 경우엔 공시가격을 기준으로 보증보험 심사가 이뤄지기 때문이다.

공시가격 확인은 간단하다. 정부의 '부동산 공시가격 알리미' 사이트에서 집 주소를 입력하면 해당 집의 공시가격이 나온다. 그리고 현재 그 공시가격의 126%까지가 주택도시보증공사 HUG가 정한 보증보험 가입 한도다. 즉, 전세보증금이 공시가격의 126%를 넘으면 보증보험 가입이 거절된다. 복잡하다고? 요즘엔 집주인도, 중개업자도 이런 사정을 뻔히 알기 때문에 이 요건에 맞춰서 전셋값을 정하는 편이긴 하다. 하지만 만약에 대비해 꼭 직접 확인해보자.

부동산 공시가격 알리미

02 청약으로 내 집 마련할 수 있을까

 온 국민이 들어야 할 '만능 통장'으로 통하는 금융 상품이 있다. 바로 민영주택이나 국민주택을 분양받기 위해 가입하는 주택청약종합저축이다. 흔히 '청약통장'이라고 부른다.

 '얼죽신(얼어 죽어도 신축)'이란 말이 있을 정도로 새 아파트의 인기가 하늘을 찌른다. 이 신축 아파트를 분양받기 위한 치열한 경쟁에 참가하기 위해 꼭 필요한 자격 요건이 바로 청약통장이다. 내 집 마련이 꿈인 사회 초년생은 물론이고 미성년자까지도 청약통장이 필수품으로 자리 잡은 이유다.

 청약통장 가입은 간단하다. 1인 1계좌만 가능한데 주택도시기금 수탁은행인 9개 은행(우리·국민·신한·농협·기업·하나·iM뱅크·부산·경남은행) 중 한 곳을 이용하면 된다. 우리나라 국민이라면 누구나 연령에 관계없이 가입할 수 있다. 가입은 모바일 뱅킹으로도 가능하다.

가입 뒤 납입하는 금액은 1회에 2만~50만 원 범위에서 자유롭게 부을 수 있다. 1,500만 원 한도가 차기 전엔 일시적으로 50만 원 넘는 금액도 납입할 수 있다. 2025년 5월 기준 이자율은 연 3.1%(2년 이상 유지 시). 다만 이 이자율은 정부 고시에 따라 그때그때 변할 수 있다.

청약통장은 여전히 만능 통장일까

청약통장을 만들었다고 무조건 아파트 분양에 청약할 자격이 주어지는 건 아니다. 아파트를 분양할 땐 '1순위'와 '2순위'로 나눠서 접수를 받는데, 인기 있는 아파트는 1순위에서 다 가져가서 2순위엔 기회가 없다. 즉, 청약통장을 만들었다면 이젠 1순위 자격을 얻어야 한다.

1순위 조건은 청약하려는 지역에 따라 달라진다. 서울시는 '청약 과열 지역'으로 지정돼, 1순위 요건이 가장 까다로운 곳이다. 서울에서 분양되는 민영주택의 청약 1순위가 되려면 청약통장에 가입한 지 24개월이 지나야 한다. 동시에 예치한 금액도 조건을 충족해야 하는데, 청약하려는 아파트 면적이 85㎡ 이하이면 300만 원, 102㎡ 이하 600만 원, 135㎡ 이하는 1,000만 원이 그 기준이다(서울·부산의 경우).

국민주택은 민영주택과 좀 다른데, 청약통장 가입 기간과 함께 청약통장 납입 횟수 조건을 충족해야 한다. 청약 과열 지역으로 묶인 서울 또는 일부 경기도 지역의 국민주택이라면 2년 이상 가입하면서 24회 이상 납부를 했어야 1순위 자격을 얻을 수 있다.

참고로 이 모든 조건은 '입주자 모집 공고일'을 기준으로 계산한다는 점에 유의하자. 예를 들어 입주자 모집 공고일까진 청약통장 예치금이 1순위 기준보다 모자랐는데, 뒤늦게 분양 소식을 알고 부랴부랴 청약일 전까지 기준을 맞췄다면? 그래도 소용없다. 기준이 되는 날짜가 청약일이 아니라 입주자 모집 공고일이기 때문이다.

가점제 청약제도의 좁은 문

납입 기간, 납입 횟수를 꽉 채우고, 예치금도 빵빵하게 넣어놨다. 그럼 이제 새 아파트를 분양받을 꿈에 조금은 가까워진 듯한 기분이 들지도 모른다. 분양이 예정된 아파트의 조감도와 모집 공고문을 꼼꼼히 살펴보면서, 어느 아파트가 청약할 만할까 고민하는 재미도 느낄 수 있다.

그리고 곧 깨닫게 된다. 알고 보니 1순위 자격이란 관문은 사실 아무것도 아니었단 걸. 우리나라에 1순위인 사람만 약 1,600만 명에 달하기 때문이다. 진짜 청약 당첨을 위해선 '가점제'라는 끝이 없어 보이는 높은 사다리를 이제부터 기어 올라가야만 한다.

가점을 받기 위한 조건은 세 가지다.

① 무주택 기간: 기간에 따라 2~32점을 받을 수 있다. 단, 만 30세가 되는 날부터 계산한다. 만약 만 30세 이전에 결혼했다면 혼인신고일부터 따진다.
② 부양가족: 부양가족 1명당 5점이 가산돼 5(부양가족 0명)~35점(부양가족 6명 이상)을 부여한다.
③ 가입 기간: 만 15년 이상 청약통장을 가입했으면 최대 17점을 준다. 단, 만 19세 이전 미성년자 시절 가입 기간은 최장 5년을 인정해준다. 즉, 4살에 가입하든 14살에 가입하든 점수는 똑같다.

청약 가점제

청약 가입 기간 (17점) + 부양 가족 수 (35점) + 무주택 기간 (32점)

청약가점의 만점은 84점이다. 7인 이상 가구가 15년 이상 무주택으로 버텨야 만점을 받을 수 있다.

그럼 가점이 몇 점 정도여야 인기 있는 아파트를 분양받을 수 있을까. 물론 아파트마다 천차만별이지만, 2024년 전국 민간 분양 아파트의 당첨 커트라인의 평균 점수는 50.9점이었다. 특히 서울 30개 아파트의 평균은 63점으로 상당히 높았다. 이른바 강남 3구(강남구·서초구·송파구)로 불리는 지역의 8개 단지는 평균이 72점이나 됐다. 만약

4인 가구라면 부양가족 수를 제외한 나머지 점수가 모두 만점이어도 69점밖에 되지 않는다. 즉, 4인 이하 가구는 아예 서울 강남 3구 분양은 꿈도 꿀 수 없는 셈이다.

왜 이렇게 커트라인이 높을까? 청약통장 가입 기간이 긴 고가점자가 이미 워낙 많기 때문이다. 한국부동산원 통계에 따르면 주택청약종합저축에 가입한 지 15년 이상 된 사람은 255만 명에 달한다. 또 과거 청약예금·부금·저축까지 포함하면 15년 이상 가입자는 총 380만 명이나 된다. 가입 기간 항목에서 만점(17점)을 받는 사람이 그렇게나 많단 뜻이다.

그러다 보니 청약시장의 경쟁은 상상 이상으로 치열하다. 인기 지역은 청약 경쟁률이 최대 수만 대 1에 달하고, 만점짜리 통장이 나올 정도로 열기가 뜨겁다. 부양가족도 별로 없는 젊은 세대가 파고들 틈이 없다. 동시에 일부 비인기 지역은 청약 미달 지역이 속출한다. 그런 곳은 청약통장이 없어도 쉽게 분양받을 수 있다.

계륵 된 청약통장, 해지할까 말까

'청약통장 무용론'은 그래서 나왔다. 요즘 20~30대에 인기 지역 청약 당첨은 '그림의 떡'이다. 가점제 구조상 부양가족이 많고 무주택 상태가 오래된 중장년층에 밀린다. 특별공급제도를 통해 신혼부부 같은 젊은 층에 일부 혜택을 주지만 경쟁이 치열하고 물량도 많지 않다.

　게다가 분양가가 너무 오르기도 했다. 코로나 팬데믹 이후 건설 공사비가 엄청 뛰면서 더 이상 '청약 당첨=억대 시세 차익' 공식이 통하지 않는다. 당첨도 어려운데, 당첨되어도 자금을 조달할 길이 없을 정도의 고분양가다. 그러니 청약통장으로 괜히 쉽게 꺼내쓰지도 못하는 목돈만 쌓아두는 것 아닌가 싶어 해지를 고민하게 된다. 실제 청약통장 가입자 수는 갈수록 줄어드는 추세다.

　물론 영영 아파트를 분양받을 생각이 없다면 청약통장은 굳이 유지할 필요가 없을 수 있다. 하지만 그게 '영영'이 될지는 솔직히 누구도 장담할 수 없는 노릇이다. 청약통장을 해지해서 쌓아둔 가입 기간 가점을 모두 날려버렸는데, 다시 청약에 도전하고 싶게 될 수도 있다. 당장 긴급한 사정이 있는 게 아니라면 웬만하면 해지는 말리고 싶다.

　그리고 설사 청약에 당첨되지 않는다 해도 청약통장이 쓸모 있는 경우도 있다. 일단 연 소득 7,000만 원 이하인 무주택 세대주라면 소득공제 혜택이 있다. 청약통장에 납입한 금액(300만 원 한도)의 40%, 즉 최대 120만 원을 소득공제 해준다.

　청약통장을 해지하고 싶진 않지만 목돈이 급하다면 어떻게 해야 할까. 청약통장은 중도 인출이 되지 않기 때문에 그런 경우라면 청약통장 담보대출을 활용하는 게 방법이다. 말 그대로 청약통장을 담보로 한 대출인데 5대 시중은행(국민·신한·하나·우리·농협은행)에서 신청할 수 있다. 청약통장 계좌에 예치한 금액의 90~95% 한도로 빌릴 수 있다. 금리는 은행마다 다르지만 신용대출 금리보단 낮은 수준이다. 청약통장을 유지하면서도 비교적 낮은 금리로 대출받을 수 있다는 점에서 청약저축 담보대출 이용은 늘어나는 추세다.

최근 들어 정부는 젊은 층이 내 집 마련 희망을 잃지 않도록 청약통장에 대한 혜택을 점점 늘리는 추세다. 만 19~34세 청년을 대상으로 한 '청년주택드림 청약통장'도 그중 하나다. 연 소득 5,000만 원 이하인 무주택 청년이 가입 대상인데, 일반 청약통장보다 금리 등 혜택이 좋다. 납입 금액에 최고 연 4.5% 금리를 주고, 이자소득 500만 원까지 비과세 혜택(근로소득 연 3,600만 원 이하인 경우)도 준다. 원칙적으로 신고한 소득이 없으면 가입할 수 없는데 현역 장병은 가입이 가능하다.

기존에 일반 청약통장에 가입한 경우엔 청년주택드림 청약통장으로 갈아탈 수 있다. 은행 창구에 필요한 서류(소득확인증명서와 무주택확약서)를 가지고 방문하면 되고, 모바일 뱅킹을 이용한다면 홈택스·정부24에 회원가입과 인증서 등록이 돼 있어야 전환이 가능하다. 물론 전환해도 기존 납입 기간과 금액, 납입 횟수는 그대로 인정해준다. 만약 가입 조건에 부합한다면 꼭 가입하길 권한다.

당첨되면 돈은 어떻게 조달할까

아파트 청약에 당첨되기란 쉽지 않다. 그렇다고 해서 '일단 당첨되고 보자'는 식으로 이곳저곳에 닥치는 대로 청약해도 곤란하다. 만약 청약에 당첨됐는데 이런저런 이유로 계약을 포기하면 불이익이 이만저만이 아니기 때문이다. 오랫동안 유지해온 청약통장은 날아가고, 그 지역에서 일정 기간 재당첨이 제한되기도 한다. 생애 최초 특공(특별공급) 기회도 잃게 된다.

그런 불상사를 막으려면 당첨될 경우 정말로 계약할 만한 단지인지 따져보고 청약을 넣어야 한다. 특히 가장 면밀히 따져봐야 하는 것은 '자금력'이다.

운 좋게 청약에 당첨돼도 기쁨은 잠시. 곧바로 계약금 마련 고민이 시작된다. 보통 당첨 뒤 1개월 안에 분양가의 10%를 계약금으로 내야 하는데, 그 부담이 만만찮다. 계약금은 집단대출(아파트 분양받은 사람을 대상으로 한 대출)이 되지 않기 때문에 각자 알아서 마련해야 한다. 모아둔 저축을 헐거나 신용대출을 받는 식으로 메워야 한다. 만약 기간 내 계약금을 내지 못하면 분양 기회는 차순위자에게 넘어간다.

그리고 나면 중도금 납입이 시작된다. 보통은 입주 전까지 6차례에 걸쳐 각각 분양가의 10%씩 총 60%를 중도금으로 내게 된다. 건설 기간이 3년이면 5개월 간격으로 10%씩 내는 식이다. 몇 달에 한 번 거액을 납입해야 하니 부담이 커 보이지만, 다행히 보통은 집단대출이 나온다. 건설사와 은행이 미리 약정한 대출 상품이다. 중도금 대출은 보통 이자 후불제다. 즉, 중도금 대출로 쌓인 이자는 마지막 입주 직전에 잔금과 함께 내게 된다.

중도금 대출은 별다른 소득이 없어도 받을 수 있다. 개인 DSR(총부채원리금상환비율) 계산에 포함되지 않기 때문이다. DSR이란 '내가 1년 동안 버는 돈에서 대출 원리금(원금+이자) 갚는 데 드는 돈이 얼마나 차지하나'를 나타내는 비율이다(뒤에서 더 자세히 설명하겠다). 만약 중도금 대출이 DSR 계산에 포함된다면 소득이 없거나 적은 사람은 거액의 중도금 대출을 받을 수 없게 된다. 그동안 중도금 대출을 DSR 규제에 포함하느냐 마냐 말이 많았는데, 현재까진 예외로 두고 있다.

중도금까지 모두 내고 아파트 건설이 끝나면 입주 직전에 잔금을 내야 한다. 잔금 자체는 분양가의 30%를 차지하지만, 이미 중도금 대출을 받았기 때문에 사실상 계약금을 제외한 분양가의 90%에 더해 중도금 대출 이자까지 내야 입주할 수 있다. 아, 그리고 여기에 취득세까지.

이 돈을 현금으로 모두 낼 수 있는 능력자라면 좋겠지만, 그게 어렵다면 또 다른 집단대출인 잔금 대출을 이용하면 된다. 다만 잔금 대출은 중도금 대출보다 규제가 많다. 일반적으로 주택을 매매하는 경우와 똑같이 LTV(담보인정비율), DSR(총부채원리금상환비율) 규제를 모두 적용받는다. 따라서 소득에 따라서는 필요한 만큼 나오지 않을 수 있다.

물론 자력으로 돈을 마련하기도, 잔금 대출도 어려운 경우라도 선택지는 있다. 일단 전세를 놓아서 세입자 전세금으로 잔금을 치르는 것이다. 하지만 이 전략을 쓰는 사람이 한둘이 아니기 때문에 입주 직전엔 전세가가 확 떨어진다는 걸 각오해야 한다. 게다가 2025년 정부가 시행한 6·27 대책으로 신축 아파트인 경우엔 세입자가 전세대출을 받기가 어려워졌다. 전세대출이 필요 없는 세입자를 구해야 하는 건데, 그리 쉬운 일은 아니다.

03 집을 사려면 금융을 알아야 한다

만약 집을 사기로 마음먹었다면 언제, 어디에 집을 살 것인가 못지않게 중요한 고민거리가 이거다. 대출을 얼마나 받을 수 있을까. 사실상 대출이 얼마나 나오는지가 내가 구매할 집값을 결정하는 가장 중요한 변수이기 때문이다.

수도권 집값이 웬만한 월급쟁이가 넘보기 어렵게 된 지 오래다. 간혹 수십억 원짜리 고급 아파트를 '전액 현금으로' 샀다는 연예인 관련 뉴스가 보이지만 별세계 이야기일 뿐. 일반인에게 집이란 은행 대출 없인 살 수 없는 게 되어버렸다. 집을 사더라도 주택담보대출을 다 갚기 전까지 집은 은행에 맡긴 담보물이다. 종종 집을 산 사람들이 "부엌과 작은방까지만 우리 거고 나머지는 은행 것"이라고 말하는 이유다.

주택담보대출 정복하기

집을 사기 위해 주택담보대출을 받는다는 건 여간 큰일이 아니다. 일단 사업을 하지 않는 평범한 월급쟁이라면 아마도 평생 가장 많은 은행 빚을 한꺼번에 지는 게 주택담보대출일 것이기 때문이다. 게다가 그 빚을 갚는 기간도 보통 20~30년이나 된다. 물론 조기 상환으로 일찍 빚을 털어내면 홀가분하겠지만, 여러 사정으로 그게 어려운 경우도 많다. 자칫 은퇴할 때까지, 아니 어쩌면 그 이후까지 계속 따라붙을 빚이 될지도 모른다. 그러니 되도록이면 좋은 조건을 잘 알아보고 대출받는 게 중요하다.

그런데 주택담보대출은 어렵다. 주택담보대출엔 각종 정부 규제가 따라붙는데 그게 시기에 따라, 지역에 따라, 대출받는 사람에 따라 자꾸만 달라진다. 또 용어도 생소하다. 툭하면 대출 규제가 바뀌었다고 뉴스가 나오는데, 거기 등장하는 용어부터 헷갈리니 어렵게만 느껴진다.

그래서 주택담보대출을 이해하려면 일단 중요한 용어부터 정복해야 한다. 솔직히 말하자면 처음 금융 담당 기자가 됐을 땐 이 용어가 헷갈려서 한동안 기사 쓸 때마다 다시 찾아봐야 했다. 여러분도 처음엔 헷갈리는 게 당연하다.

집값의 얼마까지 빌려주나, LTV

집값의 몇 퍼센트까지 대출을 받을 수 있을까. 이 기준이 바로 담보인정비율, LTV^{Loan to Value Ratio}이다. 계산법은 간단하다.

$$LTV = \frac{대출\ 가능\ 금액}{주택\ 담보물\ 가치} \times 100$$

집을 사는 사람 입장에선 집값이 10억 원이면 대출도 10억 원까지 가능한 것 아닌가 생각할 수 있다. 하지만 우리나라에선 그렇게 LTV 100%로 주택담보대출을 받을 순 없다. 정부가 주택을 살 때 적용하는 LTV 비율의 상한선을 조건에 따라 40~80%로 정해놨기 때문이다. 2025년 9월 현재 적용되는 LTV는 아래와 같다.

LTV 적용 기준	
지역/조건	LTV 적용 비율
규제 지역(투기과열지구, 조정대상지역 등)	최대 40%
비규제 지역 1주택자	최대 70%
비규제 지역 다주택자	최대 60%
생애 최초 주택 구입자(비규제 지역)	최대 80% 가능(조건 충족 시)

2025년 9월 기준

정부는 LTV 규제를 수요 조절 수단으로 사용한다. 그래서 부동산 광풍이 불면 수요를 억제하겠다며 LTV 상한선을 마구 끌어내린다.

사실 정부는 LTV 상한선을 정할 법적 권한이 없다. LTV를 얼마로 해줄지는 어디까지나 은행이 자율적으로 알아서 할 일이다. 그런데도 '행정지도'라는 이름으로 금융위원회가 LTV 상한선을 정하고, 모든 금융기관이 이를 따른다. 인허가권을 가진 금융위원회의 뜻을 거스를 간 큰 금융회사는 없기 때문이다. 그럼 왜 정부는 LTV를 규제하려 할까.

LTV 규제의 취지 내지 명분은 '금융 안정성'에 있다. 아파트값 거품이 너무 심한 경우, 혹시 나중에 집값(담보물 가치)이 급락할 수 있으니 은행이 집값보다 적게 대출을 내주게 하는 것이다. 즉, LTV 규제는 원래는 집값 잡기용이 아니라 은행을 보호하기 위한 장치다.

버블 경제가 한창이던 1980년대 말~1990년대 초, 일본에선 은행들이 집값의 100%, 심지어 110%나 120%까지도 주택담보대출을 내줬다. 수십 년 동안 집값이 계속 무섭게 뛰기만 했으니 은행들은 걱정 없이 대출을 최대한 많이 내줬고, 사람들은 제 돈 한 푼 들이지 않고 은행 빚을 끌어다 집을 샀다. 그런데 버블은 결국 터졌고, 일본 집값이 뚝뚝 떨어지기 시작했다. 집을 팔아도 대출금을 갚을 길 없게 된 대출자들의 연체가 쌓여만 갔고 은행에 충격파가 미쳤다. 집값 하락이 곧바로 은행 부실로 이어진 것이다. 이렇게 버블 붕괴의 충격은 곧바로 일본 금융시스템 전체를 흔들었고, 일본 경제를 늪에 빠지게 만들었다.

그럼 만약 당시 일본이 LTV를 70%로 규제했다면 어땠을까. 부동산 거품이 터지는 거야 피할 순 없었겠지만, 설사 집값이 단기간 30% 급락했더라도 곧바로 은행이 부실화하진 않았을 거다. 애초에 집값의 70%까지만 대출을 내줬을 테니 말이다. 이렇게 극단적인 버블 붕괴의 상황에서 LTV 규제는 은행 시스템의 보호막 역할을 한다. 이게 바로 한국뿐 아니라 다른 나라에서도 LTV를 규제 수단으로 활용하는 명분이다.

그렇게 LTV를 제대로 이해하고 보면 지금의 LTV 규제는 좀 이상하다. 조정대상지역의 LTV 상한선을 40%로 둔다는 건, 다시 말하자면 '그 지역은 앞으로 집값이 60% 폭락할지 모르니 은행은 대출 내줄 때 조심하라'는 강한 경고다. 현재 집값이 적정가의 2배 수준으로 뻥튀기 됐다고 볼 때나 쓸 법한 강력한 규제인 셈이다. 과연 정부 당국자 중 진심으로 그렇게 보는 사람이 있긴 할까?

그런 점에서 2025년 6·27 대책에서 나온 '수도권 주택담보대출한도 6억 원' 규제는 더 말이 되지 않는다. 한도가 6억 원이라는 건 아파트값이 12억 원이면 LTV가 50%, 18억 원이면 LTV 33%, 24억 원이면 LTV 25%라는 뜻이다. 설마 현재 24억 원인 서울 아파트값이 반토막도 아니고 4분의 1토막 나는 일이 있을까. 도대체 6억 원은 무슨 기준으로 정해졌을까. 당장 수도권 아파트값 잡는 게 급해서 나온 규제인 건 알겠지만, 아무리 그래도 합리적인 대출 규제라고 보긴 어렵다.

소득 중 얼마를 대출 상환에 쓰나, DTI

소득에서 몇 퍼센트를 빚 갚는 데 쓰는지를 따지는 지표가 DTI Debt to Income Ratio, 총부채상환비율이다. 이 DTI 계산할 때 쓰는 '빚'에는 주택담보대출의 원리금(원금+이자)과 다른 기타 대출(신용대출 등 등)의 '이자'만 포함된다. 계산식은 아래와 같다.

$$DTI = \frac{\text{모든 주택담보대출 연간 총상환액(원금+이자)} + \text{기타 대출 이자}}{\text{연 소득}} \times 100$$

2025년 기준 DTI 상한선은 투기과열지구 40%, 조정대상지역 50%, 일반지역 60%이다. 생애 최초 주택 구입자에겐 지역 상관없이 DTI 60%를 적용해준다.

DTI는 소득에 따라 받을 수 있는 대출금 한도를 제한한다. DTI 한도가 60%라는 건 무리하게 '영끌' 하지 말고 자기 소득의 60% 이내 범위에서만 주택담보대출을 받으라는 뜻이다. 소득이 적은 사회 초년생이나, 근로소득이 없는 은퇴자에겐 불리하게 작용한다. 물론 월급이나 사업소득이 없더라도 신용카드 사용액, 건강보험료, 국민연금 등으로 소득을 인정받는 방법은 있다.

요즘 주택시장에서 DTI 규제는 그렇게 크게 이슈가 되진 않는다. DSR이라는 훨씬 더 강력한 규제가 추가됐기 때문이다.

연 소득의 40%만 빚 갚는 데 써라, DSR

꽤 오랫동안 우리나라에서 주택담보대출 규제의 두 축은 LTV와 DTI였다. 하지만 2022년부터 정부는 DSR^{Debt Service Ratio}, 총부채원리금상환비율을 가계부채 규제의 중심 지표로 삼고 있다. '가계부채가 과도하게 늘어나는 걸 막는다'는 취지에서 볼 때, DSR은 가장 포괄적인 규제 방안이기 때문이다.

DSR은 총부채원리금상환비율이란 긴 이름을 갖고 있다. DTI가 총부채상환비율인데, 비교하면 중간에 '원리금'이란 단어가 추가됐다. 즉, 1년 동안 버는 돈 대비 대출 갚는 돈의 비율이란 점에선 DTI와 매우 비슷하다. 다만 그 계산에 들어가는 대출 원리금(원금+이자)의 범위가 DTI보다 훨씬 크다고 보면 된다. DSR 계산법은 아래와 같다.

$$DSR = \frac{\text{모든 주택담보대출 연간 총상환액(원금+이자)} + \text{기타 부채 연간 총상환액(원금+이자)}}{\text{연 소득}} \times 100$$

앞에서 DTI는 주택담보대출이 아닌 다른 대출, 예컨대 신용대출의 경우엔 원금은 보지 않고 이자 금액만 따졌다. 사실상 주택담보대출에만 초점을 둔 지표였다. 반면 DSR은 주택담보대출이건 신용대출이건 모든 대출의 원리금 상환액을 전부 합쳐 연 소득 대비 얼마인지 따진다. 나머지 대출이 별로 없는 경우라면 별 영향 없겠지만, 신용대출에 자동차 할부금, 학자금대출, 카드론 등 각종 대출을 이미 받은 경우라면 주택담보대출을 받을 때 DSR 규제가 상당히 불리하게 작용한다.

현재 은행에서 주택담보대출을 받을 땐 DSR 상한선이 40%이다. 이 40%라는 규제 비율은 지역이 어디든, 무주택자이든 2주택자이든 상관없이 모든 사람에게 적용되는 공통적인 기준이다. 즉, 연 소득이 5,000만 원이라면 연간 갚아야 하는 모든 대출의 원리금을 합친 게 2,000만 원을 넘을 수 없단 뜻이다.

만약 다른 대출이 하나도 없는 5,000만 원의 연 소득자가 주택담보대출을 받는다고 가정해보자. 대출 기간은 30년이고, 매달 같은 금액을 갚는 원리금 균등상환이고, 대출금리는 연 4.2%인 주택담보대출이다. 그럼 DSR 40% 규제 상한선을 꽉 채우는 한도는 얼마일까?

단순 계산하면 3억 4,000만 원 정도 된다. 여기서 알아둘 점은 대출 기간을 30년으로 길게 잡았기 때문에 이 정도 한도가 나온다는 점이다. 만약 만기를 20년으로 줄인다면? DSR 40%를 충족하는 대출한도는 2억 7,000만 원으로 크게 줄어든다. 반대로 만기를 40년으로 확 늘리면 한도가 3억 8,700만 원으로 크게 늘어난다. 깐깐한 DSR 40% 규제가 도입된 뒤 만기가 긴 주택담보대출이 대세가 된 이유다.

그리고 최근엔 이것보다 대출한도가 더 줄어들었다. 정부가 모든 가계대출에 '스트레스 DSR'을 적용하기 때문이다. 특히 2025년 7월 1일

스트레스 DSR 적용 뒤 줄어든 대출한도		
금리 유형	미적용	3단계 스트레스 DSR 적용
변동금리	3억 4,000만 원	2억 8,700만 원
혼합형(5년 고정 뒤 변동금리)		2억 9,700만 원
주기형(5년 주기로 변동)		3억 1,800만 원

수도권의 30년 만기 원리금 균등 상환 연 4.2% 금리 기준. 출처: 금융위원회

부터는 수도권 주택을 매입할 땐 3단계 스트레스 DSR이 시행된다.

여기서 스트레스stress란 우리가 아는 그 스트레스와 비슷한 의미가 담긴 금융 용어다. '앞으로 일어날 법한 위험 상황=금리 인상 가능성'을 미리 끌어와서 DSR 산정에 반영한다. 실제 대출금리는 연 4.2%라고 해도, 변동금리 대출이라면 앞으로 1.5%포인트 정도 금리가 뛸 위험이 있다고 가정하고 가상의 금리(5.7%)를 적용해 DSR을 계산한다.

이렇게 스트레스 DSR을 적용하면 대출한도는 당연히 줄어든다. 예를 들어 연 소득 5,000만 원인 사람이라면 연 4.2% 금리의 주택담보대출(변동금리형)을 30년 만기로 받을 때 한도가 2억 8,700만 원이다.

최근 10년(2015년 4월~2025년 4월)간 은행권 주택담보대출의 고정금리(파란색선)와 변동금리(회색선)의 추이. 한동안은 고정금리가 변동금리보다 거의 1%포인트나 금리가 저렴했지만, 최근엔 그 차이가 거의 사라졌다. 출처:한국은행

30년 동안 갚을 대출, 고정이냐 변동이냐

　DSR 40%라는 규제는 다른 나라와 비교해도 상당히 강한 규제이다. 그리고 DSR 규제로 인해 대출한도가 주택담보대출 만기에 따라 크게 달라지기 때문에, 이제 웬만해선 30년 만기 주택담보대출이 대세가 됐다. 일단 대출을 받으면 집을 팔거나 중도에 빚을 상환하지 않는 한 30년 동안 갚아나가야 한다. 그만큼 어떤 조건으로 대출을 받을지 신중해야 한다.

　그래서 특히 고민되는 게 고정금리냐, 변동금리냐의 선택이다.

　고정금리는 말 그대로 지금 받는 금리가 만기까지 계속 유지된다는 의미다. 반면 변동금리는 주기적으로 시장 상황에 따라 적용되는 금리 수준이 달라진다. 변동금리를 선택하면 그 변동 주기를 얼마로 할지도 정할 수 있는데, 보통 3개월 또는 6개월을 많이 선택한다.

많은 대출자들이 몇 달 또는 몇 년 뒤를 생각하지 않고, 지금 당장 더 금리가 저렴한 상품을 선택하는 경우가 많다. 최근에 고정금리형 주택담보대출이 많이 팔렸던 이유다. 또 만기까지 금리가 완전히 고정된 순수 고정금리형 대출이면 앞에서 설명한 '스트레스 DSR'을 아예 적용받지 않는다. 변동금리형이나 혼합형(5년 고정금리, 이후 변동금리) 같은 상품보다 대출한도가 더 많이 나오는 것도 고정금리가 유리한 점이다.

그럼 이제 고정금리가 대세인 걸까. 일단 정부는 그렇게 되길 원한다. 고정금리로 대출받은 사람이 많다는 건 혹시 나중에 금리가 크게 뛰어도 대출자에게 별 타격이 없다는 뜻이다. 그동안 한국은 가계부채 절대량이 많을 뿐 아니라, 변동금리 대출 비중이 유독 높은 나라로 꼽혔다. 금융시장 안정을 위해서 정부 입장에선 가급적 고정금리 비율을 확 높이고 싶어 한다. 그래서 십수 년 전부터 고정금리형 대출을 장려하는 각종 정책을 펼치고 있다.

하지만 주택담보대출은 앞으로 30년 동안 갚아나갈 장기 상품이고, 앞으로 시장금리가 얼마나 오르거나 내릴지는 솔직히 정부가 아니라 그 누구도 장담하지 못한다. 당장의 금리 수준과 분위기만으로 고정이냐, 변동이냐를 결정하기보다는 앞으로의 금리 움직임을 스스로 판단해 결정해야 한다.

예를 들어 2025년 7월 현재 은행권에선 고정금리형이 변동금리형 대출보다 0.1~0.2%포인트 금리가 저렴하다. 하지만 지금은 금리 인하기이고, 일부 투자은행은 2.5%인 한국은행 기준금리가 연말에 2.0%까지 내려갈 거라고 예상한다. 시장금리가 기준금리 인하분을 그대로 반영한다고 가정하면(물론 늘 그런 건 아니다), 변동금리로 대출받으면 6~7개월쯤 뒤엔 내가 낼 대출금리가 0.5%포인트 내려갈 거라고 기대할 수도 있다. 그렇다면 당장은 금리가 높아 보이지만 조금 더 길게 보면 변동금리가 나은 선택이다.

한마디로 금리 인하기엔 대체로 변동금리가, 금리 인상기엔 고정금리가 나은 선택인 경우가 많다. 금리 인하(또는 인상) 폭이 얼마나 크냐에 따라서 실제 유리한 정도는 차이가 있지만 말이다.

대출을 처음 받을 때 금리나 상환 방식을 잘못 선택했다고 해서 영영 바로잡을 기회가 없는 건 아니다. 대출 갈아타기(대환대출)를 이용하면 되기 때문이다. 고정금리로 대출을 받았는데, 그동안 시장금리가 많이 내려가서 내 대출금리가 너무 높아 보인다? 또는 변동금리 대출인데, 대출이자율이 점점 올라가는 게 부담스러워서 고정금리로 바꾸고 싶다? 모두 대환대출로 리셋할 수 있다. 각 은행 앱이나 대출비교 플랫폼(네이버페이, 뱅크샐러드, 카카오페이, 토스, 핀다 등)을 이용하면 된다.

다만 이때 주의할 건 중도상환 수수료다. 보통 대출받은 지 3년 안에 대출금을 조기 상환하면 위약금 명목으로 수수료를 내야 한다. 대출자 입장에선 '일찍 돈 갚는 데 웬 패널티냐'라고 하겠지만, 은행 입장에선 원래 30년에 걸쳐 이자 수익을 받을 걸로 생각하고 대출을 내줬는데 고객이 일찍 갚으면 기대한 수익을 못 올리게 되니 손해라서 그렇다.

따라서 중도상환 수수료를 내더라도 갈아타는 게 전체적으로 더 이익이 되는 게 맞는지 따져보고 대환대출을 결정해야 한다. 다행히 올해 1월부터 신규 대출은 중도상환 수수료가 기존의 절반 수준(0.5~0.8%)으로 크게 낮아졌다. 부지런한 대출자라면 손품을 팔아서 더 금리가 싼 대출로 갈아타기가 쉬워진 셈이다.

04 인구 감소 시대, 부동산의 미래

'인구가 줄면 주택 수요가 감소하고 집값이 떨어질 수밖에 없다. 인구 고령화로 집값이 하락한 일본을 보라.'

2010년대 초중반, 이런 부동산 비관론이 설득력을 얻은 시절이 있었다. 지금이 고점이라며 집을 팔아 전세로 전환한 이들도 꽤 많았다. 하지만 실제 시장은 거꾸로 갔다. 오히려 저금리와 규제 완화, 공급 축소가 겹치면서 2010년대 후반 부동산 열풍이 일었다.

왜 논리적으론 명확해 보였던 '인구 감소=주택 수요 감소'라는 논리는 들어맞지 않았을까. 다양한 분석이 있지만, 그중 하나는 인구는 줄지만 가구 수는 되레 늘고 있다는 점이다. 1~2인 가구가 늘어나고 있어서다. 가구 수가 늘어나는 한 주택 수요는 늘 수밖에 없다.

빈집 넘치는 일본, 집값은 왜 오를까

그럼 우리나라 가구 수는 언제쯤 정점을 찍을까. 통계청이 이 전망치를 발표하는데, 전국적으로는 2041년에 2,437만 가구로 정점을 찍고 하락할 거라고 내다봤다.

다만 지역별로 편차가 컸다. 부산과 대구는 가구 수 정점이 2031년으로 예상됐다. 2032년부터는 빈집이 늘어가기 시작한단 뜻이다. 서울은 2038년, 경기는 2044년, 인천 2045년, 세종은 2052년이 가구 수 정점으로 전망된다. 젊은 인구가 어디로 많이 몰리느냐에 따라 지역별 편차가 크다.

물론 통계청이 5년에 한 번 발표하는 장래가구추계 결과가 그대로 들어맞는 건 아닐 수 있다. 다만 이미 인구 감소가 현실로 닥친 상황에서 장기적으로는 가구 수 증가세가 언젠가는 꺾일 거고, 특히 더 일찍, 많이 가구 수가 줄어드는 지역이 있을 거란 사실은 틀림없어 보인다. 가구 수가 줄어들기 시작한다면 부동산 시장엔 전환점이 될 가능성이 크다. 급격하게 해외 이민자가 밀려들거나 한국에 집을 사려는 외국인 투자 수요가 급증하지 않는다면 말이다.

그렇다고 해서 십수 년 뒤에 벌어질 일을 미리부터 너무 걱정해서 집 사길 주저하란 뜻은 아니다. 가구 수가 줄어든다고 해도 부동산 시장의 충격은 불균형적으로 나타날 가능성이 크다. 아파트에서 태어나고 자란 어린 세대는 나중에 어른이 되어서도 입지와 주변 환경, 시설이 좋은 아파트에 살고 싶어 할 것이다. 그리고 그런 이들이 선호하는 곳과 그렇지 않은 곳의 차이는 점점 벌어질 수 있다.

부동산 장기 침체의 상징이었던 일본에서 최근 몇 년간 나타난 현상이 바로 이런 주택시장의 양극화이다. 입지 좋은 도쿄 도심지 신축 아파트는 가격이 급등한 데 비해, 도쿄 외곽 지역은 수십 년째 집값이 오르지 않고 오히려 떨어진다.

참고로 일본에서 도쿄 중심지 집값 상승을 주도하는 건 이른바 '파워 커플'이다. 20~30대 맞벌이 부부 중 각각 연 소득이 700만 엔 이상(합치면 1,400만 엔)인 고소득 커플을 뜻한다. 월세 내느니 차라리 대출받아 집을 사자, 출퇴근 힘드니까 기왕이면 비싸도 도심에 살자. 이런 생각을 하는 고소득 실수요자들이 집값 상승을 주도한다.

일본 전역에선 빈집이 늘어서 심각한 사회문제라는데, 신축 고층 아파트(일명 '타워맨션') 분양가는 갈수록 오른다니 다소 아이러니하다. 저출산 고령화로 인구와 가구 수가 줄어들수록 일자리가 집중된 대도시 핵심 지역 신축 주택 수요만 견고해진다는 점을 일본 부동산 시장이 보여주고 있다.

흔들리는 재건축 신화

좋은 새 아파트에 살고 싶다는 사람들의 욕망은 예나 지금이나 강하다. 하지만 청약시장은 경쟁률이 세도 너무 세고, 그렇다고 대출 끼고 한 채 사려니 대출 규제로 '영끌'도 쉽지 않다. 그럼 그 대신 지금은 낡고 오래됐지만 몇 년 안에 재건축을 하게 될 그런 아파트를 사서 기다린다면? 바로 이런 '헌 집 줄게 새집 다오'의 희망이 재건축 투자 열풍을 일으켰던 시기가 있다. 서울 집값이 다락같이 올랐던 2010년대 말쯤이다. 녹물 나오는 낡은 아파트에서 이른바 '몸빵'으로 실거주하면, 고생스럽지만 나중에 신축 아파트 입주권으로 큰 보상을 받을 거란 기대가 있었다.

재건축은 토지 소유자들이 조합을 결성해서 기존 아파트를 헐고 새 아파트를 다시 짓는 걸 말한다. 1990년대부터 서울을 중심으로 재건축 투자 열기는 뜨거웠다. 흙수저들의 부동산 투자 성공 비법으로 통했다. 그런데 2~3년 전부터 이 '재건축 불패 신화'가 와장창 깨졌다. 황금알 낳는 거위라던 재건축이 돈 먹는 하마가 됐다. 재건축 시공사 선정이 줄줄이 유찰되고, 수억 원대 추가 분담금 갈등으로 공사가 멈춰 선 현장이 한둘이 아니다. 도대체 왜 그럴까.

재건축 사업의 수익성을 좌우하는 건 뭐니 뭐니 해도 용적률이다. 과거엔 5층짜리 저밀도 저층 아파트들이 많았고, 이를 재건축해서 20~30층으로 지어 올리면 무조건 남는 장사였다. 늘어난 세대를 일반분양해서 거둔 수익으로 건축비를 충당하고도 남았다. 기존 아파트를 보유한 조합원은 분담금 한 푼 없이 새 아파트를 얻거나, 때론 새 아파트 두 채를 얻을 수도 있었다.

하지만 이제 그런 저층 아파트는 이제 별로 남지 않았다. 이젠 아파트 한 채를 재건축해도 1.3채가 생길 정도밖에 되지 않는다. 이에 비해 건축비는 몇 년 새 엄청나게 뛰었다. 만약 재건축해서 만드는 새 아파트 가격이 매우 가파르게 오른다는 보증이 있다면 모를까, 일반분양만으론 건설비를 충당하기가 사실상 불가능한 구조다. 그럼 조합원들이 막대한 분담금을 내서 건축비를 보태야 하는데, 자금력 약한 고령층 조합원에겐 버거운 일이다. 곳곳에서 이런 '분담금 폭탄'이 아파트 재건축을 가로막는다.

재건축은 한국만의 독특한 시스템이다. 수천 세대가 사는 거대한 아파트 단지 자체가 다른 나라엔 그리 많지 않은 데다, 이를 불과 30년 만에 한꺼번에 허물고 새로 짓는 일도 좀처럼 찾아보기 어렵다. 우리나라에선 유독 대박을 보장하는 '용적률의 매직' 덕분에 이 신기한 시스템이 활성화돼왔다. 하지만 이제 그것도 수명을 다해가고 있다. 어쩌면 지금 지어 올라가는 신축 고층 아파트는 30년이 아니라 50년, 70년이 지나도 재건축을 할 수 없지 않을까. 만약 그렇다면 새집에 살고 싶은 사람들의 욕망은 재건축이 아닌 무엇이 채워줄지 궁금하다.

집이 효자, 주택연금으로 노후 대비

'가진 건 달랑 집 한 채'라는 은퇴자들이 많다. 만 65세부터는 국민연금이 나온다지만, 그것만 가지고는 빠듯하다. 그렇다고 집을 팔고 이사를 가자니, 오랫동안 살던 곳을 떠난다는 게 쉽지 않다.

이런 은퇴자들을 위한 좋은 금융 상품이 바로 주택연금이다. 주택금융공사가 판매하는 '역모기지론'인데, 만 55세 이상 주택 소유자이면 가입 가능하다. 내 집에서 평생 살면서 내 집을 담보로 매달 연금을 꼬박꼬박 죽을 때까지 받는 상품이다. 만약 가입자가 사망한 뒤엔 그 배우자 역시 죽을 때까지 연금을 이어서 받을 수도 있다.

주택연금은 2007년 처음 출시된 뒤 2025년 3월까지 약 14만 가구가 가입했다. 초반엔 '그래도 죽을 때 자식한테 집 한 채는 물려줘야지'라는 생각에 가입을 꺼리는 고령층이 많았다. 하지만 이젠 고령층 인식도 많이 달라졌다. 노후에 생활비가 부족해서 자식한테 손 벌리느니, 차라리 집을 담보로 연금 받는 게 낫다고 보는 거다.

주택연금의 지급 금액은 1년에 한 번 시장금리를 반영해 조정된다. 매년 3월 1일을 기준으로 변동되는데 2025년 3월 1일부터 적용된 월 지급금 기준표는 아래와 같다. 70세(부부 중 더 나이 어린 사람 기준)인 사람이 3억 원 주택으로 가입하면 월 89만 2,000원을 받을 수 있는 거다.

주택연금은 어떻게 해도 손해 보는 장사는 아니다. 일단 평생 연금 형식으로 받기 때문에 만약 기대수명보다 오래 산다면 무조건 이익이다. 연금 수령액이 집값을 설사 초과한다고 해도 죽을 때까지 계속 돈을 받을 수 있으니 말이다. 만약 반대로 일찍 사망해서 연금 수령액이 집값에 못 미친다면? 그땐 그 차액만큼을 상속인에게 지급해준다.

다만 현재 주택연금은 공시가격 12억 원 이하인 주택을 1채 보유한 경우에만 가입할 수 있다. 가입하고 싶어도 고가 주택이거나 다

일반주택의 주택연금 월 지급 금액

종신지급방식, 정액형, 단위: 천 원

연령	주택 가격											
	1억	2억	3억	4억	5억	6억	7억	8억	9억	10억	11억	12억
55세	147	295	443	591	739	887	1,035	1,183	1,331	1,479	1,627	1,774
60세	200	400	600	801	1,001	1,201	1,402	1,602	1,802	2,003	2,203	2,403
65세	242	485	727	970	1,212	1,455	1,698	1,940	2,183	2,425	2,668	2,911
70세	297	595	892	1,190	1,487	1,785	2,082	2,380	2,677	2,975	3,272	3,275
75세	371	742	1,113	1,484	1,855	2,227	2,598	2,969	3,340	3,535	3,535	3,535
80세	474	949	1,424	1,899	2,374	2,849	3,324	3,799	3,936	3,936	3,936	3,936

출처: 주택금융공사

주택자라서 가입할 수 없는 경우도 많다.

최근엔 주택연금과 매우 비슷한 구조의 민간 상품인 하나은행 '내 집연금'이 출시됐다. 이 상품도 죽을 때까지 연금이 나오는 건 똑같은 데 집값이 12억 원을 넘어도, 다주택자여도 가입할 수 있다는 게 다르다.

주택연금 가입자의 중도 해지가 급증하는 시기도 있다. 집값이 미친 듯이 올랐던 2020년 즈음에 그랬다. 주택연금은 가입할 때의 집값에 따라 앞으로 평생 매달 받는 금액이 결정되는데, 가입한 다음 집값이 왕창 뛰면 받는 연금이 너무 적어 보이기 때문이다. 중도 해지는 그동안 받은 연금 수령액 등을 갚으면 할 수 있다. 그 대신 3년 안에 같은 주택으로 또 가입할 순 없다는 제한이 있다.

개인적으로 나중에 은퇴하고 나이가 더 들면 기댈 건 주택연금뿐이란 믿음을 갖고 있다. 걱정이 있다면 나중에 주택금융공사 경영이 행여 어려워져서 주택연금 상품을 단종시키면 어쩌나 하는 것. 투기 수단이나 증여의 대상이 아닌 '사는 곳'이자 '노후 안전망'으로서의 집을 생각하는 사람들이 많아졌으면 한다.

경제뉴스 인사이트

월세 시대가 온다

2025년 상반기 전국 주택 임대차 거래 중 월세 비율이 사상 처음 60%를 넘어섰다. 서울은 월세 비중이 63.7%에 달한다. 전세의 월세화. 2025년 주택시장의 가장 큰 화두다.

한동안은 전세 사기에 대한 두려움 때문에 빌라 시장에서 전세의 월세화가 빠르게 진행됐다. 그런데 2025년 6·27 가계부채 대책이 나오면서는 신축 아파트까지 월세화 현상이 확산됐다. '소유권 이전' 조건이 걸린 전세 계약에 대한 대출이 막혔기 때문이다. 전세를 놔서 그 보증금으로 분양 잔금을 치르는 경우엔 이제 전세대출을 내주지 않는다. 대출 없이 비싼 전세보증금을 떡하니 마련할 수 있는 세입자를 구하기란 쉽지 않다. 어쩔 수 없이 반전세 또는 월세가 대세가 됐다.

전세의 월세화가 대세인 이유

사실 전세가 점차 사라지고 월세가 대세가 될 거란 얘기는 1990년대부터 나왔다. 고도성장기가 지나고 경제성장률이 꺾이면 저금리 추세가 고착화될 수밖에 없었기 때문이다. 금리가 낮으면 집주인 입장에선 전세보증금을 받아도 굴릴 곳이 마땅찮으니, 차라리 월세로 돌리는 게 낫다. 그렇게 점점 전세 매물이 줄고 다른 선진국처럼 월세가 대세가 될 거란 예측이 많았다.

다만 이상하게도 이 경제학적 논리가 그동안은 잘 통하지 않았다. 전세대출이란 변수 때문이다. 공공기관 보증을 받아 대거 풀린 전세대출이 거대한 거품을 만들어 전세시장을 떠받쳤다. 세입자는 월세보다 싼 이자로 전세를 사니 좋고, 집주인은 전셋값을 쉽게 올려받을 수 있으니 좋았다. 하지만 동시에 전세 사기가 판치고, 갭 투자를 부추기는 부작용도 컸다.

이재명 정부는 본격적으로 전세대출을 조이기 시작했다. 전세시장의 거품을 꺼뜨리기 위해서다. 그 대신 월세에 대한 세액공제는 확대한다. 2025년 7월 발표된 세법 개정안에 따르면, 맞벌이 부부는 앞으로 각각 월세 세액공제를 받을 수 있게 된다. 3자녀 이상 가구는 큰 집에 살아도 월세 세액공제를 받을 수 있게 주택 면적 기준이 늘어난다(85→100㎡). 이제 전세가 아닌 월세 시대라는 메시지가 담겼다.

독일처럼 '세입자 면접' 현실화되나

이대로 월세가 대세가 된다면 주택 임대차 시장의 모습은 어떻게 달라질까? 이를 짐작하기란 어렵지 않다. 어차피 전세는 한국에만 있는 제도다. 다른 나라 임대차 시장이 어떤 식으로 운영되는지를 살펴보면 쉽게 알 수 있다.

월세 시대엔 집주인이 신경 쓸 게 한층 많아진다. 전세는 도배 같은 인테리어를 세입자가 하는 게 관행이라서 집주인 입장에선 유지비용이 별로 들지 않는 시스템이다. 거액의 보증금을 한꺼번에 부담할 자산만 있다면, 누구를 세입자로 들이든 크게 상관없다. 세입자는 '집주인이 나중에 보증금을 떼먹으면 어떡하지' 걱정할 수 있지만, 집주인은 적어도 돈 떼일 걱정은 없다.

하지만 월세는 다르다. 집을 유지 관리하는 데 비용과 노력이 더 많이 들 뿐 아니라, 무엇보다 매달 제때 월세를 꼬박꼬박 낼 능력이 있는 세입자를 구하는 게 중요하다. 자칫 세입자가 월세를 밀리기 시작하면 집주인은 매우 곤란해진다. 법적으론 월세를 두 번 연체하면 계약을 해지할 수 있다지만, 연체한 세입자가 안 나가고 버티면 이만저만 골치 아픈 게 아니다.

그래서 월세 시대에 집주인은 세입자의 소득과 신용도를 꼼꼼히 따질 수밖에 없다. 예를 들어 집을 빌리기 위한 세입자 간 경쟁이 치열한 독일 대도시에서는 집주인이 임차인 후보에게 각종 서류를 요구하는 게 당연한 일이다. 안정적인 직장이 있음을 보여주는 근로계약서, 소득이 충분함을 확인할 만한 급여명세서, 신용도를 확인할 수 있는 신용점수 기록 등이다.

세입자 후보들은 집주인에게 어필하기 위해 인상적인 자기소개서를 써서 제출하기도 한다. 물론 서류의 조건이 들어맞아도 집주인 또는 부동산 직원과의 면접에서 탈락할 수도 있다. 월셋집 구하는 게 직장 구하는 것과 사실상 똑같다.

그래서 월세 시대가 되면 한국에서도 '세입자 면접'이 생겨날 거란 이야기가 나온다. 아직은 낯설게 느껴지지만, 인기 많은 지역의 고액 월세의 경우엔 충분히 그럴 법하다.

더욱 커질 고금리 충격파

전세가 사라지면 부동산 시장에서 금리의 영향력은 한층 커지게 된다. 사실 전세 끼고 집을 사는 갭 투자자들은 대출금리를 그렇게까지 신경 쓸 필요가 없다. 전세라는 일종의 '무이자 사금융 대출'을 이용해서 집을 사기 때문이다. 달리 말하자면 전세시장은 시장금리에 다소 둔감하고, 덕분에 공급이 상대적으로 안정적인 편이다.

하지만 월세 시대의 집주인은 전세라는 지렛대를 이용할 수 없기 때문에, 대부분이 은행 대출을 끼고 임대주택을 사게 된다. 집주인들이 대출이자에 매우 민감할 수밖에 없다. 만약 은행 빚 끌어서 산 주택을 월세 놓고 있는데, 금리가 확 뛰어서 대출이자 부담이 크게 늘어난다면? 집주인 선택은 둘 중 하나다. 월세를 확 올려받든지, 아니면 그냥 집을 팔고 돈 안 되는 임대업에서 발을 빼든지. 그리고 어느 쪽이든 그로 인해 충격을 받는 건 세입자가 된다.

이게 바로 금리 인상기였던 2023년 호주의 주택 임대 시장에서 벌어진 일이다. 대출금리가 뛰고 월세 수익률이 떨어지자, 다주택자들이 집을 팔고 임대 시장에서 대거 철수했다. 공급 물량이 급감하면서 호주 대도시의 임대료는 무섭게 치솟았다. 많은 세입자들이 훌쩍 뛴 월세를 감당하지 못해 살던 집에서 내쫓겼고, 들어갈 임대주택을 구하지 못해 멀쩡한 직장이 있는데도 노숙자가 되기도 했다.

서민 세입자가 들어갈 집을 구하지 못해 발을 동동 구르게 되는 것. 이게 바로 월세 시대에 가장 걱정되는 부분이다. 호주뿐 아니라 캐나다, 영국도 금리 인상기엔 모두 같은 일을 겪었다. 집주인이 월세를 함부로 못 올리게 하면 되지 않느냐고? 그렇게 했다가 아예 임대주택 물량이 증발해버리는 최악의 임대 위기를 맞은 아르헨티나 사례도 있다.

월세 시대에 이런 위기가 닥치지 않게 하려면 방법은 하나. 정부가 책임지고 저렴한 임대주택을 충분히 공급하는 것이다. 물론 그러려면 시간과 돈이 많이 든다. 한국토지주택공사 같은 공공기관 부채가 급격히 불어나는 게 불가피하다.

그게 맞는 방향이냐고? 어차피 정책은 옳고 그름이 아닌 선택의 문제다. 부동산 투기가 불러온 가계부채 폭증을 잠재우려면 안정적인 월세 공급을 위한 공공부채 급증을 감수해야 한다. 정부가 띄운 '전세의 월세화'라는 화두 속엔 이런 패러다임의 대전환이 담겨 있다. 180도 바뀌고 있는 경제정책의 패러다임을 우리도 미리 알아둘 필요가 있다.

운명을 바꾸는 초압축 경제 공부

PART 5
대체 투자

금과 원유, 코인 투자의 승자는 누구일까

01 금, 가장 안전한 자산

주식이나 채권이 아닌, 예를 들어 원자재나 부동산, 미술품 등에 투자하는 것을 '대체투자'라고 부른다. 주로 주식·채권시장과 상관관계가 낮은 자산, 즉 주식이나 채권 가격과 상관없이 가격이 움직이는 자산을 투자자들이 선호한다. 가장 대표적인 게 금이다.

금값은 왜 이렇게 오르나

"그때 금을 샀어야 하는데!"

2025년 8월 금값이 트로이온스당 3,450달러를 찍자 이렇게 한탄하는 이들이 많았다.

"지난해 애 돌 반지를 전부 팔아서 삼성전자 주식을 샀는데, 이후 금값이 50% 넘게 올랐어."

친구의 회한 섞인 고백에 안타까워한 적도 있다.

요즘엔 금 매입이 전 세계적인 유행이다. 미국 코스트코는 골드바를 내놓는 족족 품귀 현상이 빚어진다. 중국 젊은이들 중엔 콩 모양의 작은 금덩이를 월급 받을 때마다 사서 모으는 이들도 많다.

그런데 왜 금일까. 금은 다른 자산 또는 금속과 뭐가 다를까. 단순히 반짝거리고 이쁘니까 사는 건 아닐 것이다. 자산으로서 금의 특징은 다음과 같다.

① 발행자 없음: 주식·채권은 발행한 기관이 있고, 만약 그 발행자가 망하면 가치가 사라져버릴 위험이 있다. 반면 금은 발행자가 없기 때문에 그럴 리스크가 없다. 기업이 망하고 전쟁이 나고 국가가 부도나도, 금은 여전히 가치가 있다. 매우 안전한 자산이란 뜻이다.
② 그 자체로 가치 있음: 금은 보석과 전자제품의 소재다. 실물이 가치를 저장한다. 오래된다고 해서 변하지도 않는다. 공급(새로 채굴되는 양)도 대체로 일정하다. 이는 곧 인플레이션 위험을 피할 수 있단 뜻이다.
③ 배당금·이자 없음: 금은 '아무것도 생산하지 못하는 자산'이다. 채권처럼 이자를 주지도, 주식처럼 배당을 주지도 않는다.

이런 특징 때문에 금은 보통 이런 경우에 오른다.

① 전쟁과 재난이 닥치고 주가가 급락하는 위기 상황 → 안전하니까 금을 사자!
② 물가가 급등하는 인플레이션 시기 → 실물자산인 금을 사자!
③ 이자율이 낮고 달러가 약세라 미국 국채 투자 매력이 떨어질 때 → 이자 없으면 어때. 차라리 금을 사자!

금값의 100년 역사가 알려주는 것

금값 상승의 공식은 지난 100년의 역사를 보면 꽤 잘 들어맞았다. 예를 들어 미국이 대공황에 빠지고 주가가 급락한 1930년대, 두 차례 석유파동으로 인플레이션이 극심했던 1970년대, 그리고 글로벌 금융위기로 전 세계 금융시장이 폭탄을 맞았던 2008년 이후에 금값이 크게 오르곤 했다. 역시 위기엔 안전 자산, 곧 금이 진리라는 걸 역사가 증명해준다.

그리고 2020년 코로나 팬데믹이 닥치자 역시나 금값이 8개월 만에 온스당 1,500달러에서 2,000달러로 급등했다. 위기와 인플레이션이 겹치면서 금값을 밀어 올렸던 것이다.

그리고 한동안 금값은 1,600~2,000달러를 오르내리며 안정적이었다. 그리고 2024년 3월, 잠잠하던 금값이 갑자기 뛰기 시작했다. 이상했다. 당시만 해도 전쟁이 (진행 중이긴 하지만) 새로 난 것도 아니고, 물가 상승률은 가라앉았고, 미국 주식시장은 사상 최고치이고, 달러는 강세였다. 금값이 뛸 이유가 전혀 없어 보였다. 오히려 금값이 떨어지는 게 상식에 부합했다. 하지만 금값은 순식간에 역사상 한 번도 본 적 없는 수준으로 치솟았고, 2025년 들어서도 고공행진 중이다.

중앙은행, ETF, 그리고 트럼프

글로벌 금 시장이 달라졌다. 일단 실물 금을 사 모으려는 수요가 한층 탄탄해졌다. 부동산 위기로 불안한 중국인, 경제성장으로 부유해진 인도인, 자산 지키기에 열중하는 패밀리 오피스가 모두 금을 찾는다.

특히 핵심은 중앙은행이다. 각국 중앙은행은 전통적으로 금 시장의 '큰손'이지만, 특히 최근 들어서는 금 사랑이 한층 커졌다. 2022년 우크라이나를 침공한 러시아에 대한 강력한 금융 제재가 영향을 미쳤다. 신흥국 중앙은행은 러시아 제재를 보고 '제재를 받으면 달러화나 유로화 표시 자산은 빼내서 쓸 수 없게 된다'는 걸 깨달았다. 유사시에도 얼마든지 팔아서 쓸 수 있는 자산, 금이 필요하다는 인식이 커지면서 중앙은행들이 금 비축에 나섰다.

금을 기초자산으로 한 ETF 시장 역시 활기를 띤다. 2024년부터 연준을 비롯한 각국 중앙은행이 금리 인하 기조로 돌아선 게 영향을 끼쳤다. 금리 인하기엔 채권 매력이 줄어들어서 상대적으로 금이 더 빛나 보이기 마련이다.

도널드 트럼프 대통령은 이미 달아오른 금 투자 열기에 기름을 끼얹었다. 2025년 재집권 직후 트럼프 대통령은 관세 폭탄과 감세 폭탄을 동시에 던지며 미국 경제를 흔들었다. 이는 미국 경제가 약화될 거란 투자자 우려를 부추겼고, 달러 약세로 이어졌다. 자고로 약달러와 경제 불안은 금값 상승을 부추기게 된다.

금에 투자하는 가장 좋은 방법

금값이 전례 없는 수준으로 뛴 지금. 이게 기회라며 장롱 깊숙이 넣어둔 돌 반지를 꺼내 팔려는 사람이 있는가 하면, '역시 믿을 건 금뿐'이라며 이제부터라도 열심히 금을 모으겠단 이들도 많다.

만약 금에 투자한다면 어떤 식으로 해야 할까. 금은방이나 은행에 가서 골드바 하나 달라고 하면 될까. 물론 그것도 방법이다. 금이란 오래 보관한다고 해서 변하는 것도 아니니 말이다.

다만 골드바를 살 땐 부가가치세 10%, 거래수수료 5%가 붙는다. 금값이 최소 15%는 올라야 본전이 되는 셈이다. 그 대신 나중에 팔 땐 별도의 세금이 붙지 않는다.

실물 금을 사는 것보다 쉬운 방법은 'KRX 금 시장'을 통해 거래하는 거다. 증권사 앱으로 주식을 사고팔듯 금을 사고팔 수 있다. 부가가치세가 따로 붙지 않고 수수료도 저렴한 편이다. 다만 실물을 들고 있는 건 아니고 계좌상에 금을 보유한 기록만 있게 된다.

'금 ETF'에 투자하는 것도 방법이다. 주식 계좌로 바로 투자할 수 있어서 편리하다. 그 대신 매매 차익에 대해서는 배당소득세 15.4%를 뗀다. 금 ETF는 크게 금 현물에 투자하는 ETF와 선물(파생상품)에 투자하는 ETF로 나뉜다. 만약 장기적으로 투자한다면 'ACE KRX 금현물'이나 'KODEX 금액티브 ETF' 같은 현물 ETF가 낫다. 금 현물 ETF는 IRP 같은 연금 계좌에서도 투자할 수 있다.

은행의 금 통장(골드뱅킹)도 많이 이용하는 투자법이다. 금을 0.01g 단위로 자유롭게 적립식 투자할 수 있다. 다만 금을 사고팔 때 거래수수료(1%)가 붙는다. 금을 팔아서 거두는 매매 차익에 배당소득세(15.4%)가 붙는 건 ETF와 같다.

그럼 이 핫한 금 투자법에 한시라도 빨리 뛰어드는 게 정답일까. 사실 정답은 없다. 금은 어떻게 해도 가치가 0이 돼서 망할 염려는 없다는 게 큰 장점이다. 하지만 정말 장기로 봤을 때 역사적으로 금값이 다른 자산보다 더 수익률이 좋은지에 대해서는 확신하기 어렵다.

다우존스 산업평균지수와 금값 상승률을 비교해보자. 최근 5년 수치를 보면 다우지수는 60%, 금값은 91% 올라 금에 투자하는 게 훨씬 수익률이 좋았다.

최근 10년 수익률도 마찬가지(다우지수 130%, 금 160%)이다. 그런데 15년으로 기간을 늘리면 결과가 확 달라진다(다우지수 282%, 금 165%). 아주 길게 30년으로 잡아도 마찬가지다(다우지수 990%, 금 720%).

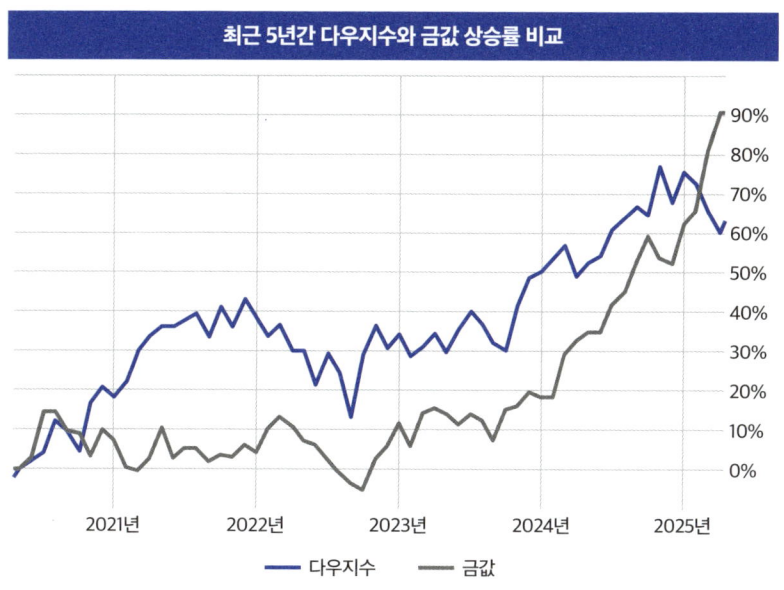

출처: 매크로트렌즈

금은 매우 안전한 자산이지만 흔히 생각하듯이 대대손손 물려줄 정도로 초장기 투자에 강한 자산은 아닐 수 있다. 왜? 앞에서 설명한 대로 금은 배당금이나 이자를 주지 않기 때문이다. 즉, 금에는 '복리 효과'를 기대할 수 없다.

복리 효과란 단순히 이익을 얻는 게 아니라 그 이익이 다시 투자돼 새로운 이익을 만들어내는 걸 의미한다. 이자가 이자를 낳아서 기하급수적으로 자산이 늘어난다는 뜻이다. 그냥 이자나 배당금을 재투자했을 뿐인데 이자에 이자가 붙어서 눈덩이처럼 불어나는 것. 그게 복리가 가진 매력이다. 그리고 주식처럼 이자나 배당금을 주는 자산의 매력이기도 하다.

하지만 금은 가만히 둔다고 커지지 않는다. 이자나 배당금도 없다. 그래서 워런 버핏 버크셔해서웨이 회장은 유명한 금 혐오자이다. 'A=전 세계 모든 금(당시 17만 미터톤), B=미국의 모든 농경지와 16개의 엑손 모빌(미국 석유 대기업)'이란 두 자산 중 하나를 고를 수 있다면? 투자자라면 당연히 B를 선택해야 한다고 워런 버핏은 주장한다. 그에 따르면 금은 "아무것도 생산하지 못하는" 자산이어서다.

02 원유에 투자해볼까

원유는 원자재 중에서도 특히 국내 개인 투자자들이 많이 찾는 대체 투자자산이다. 국제유가가 크게 떨어졌을 땐 원유 선물 가격 상승에 베팅하는 ETF 또는 ETN에, 국제유가가 치솟았을 땐 반대로 원유 선물 가격 하락에 베팅하는 상품에 투자자가 몰리곤 한다. 유가 일간 수익률의 2배, 또는 -2배를 추종하는 레버리지 ETN 상품이 특히 인기다.

ETN^{Exchange Traded Note}(상장지수증권)은 ETF(상장지수펀드)와 거의 같지만, 발행 주체가 자산운용사가 아닌 증권사라는 게 큰 차이다. ETF처럼 자산운용사가 기초자산을 보유하는 게 아니라, 증권사가 자기신용으로 발행한다. 따라서 증권사가 갑자기 발행을 중단하거나 하면 ETN 가격이 급락할 위험도 있다. 또 증권사가 파산하면 투자금을 떼일 수도 있다. 그럴 위험이 그렇게 크진 않지만 말이다.

국제유가는 왜 20년 전과 똑같을까

그럼 왜 국내 투자자들은 원유 ETN, 그것도 레버리지 또는 곱버스(2배 인버스) 상품에 열광할까. 지정학적 이슈나 트럼프 관세 폭탄 같은 요인으로 원유의 변동성이 커졌을 때, 단기에 고수익을 올릴 거라고 기대해서다. 마치 '홀짝' 게임처럼 원유 가격이 오를지 내릴지에 베팅하려는 건데, 국제유가가 '영원히 오르지도, 영원히 떨어지지도 않을 것'이라는 막연한 믿음이 그 배경에 깔려 있다. 그래서 원유 가격이 좀 많이 떨어졌다 싶으면 상승에, 꽤 올랐다 싶으면 하락에 베팅이 몰린다. 물론 베팅한 것과 반대로 국제유가가 움직인다면 손해가 막심하다.

그럼 실제 국제유가는 어떤 식으로 오르거나 내릴까. 일단 원유 시장에선 수백 종류의 원유가 거래된다. 그중 가장 중요한 3대 원유가 있다. 영국과 유럽 대륙 사이 북해 브렌트 유전에서 생산되는 원유인 '브렌트유', 미국 서부 텍사스에서 나오는 'WTI(서부텍사스산원유)', 중동 아랍에미리트산인 '두바이유'이다. 이 중에서도 브렌트유는 국제적으로 거래되는 원유 공급량의 약 3분의 2의 가격을 책정하는 데 사용된다.

국제 석유 시장 거래에 있어 표준 단위는 배럴이다. 과거 큰 오크통인 배럴에 석유를 담아 운반했기 때문에 생긴 단위인데, 1배럴은 약 159L에 해당한다. 2025년 8월 현재 브렌트유의 가격은 1배럴당 66달러 정도다.

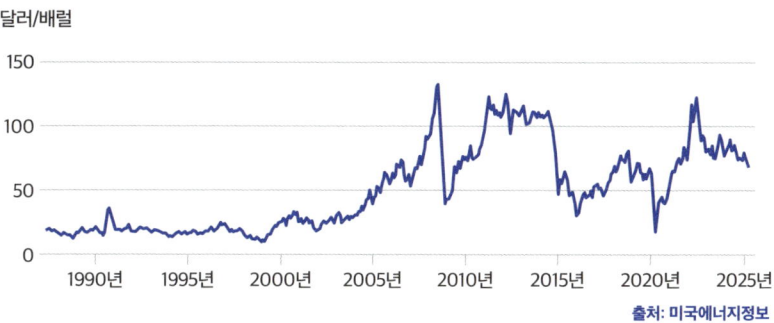

그럼 꼬박 10년 전인 2015년 6월 브렌트유 가격은 얼마였을까. 배럴당 61.48달러. 지금과 비슷했다. 그리고 20년 전인 2005년 6월은? 배럴당 54.35달러. 큰 차이 없었다.

물론 그 중간중간에 국제유가가 100달러를 훌쩍 넘어섰던 시기도 있다. 하지만 코로나 팬데믹이 한창이던 2020년 3~4월엔 배럴당 20달러 아래로 추락했다. 즉 지난 20년 동안 국제유가는 배럴당 15달러에서 140달러까지, 매우 큰 범위에서 오르락내리락했다. 그만큼 가격 변동성이 큰 자산이다.

국제유가를 오르거나 내리게 만드는 요인은 사실 수도 없이 많다. 크고 작은 뉴스가 국제유가를 출렁이게 만든다. 수요 측면에서 가장 중요한 요인은 역시 경기다. 전 세계 경제가 호황 국면이어서 공장 가동률이 늘어나고 무역 거래가 활발한 시점엔 원유 수요도 자연히 늘어난다. 2000년대 초반 중국 경제가 깨어났을 때도, 금융위기 직후 중국이 대대적인 경기 부양책과 함께 경제를 확장해갔던 시기에도 그랬다.

반면에 2008년 금융위기는 일시적으로 전 세계 경제를 얼어붙게 만들면서 석유 수요를 급감시켰다. 2020년 코로나 팬데믹 역시 마찬가지였다. 최근엔 트럼프 미국 대통령의 관세 폭탄이 세계 경기를 침체에 빠뜨릴 거란 우려가 커지면서 유가에 마이너스로 작용했다.

기후는 단기적인 수요에 크게 영향을 미치는 요인이다. 여름이 너무 더워서 에어컨 사용이 크게 늘어날 거란 예보가 나오면 유가가 오르고, 겨울이 따뜻해서 난방기 사용이 줄어들 거란 예보가 나오면 유가가 내리는 식이다.

환경 정책은 장기적인 수요를 좌우한다. 전기차 확산과 탄소 배출 규제 강화는 장기적으로 석유 수요를 줄어들게 만든다.

국제유가엔 공급 변수 영향도 크다. 주요 산유국이나 주변 지역에 전쟁이 일어나면 석유 공급에 차질이 생길 거란 걱정이 유가를 급등시키곤 한다. 허리케인이나 테러, 산불로 정유시설이 피해를 입어도 유가가 치솟을 수 있다.

하지만 세계 석유 시장의 공급을 쥐락펴락하는 건 뭐니 뭐니 해도 석유수출국기구, OPEC(오펙)이다. OPEC은 1960년 사우디아라비아를 중심으로 한 주요 산유국이 결성한 카르텔이다. 2016년부터는 여기에 러시아 등이 추가된 OPEC+(오펙 플러스)로 더 커졌다.

OPEC+의 목표는 당연히 국제유가를 높게 떠받치는 거다. 이를 위해 회원국끼리 생산량을 일부러 줄이는 '감산'을 합의하는 식으로 공급량을 조절해왔다. 대놓고 담합을 하는 셈이다. 특히 2022년부터는 여러 차례 합의를 통해 하루 585만 배럴(전 세계 공급량의 약 5.7%)을 감산했다.

그런데 2025년 4월부터는 OPEC+가 방향을 틀었다. 줄였던 생산량을 다시 늘리기로 한 건데, 3년 만에 나온 증산 소식에 국제유가가 급락했다. 유가가 떨어질 걸 뻔히 알면서도 OPEC+가 공격적인 증산에 나섰다는 점이 시장을 놀라게 했다. 이 증산 합의는 OPEC+의 내부 기강 잡기용이란 분석이 많다. OPEC+ 큰형님 사우디아라비아가 감산 약속을 무시한 채 생산량을 크게 늘려온 일부 얌체 국가(이라크, 카자흐스탄)를 응징하기 위한 증산이란 해석이다.

세계 경제 흐름은 물론 날씨와 재난, 친환경 정책, 그리고 주요 산유국 간의 신경전까지 유가에 영향 주는 변수는 너무 많고, 그래서 유가 전망은 전문가들도 대부분 틀리곤 한다. 솔직히 일반 투자자가 원유 가격을 예측한다는 건 사실상 불가능에 가깝다.

롤오버 모르면 원유 투자는 금물

원유는 금처럼 개인 투자자가 실물을 사고파는 게 불가능하다. 보통은 ETF(상장지수펀드)나 ETN(상장지수증권)을 통해 투자한다.

증시에 상장된 원유 ETF나 ETN은 기본적으로 원유 현물, 선물에 투자하는 상품이다. 여기서 선물이란 영어로 Futures라 부르는 파생상품을 뜻한다. 미리 정해진 가격으로 미래 특정 시점에 그 자산을 인도하기로 약속하는 거래 방식이다. 금융시장에선 번거롭게 원유를 드럼통에 담아 사고파는 대신, 원유를 특정 시점에 살 권리가 담긴 선물을 사고판다. 투자자들은 실제 원유가 필요한 게 아니라, 싸게 사서 비싸게 파는 차익 실현이 목적이기 때문이다.

그래서 우리가 진짜 투자하는 건 검은색 액체인 원유가 아니라 실제론 'ㅇ월에 원유 1배럴을 ㅇㅇ달러에 살 수 있다'는 증서다. 이런 선물에 투자할 땐 현물 투자엔 없는 위험이 따른다. 대표적인 게 '롤오버Rollover 비용'이다.

모든 선물 계약은 만기가 정해져 있다. 예를 들어 '7월 인도분 WTI 선물'은 7월 말이면 계약이 끝나기 때문에 이후엔 거래될 수 없다. 그래서 원유 선물 ETF(ETN 포함)는 만기가 임박한 선물을 만기가 더 긴 다른 선물로 계속 교체해야 한다. 이게 바로 '롤오버'이다.

문제는 7월 인도분(7월물)과 8월 인도분(8월물) 선물 가격이 똑같진 않다는 점이다. 특히 원유 가격 변동성이 클 땐 만기에 따라 가격 차이가 클 수 있다. 만약 8월물이 7월물보다 비싸다면? 롤오버로 인해 그만큼 비용이 발생한다. 그리고 이 비용은 ETF 수익률을 잡아먹는 요인이 된다. 때론 원유 가격이 올라도 롤오버 비용 때문에 ETF 가격은 별로 오르지 않는 경우도 있다.

원유만이 아니라 모든 원자재 선물 ETF(ETN 포함)엔 롤오버 비용이 발생할 가능성이 숨어 있다. 이런 상품은 매달 롤오버가 이뤄진다. 그래서 가급적 장기 투자는 피하라고 조언한다. 오랫동안 투자하면 그만큼 더 많은 롤오버 비용을 지불할 수 있기 때문이다.

롤오버 비용와 WTI 선물 투자 수익률

	WTI 원유 선물 가격	선물 매매	투자금 가치	누적 손익 (A)	WTI 유가 누적 변동(B)	차이 (A-B)
최초 투자	7월물 : $60	7월물 1계약 매수	$60	-	-	-
월물 교체	7월물 : $70 8월물 : $73	7월물 1계약 매도 8월물 0.95(≒70/73) 계약 매수	$3 ← 비용 발생 $70	$10	$10	0
정산	8월물 : $80	8월물 정산(매도) $80×0.95≒$76.7	$76.7	$16.7	$20	-$3.3

매월 말 기초자산을 교체하는 롤오버가 어떻게 원유 선물 ETF 수익률을 갉아먹는지를 보여주는 예시. 7월 중순 선물 가격이 60달러일 때 투자했는데, 월물 교체 시 7월물 가격이 70달러, 8월물 가격이 73달러였고, 매도 시점엔 80달러로 오른 경우를 가정했다. 국제유가가 가파른 상승률을 보이더라도 ETF 수익률은 그 상승률에 한참 못 미칠 수 있다. 특히 장기투자를 하는 경우 매달 롤오버 비용이 쌓여서 수익률을 크게 갉아먹을 위험이 있으니 조심해야 한다.

사실 롤오버를 잘 모른 채 원자재 선물 ETF에 투자했다가 큰코다친 경험이 있다. 2009년 전 세계적으로 투자 열풍이 일었던 천연가스 선물 ETF 'UNG'에 투자했었다. 금융위기에서 세계 경제가 회복되던 시점이었다. 유가가 뛰기 시작했고, 그럼 곧 천연가스도 덩달아 가격이 뛸 거라는 관측이 지배적이었다. 천연가스 가격이 '역사적으로 저평가' 수준이란 전문가 분석도 설득력 있었다.

실제 천연가스 가격은 이후 살짝 반등하긴 했다. 하지만 천연가스 선물 ETF 수익률은 아무 반등 없이 주야장천 고꾸라졌다. 매달 발생하는 롤오버 비용이 수익률을 잡아먹은 탓이었다. 그걸 모른 채 '장기 투자하면 언젠간 손실을 회복하겠지'라고 몇 달 더 기다리다가 -80%라는 처참한 수익률을 맞보고 손절해야 했다. 레버리지가 아닌 1배짜리 ETF인데도 그 정도였다. 다소 극단적인 경우였지만 롤오버 비용이 선물 ETF 수익률에 어떤 영향을 미칠 수 있는지를 매우 잘 보여준 사례다.

03 가상자산, 어디까지 높아질 것인가

암호화폐, 가상화폐, 가상자산. 비트코인을 비롯한 블록체인 기반 코인을 일컫는 용어는 이렇게 다양하다. 그리고 법적으로는 이제 '가상자산'이라고 부른다. 비트코인에 투자해본 사람이라면 왜 가상'화폐'가 아닌 가상'자산'인지 감이 올 것이다. 2009년 1월 비트코인이 처음 발행된 이후, 한동안은 이 비트코인을 결제의 수단으로 쓰려는 시도가 많았다. 정부나 금융기관의 감시나 개입이 전혀 없는 탈중앙화된 디지털 화폐라는 혁명적인 변화의 시작으로 여겨졌다.

물론 지금도 이런 거래의 용도로 비트코인을 쓸 수 있고, 쓰는 경우도 있긴 하다. 하지만 개인 투자자들이 코인을 사는 목적은 뚜렷하다. 앞으로 비트코인 가격이 오를 거란 기대, 사실 그거다. 마치 금처럼 갖고 있으면 언젠가는 큰 시세 차익을 보게 될 자산으로 보고 투자하는 거다.

비트코인과 알트코인

가상자산 종류는 수도 없이 많다. 규제가 없으니 누구나 발행할 수 있어서 그 가짓수는 사실상 무한대이다. 물론 발행은 자유이나, 아무도 찾지 않고 거래되지 않는다면 무용지물이겠지만 말이다.

비트코인Bitcoin은 2009년 사토시 나카모토라는 정체불명의 인물이 개발한 블록체인 기술 기반 가상자산이다. 전 세계 가상자산의 원조인데, 자산으로서 가장 큰 특징은 총공급량이 2,100만 개로 정해져 있단 점이다. 마치 금처럼 희소성이 보장된다는 점에서 '디지털 금'으로 여겨지기도 한다.

'알트코인Altcoin'은 비트코인 이외의 다른 모든 코인을 통틀어 부르는 말이다. Alternative(대체)와 Coin을 합친 말이다. 수많은 알트코인 중 가장 큰 건 '이더리움'이다. 비탈릭 부테린이라는 러시아 출신 프로그래머가 창안한 이더리움Etherium은 블록체인 플랫폼의 이름이자, 그 플랫폼에서 쓰이는 자체 통화의 이름이기도 하다. 이더리움 외에도 리플, 솔라나, 도지코인 등 여러 알트코인이 활발히 거래되고 있다.

가상자산은 디지털 지갑만 있다면 누구나 거래소를 통하지 않고 P2P(개인 간 거래)로 거래할 수 있다. 하지만 처음 코인에 투자하는 사람이라면 아무래도 코인거래소를 통해 사고파는 게 가장 편리하다. 코인거래소는 여러 곳이지만 원화로 입출금이 가능한 거래소는 현재 5곳뿐이다. 업비트, 빗썸, 코인원, 코빗, 고팍스이다. 이들 5대거래소는 실명 인증을 위해 은행 1곳과 거래한다. 2025년 6월 현재 업비트는 케이뱅크, 빗썸은 국민은행, 코인원은 카카오뱅크, 코빗은 신한은행, 고팍스는 전북은행 계좌가 있는 고객에 한해 원화 입출금이 가능하다.

같은 코인이라도 거래소마다 상장된 코인 종류는 조금씩 다를 수 있다. 또 같은 코인이라고 해도 거래소마다 시세가 조금 다를 수도 있다. 특히 한국에서 거래되는 비트코인 가격이 해외보다 비싼 경우가 종종 있는데, 이를 '김치 프리미엄'이라 부른다. 국내와 해외 거래소 간 자산 이동이 자유롭지 못하다 보니 생기는 일이다. 만약 김치 프리미엄이 발생하고 있다면 이는 국내 가상자산 시장에 거품이 끼었단 뜻일 수도 있다.

안전 자산과 위험 자산, 그 사이의 비트코인

2025년 5월 비트코인 1개당 가격은 사상 처음 11만 달러를 돌파하며 고공 행진했다. 시장에선 비트코인 가격이 곧 20만~30만 달러로 치솟을 거란 낙관론도 파다했다.

그럼 비트코인 가격을 끌어올리는 힘은 무엇일까. 사실 가상자산은 내재적인 가치 평가가 불가능한 자산이다. 주식이라면 '연간 벌어들일 주당순이익이 1,000원이고, 주가가 1만 원이면 PER(주가수익비율)이 10배니까 싸다, 또는 비싸다'라고 그 나름의 근거를 가지고 분석할 수 있지만, 비트코인을 비롯한 가상자산은 그런 게 없다. 이건 곧 가격이 한없이 올라도, 0으로 떨어져도 이상할 게 없단 뜻이기도 하다. 지금이 거품인지, 아니면 아직 발목 수준인지 짐작할 길이 없다. 가격은 철저히 수요-공급 논리에 달려 있다.

역사적으로 비트코인 가격을 움직이는 큰 힘은 금리였다. 금리에 민감한 성장주, 특히 나스닥 기술주와 비슷한 가격 흐름을 보였다.

하지만 꼭 그런 건 아니다. 사실 비트코인은 시장 분위기에 따라 그때그때 정체성이 달라진다. 어떨 땐 주식 같은 위험 자산으로 구분되다가, 때론 금 같은 안전 자산과 비슷하게 움직이기도 한다. 최근엔 다시 '비트코인=디지털 금=안전 자산'이란 논리가 커지고 있다. 나라가 망하고 통화가치가 급락해도 금의 가치는 유지되는 것처럼 비트코인도 위기에 강하기 때문이다. 도널드 트럼프 미국 대통령의 2기 집권 이후, 무역정책 혼선으로 미국 달러화 가치가 흔들리자 이런 안전 자산으로서 비트코인의 가치가 각광받는 분위기다.

비트코인에 대한 낙관론을 부추기는 또 다른 요인은 투자자 풀이 한층 넓어지고 있단 점이다. 과거엔 연기금이나 은행·보험사 같은 기관 투자자는 비트코인을 사는 걸 꺼렸다. 비트코인이 주식·채권·금 같은 자산과는 달리 규제 체계 바깥의 무법 지대에 놓여 있었기 때문이다. 하지만 2024년부터 분위기가 달라졌다. 미국에서 비트코인 현물 ETF가 출시됐기 때문이다.

비트코인 현물 ETF에 투자해볼까

미국 증시에선 2024년 1월부터 블랙록, 피델리티, 아크인베스트 같은 유명 운용사의 비트코인 현물 ETF가 상장돼 거래되고 있다. 첫 상장 당시 '드디어 비트코인이 제도권에서 투자자산으로 인정받았다'며 금융시장이 떠들썩했다.

비트코인 현물 ETF란 뭘까. 한마디로 '일반 주식 계좌로 비트코인에 투자하는' 금융 상품이다. 투자자는 업비트·빗썸 같은 코인거래소를 통할 필요도, 비트코인을 디지털 지갑wallet에 보관할 필요도 없다. 비트코인을 실제로 소유하는 건 ETF 운용사다. 운용사는 매일(주말 포함)의 비트코인 시세를 ETF 가격에 반영한다. 투자자 입장에선 사실상 비트코인에 투자하는 것과 같은 효과를 거둘 수 있다.

그럼 수익률이 똑같은데 왜 비트코인 실물이 아닌 현물 ETF에 투자할까? 실물 금 대신 금 ETF를 사는 것과 같은 이유다. 원래 써온 주식 계좌를 통해 사고파니까 더 익숙하고 간편하다. 왠지 코인거래소보다는 증권사를 통하는 게 더 믿음직스럽기도 하다. 적어도 거래 중간에 증권사와 대형 자산운용사가 끼어 있으니 해킹이나 사기로 인해 비트코인이 사라져버리는 일은 없을 거라고 보는 거다.

그럼 비트코인 가격이 오를 거라고 베팅한다면 비트코인 실물을 사는 것보다 비트코인 현물 ETF를 사는 게 나을까. 사실 이것저것 따져보면 그 반대에 가깝다. 아직까지 비트코인 현물 ETF는 국내엔 상장돼 있는 게 없기 때문에 미국에 상장된 걸 매매해야 한다. 그럼 환전 수수료가 들 뿐 아니라, 차익을 거두면 22% 양도소득세도 내야 한다.

현재 한국에선 코인 투자에 대한 과세가 2027년 1월로 미뤄졌다. 즉, 2026년까진 비트코인을 포함한 가상자산에 투자해 아무리 많은 돈을 벌었어도 세금이 0이다. 만약 2027년이 되기 전에 비트코인을 팔 생각이 있다면 코인거래소를 통해 비트코인 실물에 투자하는 게 개인 투자자 입장에선 더 낫다.

기관 투자자의 비트코인 현물 ETF 매입은 비트코인 가격에 긍정적일 뿐 아니라 비트코인의 지위를 높여주기도 한다. 예를 들어 JP모건체이스는 비트코인 현물 ETF를 대출 담보로 허용하기로 했다. 사실상 비트코인을 주식처럼 취급한다는 의미다. 이렇게 비트코인을 보는 시각이 달라지면서 한국에서도 비트코인 현물 ETF를 허용하자는 논의가 시작됐다.

스테이블코인이 대세라는데

코인 가격은 수시로 널뛴다. 휴일도 없이 주 7일 24시간 거래되는 데다 변동성도 크다. 엘살바도르처럼 비트코인을 법정화폐로 채택한 나라가 있긴 하지만, 비트코인이 화폐처럼 통용되기 어려운 건 이런 불안정성 때문이다.

그래서 나온 게 스테이블코인이다. 용어 그대로 안정적인Stable 코인이란 뜻인데, 그 가치를 법정화폐나 금 같은 자산에 고정시키는 게 특징이다. 예를 들어 가장 유명한 스테이블코인인 '테더'는 '1달러=1테더'로 가치가 고정돼 있다. 테더 발행사는 테더를 발행한 만큼 달러를 예치하는 식으로 그 가치를 보장한다. 테더는 현재 가상자산 시장에서 일종의 기축통화(금융거래의 기본이 되는 통화) 역할을 한다.

그리고 테더 못지않게 한때 큰 인기를 끌었던 한국산 스테이블코인이 있다. 바로 '테라'이다. 테라는 '1테라=1달러'로 가치를 고정한 스테이블코인이란 점에선 테더와 같았지만, 실제 달러를 담보로 삼지 않았다. 담보가 없는 이른바 '알고리즘 방식'의 스테이블코인이었다. 한국인 개발자 권도형이 세운 테라폼랩스가 바로 이 테라의 창시자였다.

담보가 없는데 테라는 무슨 수로 가치를 고정할까. 테라폼랩스는 테라의 공급 조절을 위해 자매 코인인 루나를 이용했다. 테라 1개를 발행하려면 1달러 상당의 루나를 소각하고, 반대로 테라를 소각하면 1달러어치 루나를 받는 구조를 짰다.

1달러 가치를 유지하기 위한 오르락내리락 시소게임이 끊임없이 벌어지는 구조다. 물론 이런 알고리즘이 제대로 작동하려면 테라·루나의 거래가 매우 활발히 이뤄져야만 한다. 이를 위해 테라폼랩스는 2021년 투자자들이 테라를 사서 예치하면 최대 19.4%의 파격적인 이자를 지급하는 일종의 금융서비스까지 내놨다. 투자자들은 열광했고, 자금이 몰려들면서 루나의 시가총액은 급증해 50조 원으로 불어났다.

단숨에 가상자산 업계의 글로벌 슈퍼스타가 된 권도형은 '한국판 일론 머스크'로 추앙받았다. 그 시절 국내에서 코인 좀 안다는 전문가 큰손 중에 루나 코인에 투자하지 않은 이가 없을 정도였다. 2021년 말쯤 되자 곳곳에서 루나 코인 투자로 초대박이 났다는 이들이 속출했다.

그리고 2022년 5월, 이 모든 게 와르르 무너졌다. 개당 10만 원이 훌쩍 넘었던 루나 가격은 일주일 만에 1원 미만으로 떨어졌다. -99.99999%의 수익률이었다.

도대체 왜? 완벽해 보이는 알고리즘엔 결정적인 약점이 있었다. 갑자기 돈이 대거 빠져나가는 일종의 '뱅크런' 발생엔 취약하단 점이다. 2022년 5월 8일 테라 가격이 0.99달러로 내려갔다. 그런데 이상하게도 예전과 달리 바로 가격이 회복되지 않았다. 투자자들은 동요했고 돈을 빼기 시작했다. 그러자 테라·루나 가격은 더욱 떨어졌고 투자자들은 패닉 상태에 빠져 대탈출을 벌였다. 1테라=1달러라는 신뢰가 무너지자, 천재적으로 보였던 테라·루나 알고리즘은 한순간에 금융 사기극으로 전락하고 말았다.

권도형이 테라·루나 시스템의 취약성을 얼마나 알고 있었는지, 2022년 5월의 그 사태를 초래한 게 누군가의 의도된 공격 때문인지 아닌지는 아직 알 순 없다. 하지만 적어도 전 세계에 '알고리즘 기반 스테이블코인은 취약하다'는 경고만은 강렬하게 남긴 게 틀림없다. 현재 미국, 홍콩, 아랍에미리트 등 각국은 스테이블코인을 제도화하는 데 적극적인데, 공통적으로 자산을 담보로 한 스테이블코인만 법

적으로 허용하는 추세다.

특히 미국 트럼프 행정부는 스테이블코인에 진심이다. 미국 국채를 담보로 발행하는 스테이블코인이 늘어날수록 미국 국채 수요가 늘기 때문이다. 막대한 재정적자에 시달리는 미국 정부로선 국채 금리를 낮출 좋은 기회다. 또 미국 국채 기반 스테이블코인이 전 세계를 휩쓸면 달러의 지배력은 더욱 강해지게 된다.

현재 스테이블코인은 비트코인·이더리움 같은 다른 코인을 사는 데 주로 쓰인다. 또 수수료가 저렴하기 때문에 외국인 노동자 임금 지급 같은 해외송금에도 활용된다. 앞으로 스테이블코인이 본격적으로 활성화되면 일상적인 지급결제 수단으로도 이용될지 모른다. 만약 발행사가 스테이블코인에 이자까지 지급한다면, 은행 예금에서 돈이 대거 빠져나올 가능성도 있다. 어디로 튈지는 알 수 없지만 스테이블코인이 금융의 판을 흔들 잠재력을 가진 것만은 틀림없다.

경제뉴스 인사이트

라부부는 좋은 대체투자처일까

대체투자 대상엔 한계가 없다. 무언가를 싸게 사서 비싸게 팔 수만 있다면, 그건 인기 있는 투자처가 될 수 있다. 작황에 따라 가격이 오르락내리락하는 농산물은 물론, 사두면 가격이 오히려 오른다고 '샤테크'라는 말이 생긴 샤넬 백, 한정판이라 구하기 힘든 포토 카드까지. 시장의 크기와 형태만 다를 뿐 모든 것은 투자 대상이 될 수 있다.

털 인형 '라부부'의 놀라운 인기

최근 전 세계적으로 투자 열풍을 일으킨 새로운 트렌드의 제품이 탄생했으니, 바로 '라부부'다. 라부부는 중국 장난감 업체 팝마트가 판매하는 톱니 이빨을 가진 털 복숭이 인형. 이 라부부가 블랙핑크 리사, 리아나 같은 슈퍼스타들의 사랑을 받으면서 전 세계적으로 인기를 끌었다. 라부부를 사려는 이들이 몰리면서 공식 홈페이지에선 늘 품절이었고, 전 세계 팝마트 매장 곳곳엔 긴 줄이 늘어섰다.

그러자 어김없이 투기꾼들이 몰렸다. 라부부가 좋아서가 아니라, 돈이 되기 때문에 이를 사려는 수요가 급증한 거다. 중국에선 이를 두고 '라부부가 플라스틱 마오타

털복숭이 인형 라부부는 전 세계적인 인기를 끌었다. 출처: 팝마트

이가 됐다'는 말이 나왔다. 한때 중국술 '마오타이'를 쟁여뒀다가 비싼 값에 되파는 게 유행이었는데, 마오타이 유행이 지나자 그 리셀러들이 라부부로 몰려왔다는 뜻이었다.

이로 인해 더욱더 정상적인 방법으로는 최신형 라부부 인형을 구하기란 하늘의 별 따기가 되고 말았다. 투기꾼들은 정가의 몇 배 되는 가격으로 라부부를 되팔았다. 드문 확률로 구할 수 있는 '시크릿 에디션' 제품의 경우엔 중국에서 정가(99위안, 약 1만 8,000원)의 40배인 4,000위안(약 75만 원)에 팔려 나간다.

급기야 2025년 6월 10일 중국 베이징에서 열린 경매에선 라부부 초기 인형 하나가 2억 원에 낙찰돼 전 세계적 화제로 떠올랐다. 당시 블룸버그 기사는 이렇게 전했다.

"사람 크기의 라부부 인형이 베이징 경매에서 무려 108만 위안에 낙찰되었는데,

이는 유명인이 사랑하는 수집용 장난감의 인기를 입증한다. 라부부 작품의 세계 최초 경매로 알려진 이번 경매엔 현장과 온라인에서 수천 명의 구매자가 몰렸다."

라부부의 인기가 단순한 열풍 수준이 아니라 일종의 '광풍'으로 변하고 있다는 걸 보여주는 소식이었다. 하지만 천정부지로 치솟은 몸값이 라부부에 대한 사람들의 열망을 더 자극했다. 리셀가는 더 뛰었고, 전 세계 팝마트 매장 앞에 늘어선 줄은 더욱 길어졌다.

거품을 터뜨리는 공급 확대

트렌디한 제품이 투자 대상으로 급부상하면서 중고 판매가와 경매 낙찰가가 급등한 사례는 과거에도 많았다. 몇 년 전 한국에서도 한정판 스니커즈 붐이 불면서 '슈테크(슈즈+재테크)'가 유행했다. 코로나 팬데믹 땐 몬스테라 알보 잎 한 장이 수백만 원에 거래되는 '식테크(식물+재테크)'가 재미를 봤다. 전 세계적인 리셀 열풍을 일으킨 수집용 장난감으로는 베어브릭이 유명하다. 일본 기업 메디콤 토이의 곰 장난감 베어브릭은 2008년 최고 15만 7,000달러의 경매 낙찰가를 기록했다. 1990년대 미국에선 곰 인형 비니베이비즈가 이베이 중고 시장을 휩쓸기도 했다.

사람들을 매혹해 광풍을 일으키는 제품엔 공통점이 있다. 공급이 제한적이고, 문화적인 매력이 있으며, 단순한 즐거움 이상의 가치(지위의 상징+투자 수익)를 준다는 점이다.

그리고 이와 비슷한 사례를 취합하다 보면 한 역사적 사건으로 이어진다. 1637년 네덜란드 튤립 버블이다. 당시 희귀한 튤립 구근 하나 가격이 암스테르담 주택 한 채

역사상 가장 유명한 튤립인 셈퍼 아우구스투스(Semper Augustus). 튤립 버블 절정기인 1636~1637년 구근 하나가 1만 길더에 팔렸는데, 당시 암스테르담 운하에 있는 대저택을 살 수 있는 가격이었다. 출처: 암스테르담 튤립 뮤지엄

가격까지 치솟았다가 불과 넉 달 만에 99% 폭락했다.

이런 버블은 언제 터질까. 바로 공급이 늘어날 때다. 네덜란드 튤립 버블은 희귀한 구근의 공급량이 늘어날 거란 우려가 1637년 2월 갑자기 퍼지면서 순식간에 붕괴됐다. 공급이 늘어나고 희소성이 깨지면 거품은 순식간에 사라지고 시장은 재편된다.

바로 이런 현상이 중국 라부부 재판매 시장에서도 나타났다. 2025년 6월 18일 밤, 팝마트는 갑자기 라부부 신제품을 3개 판매 채널에 재입고한다는 공지를 띄운다. 품절돼 도무지 구할 수 없었던 신제품에 온라인 예약 판매를 도입해 물량을 대거 풀었다. 중국 쇼핑몰에서 신형 라부부가 100만 개 이상 팔려 나갔다.

중국 리셀러들은 화들짝 놀랐다. 갖고 있는 물량을 털어내기 위해 판매가를 쭉쭉 내렸다. 한때 2,400위안(45만 원) 넘게 팔렸던 6개 들이 세트(정가 594위안, 11만 원) 판매 가격이 정가와 별 차이 없는 650위안(12만 원)까지 떨어졌다. 최고 4,600위안을 찍었던 시크릿 에디션 상품 판매가도 1,900위안으로 내려왔다. 중국 네티즌들은 시장을 어지럽히던 리셀러들이 된통 당한 걸 고소해했다. 팝마트의 갑작스러운 공급 확대로의 전환은 중국 정부가 나섰기 때문이란 분석이 나온다.

다만 라부부 리셀가 폭등 현상은 뒤늦게 한국에서 나타났다. 2025년 7월엔 한국의 리셀 플랫폼 크림에서 라부부가 정가의 수십 배 가격에 팔려 화제가 됐다. 물론 그 결말은 중국과 크게 다르지 않겠지만, 세상의 거품이란 원래 알면서도 부풀고 터지는 법이다.

PART 6
미래 산업

**승자와 패자가
갈리기 시작한다**

01 급변하는 산업 트렌드 1: 모빌리티 혁명

　도로엔 전기차가 흔해 빠졌고, 집집마다 로봇 청소기가 있고, AI(인공지능)가 그림은 물론 영상까지 만들어주는 시대다. 미국과 중국에선 완전 무인 자율주행 택시가 승객을 태우고, 러시아-우크라이나 전쟁에선 AI 자율주행 드론이 전투를 수행한다.

　삼성전자 시총은 이미 2020년부터 대만 TSMC에 역전당했고, 중국 전기차 업체 BYD는 2024년 현대자동차 판매량을 추월하기 시작했다. 세계 1위라던 한국산 배터리는 어느새 중국을 제외한 시장에서도 중국 업체에 역전당하고 말았다. 그만큼 산업 지형도가 급변하는 시대다.

　이런 시대엔 주식에 투자하는 사람이든, 또는 진로를 고민하는 사람이든 수시로 변화하는 산업 트렌드를 파악하는 게 중요하다. 특히 한국만이 아니라 전 세계 시장을 놓고 볼 줄 알아야 한다.

전기차 시장이 캐즘에 빠졌다

전기차 시장이 '캐즘Chasm'에 빠졌다는 이야기를 들어본 적 있는지. 캐즘이란 일시적으로 수요가 급감하는 깊은 틈을 뜻한다. 혁신 기술이 시장에 도입되면 한동안은 신기술에 민감한 얼리어답터들이 수요를 창출한다. 하지만 본격적으로 시장이 열리려면 일반 대중까지 신기술 소비자가 돼야 하는데, 그러기엔 시간이 좀 걸린다. 그 결과 한동안은 수요가 정체되거나 되레 후퇴하는 게 캐즘이다.

2024년쯤부터 전기차 시장을 휩쓰는 단어가 이 '캐즘'이다. 한국에서도, 미국에서도 전기차 판매 성장세가 예전 같지 않다. 오히려 주행거리 불안이 적은 하이브리드 차량이 더 인기를 끌고 있다. 과연 언제 다시 전기차가 질주할 수 있을지 전기차 업체도 배터리 업체도 불안하다.

물론 전기차가 대세가 될 거란 사실은 변하지 않으리라 본다. 신차 중 89%가 전기차라는 '전기차 천국' 노르웨이나, 전체 승용차 판매량 중 절반 이상이 전기차(플러그인 하이브리드 포함)인 중국만 봐도 그걸 알 수 있다. 정부 정책에 따라 속도의 차이가 있을 뿐 자동차 시장이 전기차로 넘어가는 중인 건 분명하다.

무엇보다 전기차가 대세가 되기 위한 가장 중요한 문제가 해결되고 있다. 바로 비싼 가격이다. 그동안 전기차 값이 휘발유·디젤 차량보다 비싼 건 배터리 가격 때문이었다. 그런데 앞에서 설명한 '전기차 캐즘'으로 인해 배터리의 주요 소재인 리튬 가격이 폭락하면서

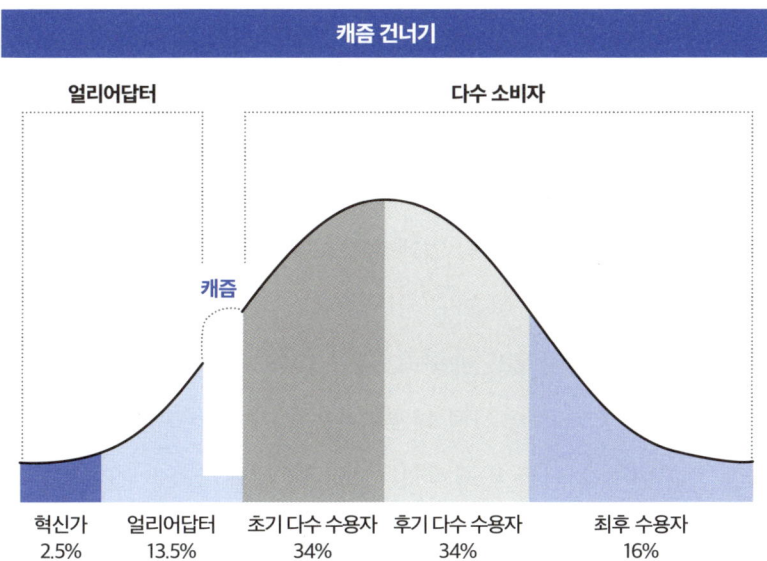

캐즘(chasm)이란 제프리 A. 무어가 1991년 발간한 저서 『캐즘 마케팅(Crossing the Chasm)』에서 널리 알린 용어다.

배터리 가격도 덩달아 하락했다. 배터리팩 가격이 kWh(킬로와트시)당 100달러 아래로 떨어지면 전기차 값은 기존 내연기관차 가격과 동등한 수준이 된다. 그리고 업체에 따라 다르지만 이미 배터리 가격은 그 수준에 도달했다.

성능 좋은 K-배터리가 밀리는 이유

'전기차 배터리는 한국산이 중국산보다 성능 면에서 더 우수하다.'

한때 이런 얘기가 국내 2차전지 투자자들의 '국뽕'을 자극한 적이 있었다. 중국산 배터리는 소재의 한계 때문에 한국산 제품을 따라잡을 수 없을 거란 식의 분석이 판을 쳤다. 그리고 현재 결과는? 중국을 제외한 시장에서도 중국산 배터리가 휩쓸고 있다. 전기차 캐즘으로 어려움을 겪는 건 배터리 업계 공통이지만, 유독 한국 2차전지 기업들이 혹한기를 보낸 이유다.

그럼 한국산과 중국산 배터리, 뭐가 다를까. 결정적으로 배터리를 구성하는 소재가 완전히 다르다. 둘 다 리튬이온이 음극과 양극을 오가면서 전기를 발생시키는 리튬이온 배터리인 건 같다. 하지만 한국 배터리 3사(LG에너지솔루션, SK온, 삼성SDI)의 주력 제품은 NCM 배터리 또는 삼원계 배터리라고 부른다. 배터리 성능을 좌우하는 핵심 소재인 양극재에 세 가지 금속 — 니켈Ni, 코발트Co, 망간Mn — 이 쓰여서 이렇게 부른다. 반면 중국 배터리 업체의 주력 제품은 리튬인산철LFP 배터리라고 칭한다. 양극재에 코발트 대신 인산철을 넣어서 붙여진 이름이다.

소재가 다르기 때문에 특징도 다르다. 한국의 NCM 배터리의 최대 장점은 높은 에너지 밀도이다. 에너지 밀도가 높으면 그만큼 충전 시 한 번에 갈 수 있는 주행거리가 길어진다. 전기차 성능을 비교할 때 '한 번 충전에 얼마나 갈 수 있느냐'가 중요한 잣대가 된다는 점에서, 에너지 밀도가 높은 NCM 배터리는 성능이 우수한 배터리로 여겨졌다. 이에 비해 중국의 LFP 배터리는 소재의 에너지 밀도가 낮아서 주행거리가 길게 나오지 않는다는 게 단점이다.

그런데 에너지 밀도가 높다는 건 그만큼 폭발 위험이 크다는 뜻이기도 하다. 그래서 안전성을 따지면 LFP 배터리가 더 앞선다. 화재 위험이 없는 건 아니지만 상대적으로 열폭주 현상이 일어날 가능성은 낮은 편이다.

최근 들어 자동차 제조사들이 중국산 LFP 배터리를 많이 찾게 된 가장 큰 이유는 뭐니 뭐니 해도 가격이다. NCM 배터리는 니켈, 코발트같이 값이 비싼 금속을 쓰지만, LFP 배터리는 풍부하고 값싼 금속인 철이 주요 성분이다. 가격 면에서 비교가 되지 않는다. 2024년 12월 기준 중국 LFP 배터리 가격은 1kWh당 52달러. NCM 배터리(약 100달러)의 절반 수준이다. 점점 중저가형 보급 전기차로 승부해야 하는 자동차 제조사들로선 주행거리가 다소 짧고 무게가 무거워도 중국산 LFP 배터리를 선택하고 있다.

이에 부랴부랴 한국 배터리 기업도 전기차용 LFP 배터리 생산에 뛰어들기 시작했다. 'LFP는 싸구려'라고 무시하며 NCM 배터리에 올인했던 전략을 뒤늦게 수정한 셈이다. 하지만 아직은 생산 설비를 구축하는 단계이고, 아직 공급을 시작하진 못했다. 좀 더 일찍 다각화했다면 좋았을 텐데 하는 아쉬움이 들지 않을 수 없다.

잘나가던 독일 차가 추락하는 이유

내연기관차와 전기차는 바퀴 달린 겉모습은 비슷해 보이지만 실제론 전혀 다른 제품이다. 내연기관차가 수만 개 부품이 정교하게 맞물려 돌아가는 복잡한 기계장치라면, 전기차는 커다란 스마트폰에 모터와 바퀴를 단 것에 더 가깝다. 내연기관차에선 엔진이 핵심이지만, 전기차의 핵심은 소프트웨어이다. 비유하자면 아날로그와 디지털의 차이인 셈이다.

이게 바로 아무리 잘나갔던 전통적인 자동차 제조사라도 전기차 전환에 어려움을 겪는 이유다. 수십 년 또는 백 년 넘게 갈고 닦아온 소중한 엔진 기술이 아무 쓸모없게 돼버렸다. 그리고 기반이 없는 소프트웨어 분야를 새로 개척해야 한다. 어려운 게 당연한데, 문제를 더 꼬이게 만드는 건 뿌리 깊은 하드웨어 중심의 사고방식이다. 전통적인 제조업체가 실리콘밸리 IT 기술 기업처럼 조직문화를 바꾼다는 건 거의 불가능에 가깝다.

이를 잘 보여주는 사례가 폭스바겐 그룹이다. 세계 2위 자동차 기업으로 독일 경제를 떠받쳐온 폭스바겐 그룹은 전기차 전환 때문에 고전 중이다. 중국 시장 판매가 급감한 탓인데, 대규모 구조조정에 나선 상황이다.

폭스바겐이라고 전기차는 소프트웨어가 중요하다는 걸 모르진 않았다. 아니, 오히려 소프트웨어 자회사 '카리아드'를 2020년 설립할 정도로 소프트웨어에 투자를 많이 했다. 하지만 돈을 왕창 들인 카리아드는 미흡한 결과물과 개발 지연으로 폭스바겐 전기차의 침몰을 부추겼다. 왜? 실력 있는 IT 개발자들을 잔뜩 모아놨지만 정작 의사 결정권이 있는 자들은 기계공학을 전공한 기존 경영진이었기 때문이다. 수직적이고 관료적이면서 느러터진 의사결정 구조가 소프트웨어 개발을 방해했다.

폭스바겐은 2024년 11월 미국 전기차 스타트업 리비안과 합작법인을 세웠다. 리비안과 공동으로 전기차 소프트웨어를 개발하기로 한 건데, 사실상 카리아드의 실패를 인정한 셈이다.

현실이 된 로보택시 시대

운전자 없이 무인으로 운행되는 완전 자율주행의 로보택시Robotaxi. 먼 미래 얘기처럼 여겨지던 로보택시 시대가 이미 현실로 성큼 다가와 있다. 2009년 구글 사업부로 출범한 웨이모Waymo는 이제 미국 샌프란시스코, 로스앤젤레스, 피닉스에서 로보택시를 상업 운행 중이다. 2025년 상반기 누적 유료 운행 건수가 1,000만 건을 넘어설 정도로 성장세도 가파르다. 미국 뉴욕타임스의 저명한 칼럼니스트 토머스 프리드먼이 웨이모 로보택시를 "미국의 첨단 제조업을 촉진할 문샷 프로젝트"라며 찬탄했을 정도다.

한동안 로보택시는 자율주행 기술의 부족과 그로 인한 크고 작은 사고들, 너무 비싼 차량 가격과 운영 비용 때문에 긴 정체기에 머물렀다. 투자비는 막대한데, 좀처럼 돈이 되지 않는 '돈 먹는 하마' 같은 사업이었다. 주요 기업들이 줄줄이 프로젝트에서 철수하기도 했다. 특히 이 분야의 선도적인 업체였던 GM 크루즈마저 2024년 로보택

미국 웨이모의 자율주행 차량의 모습. 현대차 아이오닉5를 개조했다. 출처: 웨이모

시 사업을 포기해 업계를 놀라게 했다.

하지만 오히려 구글 웨이모는 2024년부터 본격적으로 달리기 시작했다. 지난 10년 동안 로보택시의 핵심 부품인 라이다 LiDar(레이저 광선으로 주변을 인지하는 센서) 가격은 300분의 1 수준으로 떨어졌다. 그만큼 차량 가격은 떨어졌고 자율주행 기술이 크게 발전했다. 이제야 좀 해볼 만하게 된 것이다.

미국에선 테슬라도 로보택시 사업에 진출했다. 테슬라는 2025년 6월 미국 텍사스주 오스틴에서 로보택시 서비스를 선보였다. 자체 개발한 풀 셀프드라이빙 서비스 FSD 기술 중 언슈퍼바이즈드 버전이 탑재된 차량이 제한된 지역에서 유료 운행을 하고 있다. 초기엔 역주행, 급정거 같은 오류도 여럿 보고됐지만, 예상보다 빠르게 주행 가능 지역을 넓혀가는 중이다.

참고로 일론 머스크 테슬라 CEO의 궁극적인 목표는 "우버와 에어비앤비 조합 같은 모델"이다. 테슬라 차량 소유자라면 누구나 로보택시와 같은 수준으로 소프트웨어를 업데이트하게 만들겠단 계획이다. 그럼 그 차를 쓰지 않을 때 주차장에 주차해두는 대신, 마치 에어비앤비처럼 다른 사람이 타고 가는 택시로 차를 빌려줄 수 있게 된다. 즉, 차가 스스로 돈을 벌 수 있게 되는 것, 그게 전기차 제조사 테슬라의 비전이다.

로보택시 대중화에 있어선 미국보다 중국이 오히려 한발 앞서 있다. 중국 IT 대기업 바이두의 '아폴로고 Apollo Go' 로보택시 서비스는 이미 중국 주요 도시에서 1,000만 건 넘는 완전 무인 운행을 달성했다. 중국 정부가 로보택시를 키워야 할 첨단 기술로 보고 규제를 대폭 풀어준 덕분이다. 중국 우한 지역에선 택시 기사들이 생계를 위협하는 로보택시 운행을 제한하라고 요구할 정도로 경쟁력을 이미 갖췄다.

바이두 아폴로고의 큰 경쟁력 중 하나는 매우 싼 차량 가격이다. 지난해 새로 개발한 6세대 무인 자율주행 차량은 기존보다 가격이 60%나 저렴한 20만 4,600위안(약 3,800만 원)에 불과하다. 일반 차량과 사실상 가격 차이가 없다. 로보택시 사업으로 돈 벌 수 있는 기반이 갖춰진 셈이다.

중국 시장에선 바이두뿐 아니라 포니AI, 위라이드 같은 기업도 로보택시 시장에서 경쟁 중이다. 이들 기업은 중국에서 입증된 경쟁력을 바탕으로 홍콩, 싱가포르, 아랍에미리트 같은 해외시장에도 진출하기 시작했다. 아직 소규모 실증 사업의 걸음마 단계에 머물러 있는 한국 로보택시 업계와는 수준 차이가 너무 크다.

02 급변하는 산업 트렌드 2 : 인공지능과 에너지 혁명

로보택시 혁명으로 일자리를 잃게 생긴 중국 우한의 택시 기사 이야기는 어쩌면 남의 얘기가 아닐지 모른다. AI(인공지능) 기술 발전이 인간의 일자리, 그것도 화이트칼라 일자리를 대거 사라지게 만들 거란 주장이 점점 설득력을 얻고 있다.

일자리 위협하는 AI 에이전트가 온다

미국 AI 기업 앤트로픽의 CEO인 다리오 아모데이의 주장은 심상찮다. 그는 향후 15년 안에 초급 기술·행정·법률·금융 분야 일자리가 대거 사라질 거라고 내다본다. 실업률이 20%까지 치솟을 거라고도 말한다. 이미 AI가 보조자에 그치지 않고 아예 일부 업무를 대체하기 시작했기 때문이다.

미국 AI 기업 오픈AI가 AI 챗봇인 챗GPT를 일반에 공개해 전 세계에 충격을 안긴 게 2022년 11월 말이었다. AI와 일자리의 미래에 대한 논의가 본격화한 것도 이때부터다. 하지만 한동안 많은 이들이 이렇게 말해왔다. "AI가 인간의 일자리를 대체하는 게 아니다. AI를 이용할 줄 아는 인간이 그렇지 않은 인간을 대체할 뿐."

하지만 2024년 후반부터는 분위기가 좀 달라졌다. 업계에서 '에이전틱 AI[Agentic AI]' 시대를 이야기하기 시작했다. 단순히 업무 효율성을 높여주는 도구 정도가 아니라, 특정 업무를 뚝 떼어서 세세한 지시 없이도 맡길 수 있게 하는 소프트웨어, 즉 'AI 에이전트[AI agent]'가 대세가 되는 시대를 말한다.

이미 AI 에이전트 서비스는 무수히 쏟아져 나오고 있다. 1990년대 후반 닷컴 시절을 연상케 할 정도다. 영국 스타트업 11x가 선보인 AI 에이전트 '앨리스'는 에이전틱 AI 시대엔 일자리가 어떻게 변할지를 잘 보여준다. 앨리스가 하는 일은 아웃바운드 영업이다. 각종 데이터를 분석해 거래가 없지만 고객이 될 가능성 있는 잠재고객을 발굴하고, 개인별로 맞는 톤과 내용의 메시지를 보낸다. 고객 메일에 답변까지 한다. 105개 언어를 구사하는 앨리스는 전 세계 고객을 모두 커버할 수 있다. 회사 측은 앨리스가 평균적인 인간 직원보다 이미 나은 성과를 내고 있다고 설명한다.

기술업계가 이런 AI 에이전트 개발에 열 올리는 건 그래야 AI가 진짜 돈이 될 수 있어서다. 귀여운 지브리 풍 이미지를 얻기 위해 돈

영국 스타트업 11x가 선보인 AI 에이전트 서비스 '앨리스'의 홍보용 이미지. 출처: 11x

을 내게 만드는 건 생각처럼 쉽지 않다. 하지만 AI 에이전트 이용으로 인력을 감축해 비용을 상당히 절감할 수 있다면 기업은 기꺼이 구독료를 낼 것이다.

젠슨 황 엔비디아 CEO는 "AI 에이전트가 본질적으로 직원과 함께 일하는 디지털 인력이 될 것"이라고 전망한다. "모든 회사의 IT 부서가 미래에 'AI 에이전트' 인사 부서가 될 것"이라고도 말한다. 물론 그는 AI 이용이 급증하면서 더 강력한 컴퓨터 성능에 대한 수요가 늘 거라서 엔비디아 그래픽처리장치GPU가 앞으로도 엄청 잘 팔릴 거란 뜻으로 한 얘기긴 하다. 하지만 같이 일할 직장 동료 또는 후배가 인간이 아닌 AI 에이전트일 수도 있다는 생각을 하면 왠지 기분이 묘하다.

스티브 배넌 전 미국 백악관 수석 전략가는 "AI가 30세 이하 초급 화이트칼라 일자리를 전멸시킬 것"이라고 말한다. 대졸 신입 직원이 채웠던 사무직 일자리가 가장 큰 타격을 입을 거란 뜻이다. 그 대신 AI 에이전트들을 관리할 능력이 되는 숙련된 직원이 필요하니, 시니어급 실무자들은 오히려 일자리를 유지하기 쉬울지도 모른다. 결국 에이전틱 AI 시대엔 실무 경험이 풍부한 인재만 살아남는다는 뜻인데, 대학을 갓 졸업한 이들은 그 실무 경험을 쌓을 기회조차 잡기 어려워질 테니 걱정이다.

전기 먹는 하마, 인공지능 데이터센터

가끔 챗GPT를 이용해 기사에 들어갈 이미지를 생성한다. 그리고 AI가 이미지를 생성하길 기다리는 그 몇 분 동안 마음 한 켠에선 죄책감이 밀려온다. 에너지를 낭비하고 있다는 죄책감이다. 구글 검색엔 평균 0.3Wh의 전력이 들지만, 챗GPT 답변엔 한 번에 2.9Wh를 소모한다. AI가 이미지 하나를 만들 땐 스마트폰 한 대를 충전할 양의 에너지가 필요하다. 천문학적 용량의 데이터를 처리할 초대형 데이터센터 가동에 막대한 전력이 소모되기 때문이다. 또 데이터센터에서 발생하는 열을 식히는 냉각에도 많은 전력이 들어간다.

챗GPT는 하루에 2억 건의 요청을 처리하고 있고, 이를 위해 매일 50만kWh 이상의 전력을 소비한다. 한국 가구당 평균 전력 소비량

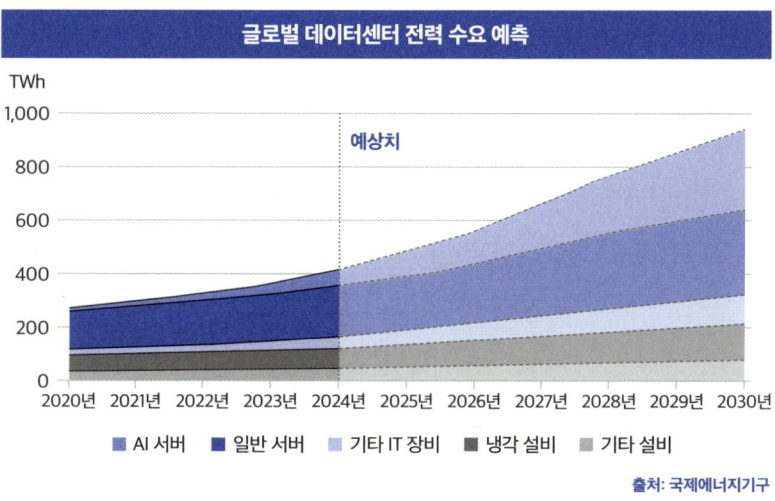

출처: 국제에너지기구

은 계절마다 다르지만 더운 여름에도 하루 12kWh가 채 되지 않는다. 이미 4만 가구 이상에 맞먹는 전력을 챗GPT가 소비하고 있는 셈이다.

  AI 기술은 갈수록 고도화하고 있고 이용자 수도 폭발적으로 늘고 있다. AI로 인한 전력 사용량 역시 기하급수적으로 늘어날 가능성이 있다. 2025년 국제에너지기구IEA는 2030년엔 전 세계 데이터센터의 전력 사용량이 2024년의 2배가 넘는 945TWh(테라와트시)로 증가할 거라고 내다봤다. 6년 만에 독일 한 나라 전체 전력 소비량만큼이 AI로 인해 추가되는 것이다.

  데이터센터란 연중무휴 24시간 전기가 통해야 하는 곳이다. 아무리 초대형 데이터센터를 짓고, 거기에 AI용 반도체를 잔뜩 깔아놔도 전기가 통하지 않으면 무용지물이다. 전력망이 뒷받침되지 않으면 데이터센터도 없고 AI도 없다.

 그럼 그 많은 전력을 도대체 어떻게 확보할 수 있을까? 새로 발전소를 짓고 송전망을 까는 건 생각보다 훨씬 더 복잡하고 시간이 오래 걸리는 일이다. AI 기술 발전을 위해 전력 확보가 필수라는 거야 모두 알지만 막상 자신이 사는 곳에 발전소나 송전탑이 건설된다고 하면 결사 반대할 게 뻔하니 말이다. 그래서 요즘 미국에선 석탄화력발전소 폐쇄가 미뤄지고 있다. 환경을 위해 5년간 120개 석탄화력발전소를 폐쇄해 '탈석탄' 하겠다던 계획을 중단하려는 것이다. 더 똑똑한 AI 개발과 이용은 과연 지구온난화와 맞바꿀 만한 가치가 있는 일일까. AI가 사양길을 걷던 석탄 산업의 구세주 역할을 하고 있다.

원자력발전의 르네상스 시대

 AI로 인해 르네상스를 맞이한 에너지 분야는 석탄 말고 또 있다. 바로 원자력이다. 메타, 구글, 마이크로소프트, 아마존 등 미국 빅테크는 데이터센터 전력 공급을 위해 원자력발전소와 장기 계약을 맺거나 소형모듈형원자로SMR 기업과 손을 잡고 있다. 24시간 안정적인 전력 공급이 가능하다는 원자력발전의 장점이 AI 시대에 다시 주목받기 때문이다.

 미국만의 일이 아니다. '탈원전'을 외치던 유럽 국가에서도 속속 기류가 바뀌고 있다. 유럽의 경우 AI뿐 아니라 2022년 러시아-우크라이나 전쟁으로 에너지 안보 위기에 대한 경각심이 높아진 것도 원자력을 다시 주목하게 만들었다. 2003년 단계적 탈원전을 선언했던 벨기에는 22년 만에 원전 부활로 선회했다. 신규 원자로 건설을 다시 허용하기로 한 것이다. 세계 최초의 '탈원전' 국가였던 이탈리아 역시 원자력 기술 사용을 허용하는 법안을 승인했다. 심지어 매우 강경한 탈원전 국가였던 독일조차 원자력 에너지를 친환경 에너지로 인정하기로 입장을 바꿨다. 폴란드, 체코, 루마니아, 영국, 프랑스 등은 이미 신규 원전 건설에 나섰거나 추진 중이다.

원전은 분명 탄소 배출 없이 전기에너지를 24시간 안정적으로 공급한다는 큰 장점이 있다. 발전 단가도 상대적으로 저렴한 편이다. 재생에너지(태양광·풍력)만으로는 급증하는 전력 수요를 채우기 어려운 상황에서 확실한 대안이 될 수 있다. 1970년대 이후 거의 50년 만에 원자력발전이 부활한 이유다.

하지만 원자력발전 확산엔 큰 걸림돌이 있다. 바로 공사 기간이 너무 오래 걸린다는 점이다. 선진국에서 원전 건설은 너무 느리고 비싸다. 공사 기간이 한없이 길어지면서 엄청나게 돈을 까먹게 된다. 예를 들어 프랑스 EDF 컨소시엄이 짓고 있는 영국 힝클리포인트 C 원전은 당초 2023년 완공을 목표로 했지만 공사 지연으로 2028년 9월로 미뤄졌다. 그 결과 180억 파운드라던 건설 비용도 327억 파운드로 불어났다.

그리고 바로 이 부분에서 한국 원전 산업의 경쟁력이 있다. 공사 납품 기한을 잘 맞추는 시공 능력 면에선 단연 탁월하다. 그만큼 예상 비용을 초과하는 정도가 덜해서 가격 경쟁력이 높다. 한국 기업이 체코 두코바니 원자력발전소 건설 사업을 수주할 수 있었던 것도 이런 납기 준수 기술 및 시공 능력을 갖춘 나라가 몇 곳 없기 때문이다. 미국, 러시아, 프랑스, 일본, 중국, 그리고 한국 정도다. 지금까지 원전 수출 시장을 꽉 잡고 있던 건 러시아와 중국이었다. 하지만 신냉전 시대인 만큼 러시아와 중국의 원전 수출은 주춤하게 될 가능성이 있다. 체코에서처럼 또다시 한국 원전 산업에 기회가 돌아오지 않을까.

드론 전쟁과 킬러 로봇

2025년 6월 1일, 21세기판 트로이목마 작전이 전 세계를 놀라게 했다. 컨테이너 트럭에 숨은 채 러시아로 반입된 우크라이나 자폭 드론 117대가 러시아 공군기지 4곳에 날아들어 수백억 원짜리 러시아 전투기 12대를 파괴했다. 4개의 날개가 달린 작은 드론의 위력이 어느 정도인지를 실감케 했다.

러시아-우크라이나 전쟁을 기점으로 군사력의 본질이 바뀌었다. 과거엔 전투기와 탱크 같은 크고 값비싼 무기를 어느 나라가 더 많이 갖고 있느냐에 따라 우위가 결정됐다. 얼마나 고급 무기에 돈을 쏟아붓느냐에 따라 군사 강국이 결정됐고, 그 힘의 우위가 실제 전쟁의 승패로 이어졌다.

우크라이나 기업 스카이폴이 생산하는 정밀타격용 대형 드론 '뱀파이어'. 출처: 스카이폴

하지만 이제 전쟁은 누가 더 빨리, 많이 드론을 만들어 띄우느냐가 좌우한다. 드론 전쟁 시대다. 우크라이나 통계에 따르면 러시아-우크라이나 전쟁 사상자의 약 70%는 드론으로 인해 발생한다. 전차, 곡사포, 박격포 등 모든 전통 무기를 합친 것보다 드론이 훨씬 더 많은 군인을 사살한다.

왜 드론일까. 드론은 가격이 싼 데다, 빨리 많이 만들 수 있다. 전쟁에서 가장 많이 쓰이는 '1인칭 시점FPV 드론'은 1대당 제작 비용이 400달러(55만 원)에 불과하다. 대전차 미사일 재블린의 1발당 가격(8만 달러)의 200분의 1이다. 이런 소형 드론으로 전투기나 장갑차를 날려버릴 수 있다.

아직까지는 완전한 자율주행 드론이 전쟁에 쓰이고 있진 않다.

즉, 드론이 스스로 몇 시간씩 날아다니다가 표적을 발견하면 알아서 파괴하는 그런 일은 아직 벌어지지 않는다. 하지만 AI 기술 발전으로 그런 드론 개발도 얼마든지 가능한 시대가 됐다.

현재 드론 전쟁에서 가장 중요한 건 조종사다. 1인칭 시점 드론으로 목표물을 정확하게 타격하려면 고도로 훈련된 조종사가 필요하다. 그렇게 숙련된 인력은 얼마 되지도 않고, 엄청난 집중력을 필요로 하는 일이기 때문에 조종사의 피로도도 상당하다.

만약 조종사가 필요 없는 완전 자율주행 드론이 전투 현장에 등장한다면 어떨까? '적을 찾아서 죽이는 법'을 배운 드론이 한 번에 수천, 수만 대 하늘에 떠 있게 된다면?

생각만 해도 으스스하다. 모든 전쟁은 끔찍하지만, 인간의 개입 없이 누군가를 죽일지 말지를 기계가 결정하는 전쟁이라니 디스토피아가 따로 없다. 이런 '킬러 로봇'을 규제하자는 논의가 UN을 중심으로 나오는 이유다.

한국은 오랜 휴전 때문에 뛰어난 전통 무기 체계 생산능력을 가지게 된 나라다. K-방산이 뜨는 이유다. 하지만 전쟁의 양상은 드론으로 인해 빠르게 바뀌고 있고, 이제 폭탄을 장착한 소형 자폭 드론이 언제 날아들어도 이상하지 않은 시대가 됐다. 하지만 한국은 여전히 드론 핵심 부품 중 90% 이상을 중국에서 수입해 오는 상황이다. 산업적으로나 군사적으로 모두 K-드론 공급망 확보에 대한 관심이 필요한 시점이다.

세상을 바꾸는 우주 인터넷

부친상을 당해서 미국에서 급거 귀국하는 친구에게 카카오톡 메시지를 보냈다. 당연히 인천공항 도착 뒤에나 확인할 거라 예상했는데, 곧바로 답장이 돌아와 놀랐다. '우주 인터넷' 또는 '위성 인터넷'이라고 부르는 기술을 이용한 기내 와이파이 서비스가 보편화됐음을 새삼 실감했다.

우주 인터넷 개념은 간단하다. 우주 저궤도(고도 약 500㎞)에 쏘아 올린 인공위성을 중계국 삼아 지구 어디서나 통신이 이뤄진다. 산꼭대기, 망망대해, 비행 중 항공기에서도 무선 통신이 가능해진다.

우주 인터넷 기술 개발이 시작된 건 1990년대. 모토로라가 선보인 '이리듐Iridium' 서비스가 반짝 인기를 끌었지만 1999년 파산하고 말았다. 워낙 투자비가 많이 들었기 때문이었다.

그런데 죽은 줄 알았던 우주 인터넷 프로젝트가 2019년 부활한다. 일론 머스크의 우주 기업 '스페이스X'가 그해 5월 우주 인터넷 서비스 '스타링크'를 상용화하겠다며 인공위성 60기를 팰컨9 로켓에 실어 쏘아 올렸다.

이렇게 우주에서 작동 중인 스타링크 위성이 2025년 6월 기준 7,875개. 몇 년 전까진 상상도 못 했던 엄청난 숫자다. 전 세계 활성위성 4분의 3이 스타링크용이다.

이게 어떻게 가능할까? 스페이스X가 개발한 로켓 재사용 기술 덕분이다. 위성 발사 비용이 획기적으로 줄어들었기 때문이다. 스페이스X는 저궤도 위성을 4만 2,000개까지 늘린다는 계획이다.

그럼 누가 이 우주 인터넷을 이용할까. 한국처럼 전국 어디다 초고속 인터넷망이 깔린 나라에선 아마 느끼지 못하겠지만, 스타링크 서비스는 전 세계 곳곳에서 열풍을 일으키고 있다. 생각보다 지구엔 인터넷 통신망이 깔려 있지 않은 소외된 지역이 많았기 때문이다.

일단 아프리카에선 스타링크가 기존 현지 통신사보다 훨씬 싼 값에 인터넷 서비스를 제공하면서 선풍적인 인기를 끌고 있다. 특히 나이지리아에선 시장 점유율이 급상승하면서 서비스 출시 뒤 2년 만에 두 번째로 큰 인터넷서비스 사업자로 올라섰다. 부랴부랴 현지 통신사들이 서비스 요금을 낮추고, 정부에 스타링크 규제를 요구하고 나섰을 정도다.

스타링크발 인터넷 혁명은 브라질 아마존 지역에서도 일어나고 있다. 고립된 원주민 마을과 정글의 목장, 열대우림 속 군사기지도 이제 스타링크를 이용한다. 이젠 스타링크 없는 시절로 다시 돌아갈 수 없을 정도로 주민들이 삶이 달라졌다.

스타링크는 서비스 시작 4년여 만에 118개국에 진출하며 빠르게 성장 중이다. 아직은 이에 대적할 만한 경쟁자는 없다. 600개 넘는 위성을 쏘아 올린 유럽의 원웹OneWeb이 그나마 앞서 있지만, 규모 차이가 크다. 아마존의 '카이퍼 프로젝트'도 있지만 아직 시작 단계다.

스타링크의 놀라운 잠재력을 확인한 각국에선 스타링크에 대한 경계심도 커진다. 중국은 스타링크 대항마인 '궈왕' 프로젝트를 진행 중이다. 유럽연합은 자체 위성 통신망을 구축하는 '아이리스2' 프로젝트에 약 16조 원을 투자한다고 발표했다. 우주 인터넷이 가지게 될 엄청난 상업적·군사적 가치를 미국, 그것도 일론 머스크라는 예측 불가 기업인에 넘겨줄 순 없다고 보기 때문이다. 앞으로도 계속 커질 수밖에 없는 우주 인터넷 시장에 대한 관심을 우리도 이어가야 한다.

가장 싼 에너지, 태양이 승리한다

태양광이냐 화력이냐, 아니면 태양광이냐 원자력이냐. 에너지를 둘러싼 이런 논쟁이 한창이다. 한국뿐 아니라 미국과 유럽 등 전 세계가 그렇다. 산이나 들판을 뒤덮은 검은색 태양광 패널이 꼴 보기 싫다는 식의 반응이 나오는 건 한국에서도, 이탈리아에서도 마찬가지다.

하지만 이런 태양광에 대한 반발 여론과 화력·원자력의 부활 신호에도 불구하고 명확한 사실이 하나 있다. 이미 태양광이 전 세계 발전원 경쟁에서 승기를 잡았단 사실이다.

글로벌 태양광 발전량의 증가세는 어마어마하다. 2024년 말 기준 전 세계의 태양광 발전 설비 용량은 2,200GW. 2024년 한 해에만 무려 597GW 용량이 추가됐다. 연간 37%나 성장한 것이다. 전문가 예측을 한참 뛰어넘는 폭발적인 성장세이다. 불과 15년 전인 2009년만 해도 전 세계 태양광 발전 설비 용량은 고작 23GW였는데 말이다. 2004년엔 전 세계가 1GW 태양광 발전 용량을 새로 추가하는 데 1년이 걸렸지만, 2010년엔 한 달, 2016년엔 일주일, 그리고 2024년엔 한나절 남짓이면 된다.

그럼 왜 이렇게 급격히 태양광 시대가 열렸을까? 태양광 발전의 가장 큰 이점은 역시 가격에 있다. 중국의 과잉 생산으로 인해 태양광 모듈 가격은 10년 전의 10분의 1 이하로 떨어졌다. 태양광은 이제 발전 원가가 가장 싸게 먹히는 에너지원이다.

과거에 태양광은 주로 선진국에서 쓰던 에너지원이었다. 하지만 이제 모듈 가격이 급락하면서 적도 인근 신흥국들까지 태양광 발전 투자에 열을 올린다. 땅이 넓고 강렬한 햇볕이 내리쬐서 태양광 발전 효율이 대단히 좋은 나라들이다. 대표적인 게 아랍에미리트이다. 아부다비시 남쪽에 세계 최대 규모의 단일 태양광 발전소 '알 다프라'가 운영되는데, 축구장 3,000개 규모에 해당한다. 인도 역시 구자라트, 라자스탄 지역에 대규모 태양광 농장을 짓기 시작했다. 이집트, 모로코 같은 사하라사막 인근 국가들도 풍부한 일조량을 이용한 태양광 발전소 건설에 나섰다.

태양광이 현재 전 세계 발전량에서 차지하는 비중은 6.9%. 아직 작다고 여기겠지만, 불과 3년 만에 2배로 늘어난 거다. 국제에너지기구는 어떤 시나리오에서도 2030년대 중반이면 전 세계 전력 생산의 가장 큰 에너지원이 태양광이 될 것으로 내다본다. 원자력, 풍력, 수력, 가스, 석탄 등 지금은 태양광보다 훨씬 큰 전력 생산 에너지원을 차례로 제쳐나갈 거란 뜻이다.

물론 태양광엔 결정적인 한계가 있다. 태양은 낮에만 뜬다는 점이다. 밤에 부족한 전기 또는 낮에 남아도는 전기를 어떻게 할지가 고민이다. 태양광 발전이 기하급수적으로 커지는 만큼 전기를 저장하거나 운반하는 일은 더 중요해질 수밖에 없다.

그래서 주목받는 게 배터리 저장 기술이다. 태양광 발전의 성장은 필연적으로 ESS라고 부르는 에너지 저장장치 Energy Storage System 의 성장으로 이어질 수밖에 없다. ESS는 우리가 쓰는 휴대폰 보조 배터리와 비슷한데 훨씬 거대한 배터리라고 보면 된다. 낮에 태양광으로 만든 전기가 남아돌면 이걸 배터리에 충전해두고, 밤엔 충전된 전기를 빼서 사용하는 거다. ESS는 전기차용 배터리처럼 작고 가볍게 만들진 않아도 되기 때문에 보통 LFP(리튬인산철) 배터리로 만든다. 전기차용 LFP 배터리에선 중국에 한발 뒤진 한국 배터리 기업들은 우선 ESS용 LFP 배터리 양산을 서두르고 있다. 태양광 발전이 대세인 시대, 어쩌면 ESS 시장은 전기차용 배터리보다도 더 커질지도 모른다.

03 급변하는 산업 트렌드 3 : 플랫폼 혁명

집에 TV가 있어도 TV 방송은 보지 않는 시대다. 방송 대신 넷플릭스나 유튜브를 TV로 시청한다는 사람들이 점점 많아진다. 혹시 이러다가 언젠가는 MBC나 SBS 같은 지상파 방송이 전부 넷플릭스로 들어가버리는 게 아닐까. 상상이 아니라 이미 해외에선 시작된 흐름이다.

TV가 되어가는 넷플릭스

2025년 6월 프랑스 최대 민간방송사 TF1이 모든 채널의 실시간 방송을 넷플릭스에 제공하는 계약을 맺었다. TF1은 총 5개 실시간 채널과 자체 OTT 플랫폼을 가졌는데, 이 모든 콘텐츠를 2026년 여

프랑스 최대의 민영 방송국 TF1의 인기 드라마 '브로셀리앙드'의 이미지. 2026년 여름부터 TF1의 5개 채널을 통해 방송되는 모든 실시간 방송을 넷플릭스에서 그대로 볼 수 있게 된다. 출처: TF1

름부터 넷플릭스를 통해 서비스하기로 했다. 드라마, 예능은 물론 스포츠 생중계와 뉴스, 그리고 거기 붙은 광고까지. 통째로 넷플릭스에 입점한다는 뜻이다. 이런 형태의 계약은 세계 최초다.

TF1과 넷플릭스는 이 계약이 윈윈이라고 설명한다. 이미 TV 방송사는 시청자를 넷플릭스에 빼앗기면서 시청률이 떨어지고 이에 따라 광고 단가도 하락세다. 하지만 같은 방송을 넷플릭스에도 틀게 되면 훨씬 더 많은 시청자가 볼 거고, 광고도 더 많이 붙게 될 거란 전망이다. 물론 이 광고 수익은 두 회사가 나눠 갖게 되지만 말이다.

하지만 왠지 넷플릭스가 방송사를 삼켜버린 것 같은 느낌이 드는 건 어쩔 수 없다. TV 방송의 화려한 시절이 저물고 있다는 걸 상징적으로 보여주는 사건이다. 동시에 이런 의문이 든다. 넷플릭스는 왜 점점 기존 TV 방송처럼 되려고 하지?

비디오 대여 서비스로 출발해 스트리밍 시대를 연 넷플릭스. 2011년 오리지널 콘텐츠 제작에 뛰어들면서 한 단계 도약한다. '오징어게임'으로 대표되는 대작 드라마 시리즈 제작은 넷플릭스 구독자 확장의 중심축이었다.

하지만 2022년 11월을 기점으로 넷플릭스의 전략엔 변화가 생긴다. 광고 기반 요금제가 도입된 것이다. 이제 넷플릭스의 성장을 이끄는 건 구독보단 광고다. 그리고 광고를 더 많이 유치하기 위해선 무조건 더 시청자가 많은 게 중요하다.

그러려면 '힘을 줘서 만든 넷플릭스만의 고급 오리지널 콘텐츠'만으로는 한계가 있다. 제작비도 많이 들고 자칫 실패할 확률도 있는 데다, 시청자들이 시리즈를 몰아보고 바로 빠져나갈 수도 있다.

그보다는 다른 데서 볼 수 있더라도 좀 더 대중적인 방송 콘텐츠가 나은 선택이다. 이를테면 시청자들이 매일 정해진 시간에 기다렸다가 보게 되는 일일 드라마, 경기 중간중간에 광고를 삽입할 수 있는 스포츠 중계가 그것이다. 넷플릭스가 일일 드라마와 스포츠 중계의 강자인 프랑스 TF1을 입점시킨 이유다.

넷플릭스는 최근 스포츠 라이브 중계에 공을 들이고 있다. 2024년 말 넷플릭스는 전설적인 복싱 선수 마이크 타이슨과 제이크 폴의 경기를 생중계해 전 세계 최대 6,500만 명 동시 시청이란 놀라운 기록을 썼다. 또 2025년부터는 미국 프로레슬링 단체인 WWE 경기를 넷플릭스가 생중계한다. 이미 2027, 2031년 FIFA 여자 월드컵 독점 중계권도 확보했다.

넷플릭스의 이런 방향 전환이 얼마나 성공적인지는 알 수 없다. 하지만 소비자들이 많은 돈이 드는 '구독경제'에 점점 피로감을 느끼는 상황에서 시장이 계속 커지려면 결국 광고로 무게 중심이 옮겨갈 수밖에 없는 건 사실이다. 의외로 30대 이상은 기존 TV 방송에 워낙 익숙해서 넷플릭스에 광고가 나오는 것에 대한 거부감이 별로 없다는 점도 광고 사업의 성장 가능성이 커 보이는 이유다. 넷플릭스에 시장을 뺏기고 있는 한국의 OTT 플랫폼들도 고민이 필요해 보인다.

스포티파이라는 새로운 음악 권력

전 세계 음악 시장에서 가장 큰 권력을 쥔 사람은 누구일까? 21세기 최고 팝스타인 테일러 스위프트? 아니면 세계 최대 음반사 유니버설 뮤직 그룹의 루시안 그레인지 회장? 아니, 아마도 이 사람이다. 다니엘 에크 스포티파이 창업자 겸 CEO.

글로벌 음악 시장은 사실상 스포티파이 이전과 이후로 나뉜다. 불법 파일 공유 사이트 '냅스터'의 습격으로 음반 시장 CD 판매량이 뚝뚝 떨어지며 음악 산업이 사양길에 접어들었던 2006년, 스웨덴의 23살 기업인 다니엘 에크는 '무료 음악 스트리밍 서비스' 기업 스포티파이를 설립한다. 이용자는 무료로 음악을 듣고, 기업은 광고로 돈을 벌고, 음악가는 일정 수익을 보상받는 새로운 모델이었다.

덕분에 음악 시장은 2014년 바닥을 찍고 극적으로 되살아났다.

스포티파이는 급속히 성장했고, 이에 따라 음반사와 아티스트들이 받는 로열티도 불어났다. 이후 애플뮤직 같은 유력 경쟁자들이 진입했지만 스포티파이는 여전히 스트리밍 시장의 강자다. 시장 점유율이 32%에 달한다.

스포티파이는 2021년 한국에도 진출했다. 아직은 유튜브뮤직과 멜론에 이어 3위다. 하지만 2024년부터 광고를 듣는 대신 이용 요금이 없는 무료 서비스를 한국에 출시하면서 빠르게 성장 중이다.

그럼 스포티파이는 망해가던 음악 시장을 구원한 걸까? 한동안은 그렇게 여겨졌다. 스포티파이는 자기네가 2024년 음악 산업에 지불한 로열티가 무려 100억 달러에 달한다는 점을 강조한다. '역사상 그 어느 음반 판매상보다 많은 로열티를 지불한다'는 주장이다.

하지만 아티스트와 저작권자(작사·작곡가)들의 생각은 다르다. 성장의 과실을 플랫폼(스포티파이)과 대형 음반사들이 다 가져가고, 정작 창작자에게 돌아오는 몫은 너무 적다고 보기 때문이다.

실제 스포티파이는 자기네 수익의 70%를 로열티로 지급하지만, 그중 가장 큰 몫을 가져가는 건 음반사. 창작자들은 음반사가 챙긴 나머지를 나눠 먹어야 하는 구조다. 스포티파이는 음악이 한 번 재생될 때마다 4~7원을 로열티로 지불한다고 하지만, 노래 부른 가수에게 돌아가는 건 1원 정도밖에 되지 않을 가능성이 크다.

이제 다니엘 에크 CEO는 전 세계 음악 산업에서 가장 부유한 인물(추정 자산 100억 달러 이상)이 됐다. 전 세계 가수 중 최고 부자인 제이지(순자산 25억 달러)보다 몇 배 더 부자다. 그리고 이 구조가 당분간 깨질 것 같지도 않다. 한때 스포티파이에서 자기 곡을 서비스하지 않겠다고 이탈했던 테일러 스위프트 같은 유명 아티스트들도 결국 다시 돌아왔다. 이제 갑을 관계가 뒤바뀌어서 스포티파이가 단연 최고 권력이 됐기 때문이다.

일부 아티스트들은 이런 구조에서 벗어나기 위해 아티스트들이 주축이 된 협동조합식 플랫폼이 필요하다고도 얘기한다. 아이디어는 좋지만 성공 가능성은 크지 않다. 소비자들은 그저 들을 노래가 많고 쓰기 편한 플랫폼을 원하지, 그 플랫폼이 아티스트를 얼마나 지원하는지를 따지진 않기 때문이다.

04 주목받는 성장 국가는 어디인가: 베트남·아랍에미리트·인도

기술과 시대 변화에 따라 뜨는 산업, 지는 산업이 있는 것처럼 나라도 경제적으로 떠오르는 나라, 지는 나라가 있는 법이다. 한국이 한창 떠오르는 나라였을 땐 다른 나라까지 신경 쓸 이유가 없었지만, 이젠 점점 외국으로 눈을 돌려야 할 때다. 미국 주식에 투자하는 서학개미들이 점점 늘어나는 이유도 그래서일 것이다.

하지만 투자할 나라가 어디 미국, 중국, 일본만 있겠나. 진짜 커지는 시장은 따로 있다. 구조적 성장을 보이는 몇 개 나라를 살펴보자.

베트남, 인프라 건설로 도약할 제조업 기지

1억 100만 명에 달하는 인구, 평균 연령 32.5세의 젊은 인구구조.

베트남은 동남아시아에서 가장 주목받는 나라다. 삼성전자, 포스코, 롯데 등 한국 대기업도 일찌감치 베트남에 진출해 가깝게 느껴지는 나라이기도 하다. 2025년 2분기 베트남 GDP 성장률은 무려 7.6%. 가파른 경제성장세를 보이고 있다.

그동안 베트남 경제의 가장 큰 성장 원동력은 값싸고 풍부한 노동력을 기반으로 한 제조업이었다. 중국의 인건비 수준이 높아지면서 글로벌 제조업 공장들이 하나둘 베트남에 터전을 잡았다. 높은 교육열과 특유의 부지런함도 베트남의 성공 비결이 됐다.

이제 베트남은 새로운 성장 스토리를 쓰려고 한다. 단순한 노동집약적인 조립 위주 하청기지에 머물지 않고, 자동차·전자·태양광 같은 고부가가치 산업을 키우려는 것이다. 그리고 이를 위한 투자가 대대적으로 진행 중이다. 가장 눈에 띄는 건 인프라 투자다.

지금 베트남 전역은 온통 공사판이다. 도로, 항만, 공항 등 대규모 인프라 건설 사업이 곳곳에서 진행 중이다. 베트남 정부가 코로나 팬데믹 직후부터 내세운 '인프라 주도 성장'의 일환이다.

호찌민의 새 관문이 될 '롱탄 신공항' 건설사업, 베트남 남북부를 잇는 초고압 송전선 구축 사업 등이 계획대로 진행되고 있다. 북부 까오방성부터 최남단 까마우성까지 이어지는 남북고속도로 건설도 2025년 연내 완공을 위해 속도를 내고 있다. 160억 달러를 들여 2개의 원자력발전소를 건설한다는 계획도 추진 중이다. 북부 하노이에서 남부 호찌민까지 무려 1,541㎞를 잇는 고속철도 건설 계획도 속도를 내고 있다.

호찌민시의 새 관문이 될 롱탄 신공항 조감도. 2025년 완공한다는 계획이다. 출처: 베트남공항공사

베트남 정부가 잡은 목표는 '2045년 1인당 2만 달러 이상 고소득 국가 진입'이다. 2024년 1인당 GDP가 4,700달러였던 걸 감안하면 상당히 높은 목표치다. 이런 경제의 '점프 업'을 위해선 인프라 투자가 가장 효과적이라고 보고 대대적인 투자를 진행 중이다.

사실 대형 인프라 건설 공사는 그 자체로 GDP를 끌어올리는 효과가 있다. 또 공급망 개선, 제조업 부가가치 향상, 투자 유치, 소비·여행 지출 확대 등등 파급효과도 상당하다. 어찌 보면 2000년대 중국이 펼쳤던 경제성장 모델을 그대로 따라가려는 것이다.

물론 아직 베트남은 기술도, 자본도 충분치 않다. 공산당 일당 독재 체제는 정치적 혼란을 줄여준다는 점에선 경제성장에 긍정적으로 작용하지만, 사회 전반에 만연한 부정부패가 효율성을 떨어뜨리기도 한다. 출산율 저하로 급격한 고령화가 진행되고 있는 것도 경제엔 리스크 요인이다.

과거의 한국, 중국 같은 기적적인 경제 도약을 꿈꾸는 베트남. 인구학적 보너스(생산 가능 인구가 부양 인구보다 많은 기간)가 끝나는 2039년까지가 베트남엔 가장 큰 기회의 구간이 될 것이다.

아랍에미리트, AI 3대 강국 유력 후보

AI 3대 강국. 우리 정부가 내건 AI 산업 육성의 목표다. 아무래도 미국, 중국을 앞지르긴 어렵다고 보고 잡은 최대 목표치가 아닐까 싶다. 그런데 이 AI 3대 강국이란 목표를 우리보다 훨씬 일찍 밝힌 나라가 있다. 바로 중동의 아랍에미리트UAE이다.

아랍에미리트라고 하면 흔히 석유가 많이 나오는 부유한 산유국, 물류의 중심지인 두바이 정도로 알려져 있다. 하지만 요즘 UAE에서 가장 많이 나오는 뉴스는 AI 관련 소식이다.

UAE는 오픈AI의 챗GPT 공개로 AI 열풍이 불기 한참 전부터 AI 산업에 주목해온 나라다. 2017년 세계 최초로 'AI 장관'을 임명했고, 2018년엔 'AI 국가전략 2031'이라는 중장기 계획을 발표했다. 2019년엔 세계 최초의 AI 전문 대학인 '모하메드 빈 자이드 인공지능 대학'을 열었다. 한마디로 AI에 대단히 진심인 나라다.

UAE는 세계 3위 산유국이다. 하지만 오일 시대가 저문 이후의 먹거리, 즉 '넥스트 오일'이 뭐가 될지를 고민해왔고 그게 AI가 될 거라

아랍에미리트는 AI 관련 소프트웨어와 하드웨어 모두에 적극적으로 투자하는 나라다. 사진은 UAE가 자체 개발한 대규모 언어모델(LLM)인 팰컨을 소개하는 이미지. UAE를 상징하는 새가 매(영어로 Falcon)여서 이름을 팰컨으로 지었다. 출처: 팰컨 LLM 홈페이지

고 일찌감치 내다봤다.

UAE가 운영하는 국부펀드 4개 운용자산을 합치면 무려 2,400조 원. 이런 막대한 자금력과 'AI 글로벌 3대 허브'가 되겠다는 계획이 결합됐다. 그 결과 UAE의 AI 산업 육성을 위한 행보엔 거침이 없다. 2023년 UAE 정부 기관인 첨단기술연구위원회는 '팰컨 180B'라는 대규모언어모델LLM을 개발해 높은 평가를 받았다. 국부펀드들은 오픈AI와 xAI 같은 미국 AI 기업에 투자해 지분을 보유 중이다. 데이터 센터, 전력 인프라 투자도 대대적으로 늘리고 있다. 심지어 TSMC는 부인했지만, UAE가 TSMC 반도체 공장을 유치할 거란 관측도 나온

다. AI용 반도체부터 데이터센터, LLM 소프트웨어까지 AI 생태계를 UAE가 독자적으로 구축하겠다는 원대한 구상이다. UAE 정부는 이를 통해 '2031년까지 UAE 전체 GDP의 40%를 AI가 창출하게 될 것'이라고 밝힌다.

그런데 인구 1,000만 명 남짓의 산유국이 'AI 메카'로 도약하는 게 가능할까? UAE는 생각보다 가진 게 많다. 돈이 많은 건 물론이고, AI 강국이 되기 위한 핵심 요소를 고루 갖췄다. 가장 눈에 띄는 건 에너지다.

앞에서 설명한 대로 AI 기술엔 데이터센터가 반드시 필요하고, 데이터센터는 전기 먹는 하마다. 각국이 AI 데이터센터 가동에 필요한 막대한 전력을 어떻게 구할지 고심 중인데, UAE는 그런 걱정이 없는 나라다. 석유와 천연가스가 넘쳐나서만은 아니다. UAE엔 중동 유일의 원자력발전소가 있기 때문이다. 바로 한국의 원전 수출 1호인 바라카 원전이 그것이다.

게다가 태양광도 있다. 세계 최대 규모의 단일 태양광 발전소인 알 다프라가 바로 UAE에 있다. 광활한 사막에 일조량까지 풍부하니 태양광 발전엔 더할 나위 없이 좋은 조건이다. 원전과 태양광에 일찌감치 투자해둔 덕분에 UAE는 다른 어느 나라보다도 값싸고 안정적으로 전력을 공급할 수 있다.

또 UAE에 풍부한 게 데이터이다. 인터넷에 공개된 데이터만으로는 AI 훈련에 한계가 있다. UAE는 의료 데이터, 법률 데이터 같은 국가가 보유한 개인 데이터로 AI 모델을 학습시킬 수 있도록 열어줬다. 다른 나라에선 개인정보보호법 때문에 어렵지만 왕정 독재국가인 UAE에선 얼마든지 가능하다.

다만 인력이 부족하다는 게 UAE의 가장 큰 약점. 이를 극복하기 위해 학비와 기숙사비까지 죄다 공짜인 AI 전문 대학을 세워 해외 인재를 끌어모으고 있다. 또 개인소득세율 0%라는 혜택과 유연한 비자 발급으로 고급 해외 인력 유치에 열올리고 있다.

인도, 잠재력 무궁무진한 4대 경제 대국

세계 최대인 14억 명 인구, 중위 연령 28세의 젊은 나라, 빠르게 성장하는 중산층, 늘어나는 외국인 투자 유입.

무궁무진한 잠재력을 가진 인도 경제는 탄탄한 성장세를 이어가고 있다. 2025년엔 인도 GDP가 일본을 추월해 세계 4위(1위 미국, 2위 중국, 3위 독일)로 올라설 거란 전망이 나온다. 지난 10년 동안 인도 전자산업은 5배나 성장했고, 애플은 2026년까지 미국에서 판매하는 모든 휴대폰의 생산을 인도 공장으로 이전할 계획이다. 빠르게 성장하는 인도 자동차 시장을 잡기 위해 테슬라는 2025년 7월 드디어 뭄바이에 첫 쇼룸을 열었다.

인도 증시는 이미 9년 연속 상승했다. 2016년부터 2024년까지 니프티지수 연간 수익률이 모두 플러스를 기록했다. 너무 잘나가서 2024년부터는 '고평가' 논란에 휩싸였을 정도다. 니프티지수는

2025년 들어 트럼프 관세 여파로 다소 주춤했지만, 7월 말 기준으론 연간 상승률이 여전히 플러스이다.

그럼 왜 지금 인도인가. 인도의 1인당 GDP는 아직 2,480달러(2023년 기준). 중국 경제와 비교하면 중국의 2007년 수준에 머물러 있다. 그러니까 인도는 중국 경제가 가파른 성장곡선을 그리기 시작하던 단계에 있는 셈이다. 그만큼 치고 올라갈 가능성이 크다. 예컨대 인도의 냉장고 보급률은 38%, 세탁기는 17%, 에어컨은 8%밖에 되지 않는다. 그 얘기는 앞으로 소득이 늘고 중산층이 빠르게 늘면서 가전 보급률이 지금의 몇 배가 될 잠재력이 있단 뜻이다. 전 세계 가전 업체가 인도로 몰려드는 이유다.

인도 경제의 큰 강점은 무엇보다 젊은 인구. 중위 연령이 28세 정도로 중국과 비교해 10살 정도 젊다. 인구가 젊으면 그만큼 생산 인력과 소비 인력 모두 빠르게 성장할 가능성이 커진다. 전 세계 패션 브랜드들은 이 성장세에 올라타기 위해 앞다퉈 인도 시장에 진출 중이다. 지금 인도는 그야말로 절대 놓칠 수 없는 기회가 흐르는 땅이다.

다만 문제는 이런 놀라운 성장 잠재력을 하나로 엮어 폭발시킬 결정적 고리가 인도엔 부족하단 점이다. 바로 혁신을 이끌 인재이다.

인도는 매우 방대한 기술 인력을 가진 나라다. 명문 인도공과대학IIT은 세계적인 엔지니어를 양성한다. 이 공학 인재들은 똑똑할 뿐 아니라 영어까지 능숙하다. 그런 인도에 기술 혁신 리더가 될 인력이 부족하다는 건 아이러니다.

진짜 문제는 지속적인 두뇌 유출이다. 인도의 가장 뛰어난 엔지니어, 의사, 과학자들은 대학만 졸업하면 인도를 떠나 해외에 자리 잡는다. 2023년 미국 경제연구소 NBER 보고서에 따르면, 2010년 인도공과대학에 입학한 상위 1,000명 중 36%가 8년 뒤 미국으로 이주했다.

물론 인도의 낮은 임금 수준은 그 원인 중 하나다. 하지만 돈 때문만은 아니라는 지적이 나온다. 낙후된 인프라, 부족한 연구개발 투자, 혁신 의지를 식게 만드는 관료주의와 정치적 간섭 등 젊은 인재들이 열정을 불태우지 못하게 가로막는 장애물이 인도엔 너무 많다.

구글의 순다르 피차이, 마이크로소프트의 사티아 나델라, IBM의 아빈드 크리슈나, 어도비의 샨타누 나라옌, 퍼플렉시티의 아라빈드 스리니바스 등 내로라하는 실리콘밸리 기술 기업 CEO가 인도 출신이라는 건 인도인들이 자랑스러워하는 점이지만, 동시에 어두운 단면이기도 하다. 인도는 달에 우주선까지 보낸 나라이지만, 정작 기술 산업에선 이렇다 할 존재감을 발휘하지 못하고 있다. 자국 명문 공대 출신 인재들의 기술 기업 창업 물결이 이어지는 중국과 다른 점이기도 하다.

인도는 세계 최대 민주주의 국가이다. 중국 같은 일당 독재 체제가 아니란 건 글로벌 투자자들에게 인도가 어필하는 큰 강점으로 꼽힌다. 하지만 미성숙한 민주주의가 야기하는 혼란은 경제의 발목을 잡는 경우가 많은 것도 사실이다. 끔찍하게 느리고 비효율적인 관료주의, 지역마다 제각각인 규제와 문화는 인도의 악명 높은 점이다. 그만큼 효율성은 떨어지고 추진력은 찾아보기 어렵다. 여기에 경제

성장으로 인한 빈부격차가 갈수록 벌어지면서, 젊은 층의 좌절은 커진다. 심각한 청년 실업난(25세 미만 대졸자 실업률 42%)은 인도 경제의 큰 그늘이다.

'깨어난 코끼리'로 불리는 인도 경제가 땅을 박차고 달리기 시작하려면 이런 장애물부터 걷어내야 한다. 2024년 3연임 성공 뒤 지지율 75%를 기록 중인 나렌드라 모디 총리가 얼마나 리더십을 발휘할 수 있느냐가 결국 인도 경제의 앞날을 좌우할 것이다.

경제뉴스 인사이트

비만 치료제가 바꿔놓을 세상

'위고비'를 맞고 살을 뺐다는 연예인 관련 기사가 요즘 부쩍 눈에 띈다. 2025년 8월엔 위고비보다 효과가 좋은 '마운자로'가 한국에 출시된다며 둘을 비교하는 기사도 쏟아진다.

아마 많은 이들이 이런 기사를 보면서 '나도 한번 비만 치료 주사를 맞아볼까'라며 관심을 가졌을 거다. 그리고 일부는 '비만 치료제 만드는 제약사 주가에 투자해야 하나'라며 노보 노디스크(위고비 제조사)나 일라이 릴리(마운자로 제조사) 주가를 들여다봤을지 모르겠다.

그렇다면 이제 이걸 생각해보자. 위고비가 바꿔놓을 의료·미용·식품·패션·운동 관련 산업의 미래. 고작 비만 치료제를 두고 뭐 그리 거창하냐고? 모르시는 말씀. 한국보다 앞서 2~3년 전부터 비만 주사 열풍이 불기 시작한 미국에선 이로 인한 변화의 흐름이 확연히 나타나고 있다.

무엇보다 2026년쯤엔 주사제보다 더 저렴하고 편의성도 좋은 비만 치료 경구용 알약 판매가 시작될 가능성도 크다. 알약이 비만 치료제 문턱을 대폭 낮추면, 정말 비만은 누구나 약으로 쉽게 치료하는 시대가 열릴 것이다. 엄청난 패러다임의 변화가 아닐 수 없다.

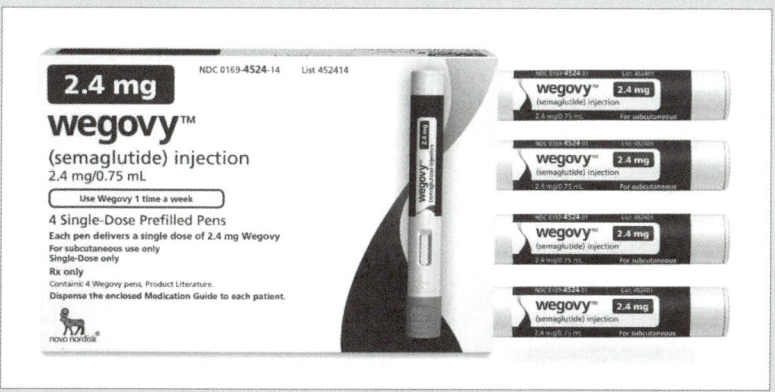

덴마크 제약사 노보 노디스크의 비만 치료용 주사제 '위고비'. 일주일에 한 번 주사를 맞으면 68주 뒤에 체중이 약 15% 줄어드는 효과가 있다. 출처: 노보 노디스크

비만 주사로 뜨는 산업, 지는 산업

몇몇 업종은 직접적인 충격을 피할 수 없다. 각종 다이어트 보조제 판매업체가 대표적이다. 비만 치료제가 사람들의 입맛을 바꿔놓으면서 탄산음료나 과자 제조업체도 수요 감소가 불가피해 보인다.

그럼 헬스장은 어떨까? 미국에선 한때 비만 치료제 때문에 헬스장이 망할 거란 관측이 나왔지만 꼭 그런 것만은 아니다. 살을 빼기 위해 운동할 필요성은 점점 줄고 있지만, 그 대신 근육을 키우기 위해 운동하려는 수요가 커질 거기 때문이다. 비만 치료제 사용으로 인한 급격한 체중 감량은 근육 손실을 유발하는데, 이로 인해 피부 탄력이 떨어진 이들에게 필요한 게 근력 운동이어서다. 즉, 러닝머신과 천국의 계단은 점점 구석으로 밀려나고 근력 운동 기구가 헬스장의 중심이 될 가능성이 크다. 사람들은 살이 빠지고 나면 오히려 자신감이 생기기 때문에 몸 만들기에 더 열중하게 될 수도 있다.

같은 이유로 피부과 시술에 대한 수요는 점점 커진다. 보톡스와 필러를 생산하는 스위스 제약사 갈더마는 실적이 급증세를 보이고 있는데, 그 요인 중 하나가 비만 치료제이다. 살이 빠지면서 움푹 꺼진 얼굴 때문에 보톡스나 필러 시술을 받는 이들이 남녀 불문 늘어나는 추세다.

패션 산업은 비만 치료제 확산을 반긴다. 미국 내 연구에 따르면 뉴욕 의류 매장에서 판매되는 여성용 블라우스 평균 사이즈는 갈수록 줄어드는 추세다. 이 역시 비만 주사 효과라는 분석이 나온다. 살을 빼고 나면 사람들은 자신의 몸에 더 만족하기 때문에 새 옷을 더 많이 사게 될 수도 있다.

덜 아프고 더 오래 사는 사람들

전 세계 비만 인구는 이미 10억 명. 비만과 과체중이 초래하는 경제적 비용은 전 세계 GDP의 2.19%로 추산된다(2019년 기준). 심혈관 질환이나 당뇨병 같은 수많은 만성질환의 원인이 되기 때문이다. 무엇보다 비만 인구가 선진국, 신흥국 가리지 않고 빠르게 늘어나는 추세라는 게 문제다. 연구에 따르면 비만율이 낮은 편인 한국은 비만·과체중으로 인한 경제적 비용이 2019년엔 GDP의 1.3% 수준이지만, 2060년이면 3.41%로 치솟을 전망이다.

그럼 비만 치료제가 대중화되면 사람들이 더 건강해지니까 각 나라는 막대한 비용을 절감할 수 있게 되는 걸까? 경제학적으로 따져보면 꼭 그렇진 않다. 왜냐면 비만으로 인한 만성질환을 피한 대신 사람들은 더 오래 살 거고, 오래 사는 만큼 다른 병에 걸릴 확률이 높아질 테니 말이다. 나이가 들수록 늘어날 수밖에 없는 질환, 예를 들어 암 환자는 오히려 증가하는 결과로 이어질 수 있다.

그리고 정말 비만을 치료해서 사람들이 지금보다 더 오래 살게 된다면, 그건 사회 전반에 엄청난 영향을 미칠 수밖에 없다. 가뜩이나 한국뿐 아니라 전 세계 주요국에서 저출산 고령화가 큰 화두다. 그런데 수명이 더 늘어나고 고령층 비중이 더 커진다? 연금, 보험, 주택 같은 사회문제는 어떻게 될까? 단순히 '비만 해결=생산성 향상'이란 장밋빛 낙관론만으로는 통하지 않는다. 만약 정말 누구나 비만에서 해방되는 시대가 열린다면 인류의 고민은 더 커질 수 있다.

나가며

공짜로 고품격
경제 정보를 얻는 방법

2022년 9월부터 지금까지 경제뉴스레터 '딥다이브'를 쓰고 있다. 주제는 국내 조선주 주가 전망부터 아르헨티나 경제정책까지 다양하다. 인공지능부터 철강 산업까지 웬만한 산업은 다 다룬다. 그러다 보니 이런 질문을 많이 받는다.

"도대체 이런 아이템은 어디서 찾는 거예요?"

진지하게 세계 각지에 정보원을 심어뒀냐고 물어본 사람도 있었다. 뭔가 나만의 비법이 따로 있으리라 생각한 듯했다. 물론 그런 건 없다. 아이템을 찾는, 즉 경제와 산업의 실시간 트렌드에 대한 정확한 정보를 찾는 방법은 사실 한 가지뿐이다. 무지하게 많이 읽고 검색해보는 거다. 그럼 도대체 뭘 주로 읽느냐고? 웬만해선 잘 공개하지 않는 정보인데, 특별히 이 책의 독자들에게만 살짝 알려주겠다.

일단 가장 기본이 되는 정보 출처는 뉴스 기사다. 뉴욕타임스, 월스트리트저널(미국), 파이낸셜타임스, 이코노미스트(영국), 사우스 차이나모닝포스트(홍콩), 니혼게이자이신문(일본)은 매일 확인한다. 가장 유심히 들여다보는 건 블룸버그통신이다. 통신사 특성상 다른 매체보다 매일 쏟아내는 기사량이 어마어마하기 때문이다. 미국, 유럽만이 아니라 동남아시아, 중동, 남미, 아프리카 관련 기사도 많다는 게 특히 매력적이다.

하지만 경제 공부를 하고 싶은 사람들에게 이런 뉴스를 매일 챙겨 보라고 권하긴 솔직히 어렵다. 모두 유료 아이디 없이는 기사를 읽지 못하게 막아놓은 매체인데, 구독료가 그리 싸진 않기 때문이다. 나처럼 회사가 대신 이용 요금을 내주는 게 아니라면 부담스러울 것이다. 그렇다고 실망할 필요 없다. 생각보다 우리에게 열려 있는 양질의 무료 정보가 상당히 많다. 공짜인데도 오히려 더 좋은 경우도 있다.

미국의 악시오스 Axios는 유용한 양질의 미디어로 추천할 만하다. 특유의 문체인 '스마트 브리핑체'를 사용하는 게 특징인데, 단독 기사도 많고 임팩트 있는 인터뷰도 많이 한다. 게다가 다양한 뉴스레터를 공짜로 발송해준다. 전반적으로 간결하면서 세련된 그래픽과 편집이 부러운 매체이기도 하다.

악시오스

또 애정하는 미국의 미디어 스타트업 중엔 세마포 Semafor가 있다. 세마포는 2022년 생긴 미디어로, 처음부터 '글로벌 뉴스'를 지향했다. 그래서 미국 이외 지역

세마포

에 대한 소식이 다양한데, 특히 중동과 아프리카, 그리고 에너지 이슈에 상당히 강하다. 세마포는 무료로 누구나 볼 수 있고, 누구나 뉴스레터도 받아볼 수 있다. 특히 세마포의 대표 뉴스레터인 '플래그십Flagship'은 강추다. 바빠서 다른 건 못 읽을 때도 이것만은 꼭 빼놓지 않고 챙겨볼 정도로 알차다.

만약 신흥시장과 기술, 두 주제의 접점에 관심이 있다면 레스트오브월드Rest of World를 추천한다. 미국의 비영리 매체인데, 완전히 무료로 기사를 볼 수 있는 데다 광고까지 없다. 기사 양이 많진 않지만 기사의 질은 세계 최고 수준이다. 특히 신흥국 전기차 시장에 관한 재미있는 기사들이 많은 편이다.

레스트오브월드

미국에선 뉴스레터가 1인 미디어로 자리잡은 지 오래다. 미디어 기업이 아닌 개인이 하는 뉴스레터 중에서도 대단히 수준 높은 것들이 많다. 가장 대표적인 게 노벨경제학상 수상자인 폴 크루그먼의 뉴스레터이다.

폴 크루그먼의 뉴스레터

폴 크루그먼은 2024년 말 뉴욕타임스 칼럼니스트 직에서 25년 만에 은퇴했다. 이후 그는 미국의 뉴스레터 플랫폼 서브스택Substack을 통해 뉴스레터를 보낸다. 주류 매체를 떠나 더 자유로운 1인 미디어로 변신한 셈인데, 팔로어 수가 40만 명 가까이 된다. 진보 경제학자답게 트럼프 행정부 경제정책이 얼마나 경제학적으로 말이 안 되는지 잘근잘근 씹어준다. 다만 초창기엔 대부분이 무료 콘텐츠였는데, 갈수록 점점 웬만한 건 유료화해서 볼 수 없는 게 많아졌다. 앞부분이

재미있어서 스크롤 하면 뒷부분은 유료로 막혀 있는 경우가 많아서 아쉽다.

보통 미국의 뉴스레터 미디어는 구독료가 없는 대신 광고로 수익을 창출한다. '더 데일리 업사이드The Daily Upside'도 그런 뉴스레터 중심의 경제 매체이다.  뉴스레터 중간에 항상 광고가 껴 있어서 다소 걸리적거리긴 하지만, 내용 자체는 수준이 상당히 높다. 무엇보다 경쾌하면서 위트가 있는 문체가 매력적이다. 미국 경제나 주식시장에 관심 있다면 꼭 구독하길 권한다.

이런 경제뉴스레터의 원조 격으로는 특히 '모닝 브루Morning Brew'가 유명하다. '단 5분 만에 더 똑똑해지세요'라는 홍보문구를 보면 뉴스레터 신청을 하지 않을 수가 없다.  자매품 '브루 마켓Brew Market'도 미국 증시에 관심 있다면 유용하다. 당연히 모두 공짜다.

그 밖에 여러 나라(캐나다·네덜란드·스위스·베트남·태국 등)의 뉴스레터들이 내 메일함에 들어온다. 한국 언론에선 좀처럼 찾아볼 수 없는 정말 다양한 소식과 정보, 보고서들을 엿볼 수 있다.

물론 정보가 무조건 많다고 좋은 건 아닐 수 있다. 너무 많은 뉴스레터가 메일함에 쌓이면 마치 어릴 적 학습지가 쌓여 있는 것처럼 왠지 부담스럽다는 반응도 있다. 영어로 된 콘텐츠는 아무리 AI 번역을 이용한다고 해도 좀 어렵게 느껴질 수도 있다.

그렇다면 우선 한국어 뉴스레터로 가볍게 시작해도 좋겠다. 당연히 그 첫 번째로 추천할 것은 내가 쓰는 동아일보의 '딥다이브'이다. 경제와 산업 트렌드를 이해하기 쉽게 스토리텔링 형식으로 설명해준다. 딥다이브를 쓰면서 가장 많이 듣는 독자 반응 중 하나가 '글이 긴데도 끝까지 술술 익힌다'이다. 기승전 홍보가 되어버렸지만, 이 책을 읽을 정도의 수준 있는 독자라면 좋아할 거라고 확신한다.

딥다이브

개인적으로 국내 경제 관련 뉴스레터 중 잘 보고 있는 건 매일경제가 발행하는 '디그Dig'이다. 국내외를 가리지 않고 경제뉴스 중 지금 대중이 관심 있을 만한 걸 뽑아서 친절하게 정리해주는 콘셉트다. 특히 디자이너가 따로 있어서, 디그의 캐릭터인 두더지를 활용한 그래픽을 여러 개 넣어주는데 그게 매력 포인트다. 부디 계속 흥했으면 하는 뉴스레터 서비스이다.

디그

아마 이쯤에서 이런 질문이 나올 법하다. 챗GPT나 구글에 궁금한 걸 질문하면 AI가 다 알아서 정리해주는 시대에 왜 굳이 뉴스레터나 언론 기사를 시간 들여 읽어야 하지? 같은 주제로 AI가 요약해 준 걸 보는 게 더 간편하지 않나?

이에 대해 길게 답할 수 있지만 간단히 대답하겠다. 아직은 사람이 쓴 게 훨씬 낫다. 적어도 내가 위에서 언급한 수준의 미디어를 기준으로 한다면 말이다. 전반적인 품질과 문장력, 내용의 정확도와 충실도 등 거의 모든 점에서 상당한 차이가 난다. 공짜로 풀코스 만

찬을 차려줬는데, AI가 요약한 애피타이저만 먹고 치운다고? 뭐, 선택은 자유이지만 그로 인한 손해 역시 본인 몫이다. 부디 그 차이를 여러분도 느낄 수 있길 바란다.

> 부록
>
> # 경제 문해력의 기초, 핵심 경제 용어

금융감독원

모든 금융회사를 검사·감독하는 업무를 맡아 하는 곳으로, 줄여서 '금감원'이라고 부른다. 공무원 조직은 아니지만 정부와 비슷한 일을 수행하는 무자본 특수법인이다. 흔히 정부 부처인 금융위원회(금융위)와 함께 묶어서 '금융 당국'으로 불린다. 금융정책(법)을 만드는 건 금융위, 금융회사가 법을 잘 지키는지 감독하는 건 금감원으로 나뉘어 있다. 따라서 만약 금융회사가 법을 어겨서 피해를 봤다면 금감원에, 금융정책 자체가 잘못된 게 문제이면 금융위를 찾아야 한다. 이재명 정부는 금융감독원에서 '금융소비자보호원(금소원)'을 분리해 신설할 계획이다.

소비자물가지수

소비자들이 일상생활에서 구입하는 상품과 서비스의 가격을 측정하는 지수다. 흔히 '물가가 올랐다' 또는 '내렸다'고 할 때 그 물가가 바로 소비자물가지수다. 지수에 어떤 품목이 어떤 비중으로 반영되는지는 시대에 따라 달라진다. 현재는 구입 비중이 큰 458개 품목 가격이 반영된다. 이 중 가중치가 가장 큰 품목은 전세, 월세, 휴대전화료, 휘발유, 공동주택 관리비 순이다.

금융채무불이행자

금융회사에서 50만 원 넘는 대출을 90일 동안 연체하면 금융채무불이행자로 신용정보원에 등록된다. 50만 원 이하의 빚이라도 2건 이상을 90일 동안 연체하면 금융채무불이행자가 된다. 과거 '신용불량자'라는 용어를 2005년에 바꿨다. 이 정보는 모든 금융회사에 공유되기 때문에 신규 대출과 카드 발급 같은 신용거래가 막힌다.

기준금리

중앙은행은 일반인을 상대로 예금·대출 업무를 하진 않지만, 은행을 상대로는 예금을 받기도 대출을 해주기도 한다. 바로 이때 사용하는 금리를 기준금리라고 부른다. 중앙은행은 기준금리를 올리거나 내려서 시중에 풀린 통화량을 조절할 수 있고, 이는 금융회사가 소비자에 적용하는 예금과 대출금리에도 영향을 미친다. 한국은행의 기준금리는 코로나 팬데믹 당시인 2020년 5월 0.5%로 낮아졌지만 2023년 1월 3.5%로 오른 뒤, 2025년 5월엔 2.5%로 내려갔다.

연방공개시장위원회 FOMC

중앙은행의 기준금리는 여러 위원으로 구성된 위원회 회의에서 결정된다. 미국 중앙은행인 연방준비제도Fed에선 그 역할을 하는 게 12명 위원으로 구성된 연방공개시장위원회FOMC이다. FOMC 정기회의는 1년에 8번, 보통 이틀에 걸쳐 진행된다. FOMC 정기회의가 끝나면 곧바로 기준금리 결정이 발표되고, 약 30분 뒤 연방준비제도이사회 의장이 기자회견을 열고 질의응답을 한다. FOMC 결정과 성명, 기자회견 내용은 모두 세계 경제에 미치는 영향이 대단히 크기 때문에 결과가 나올 때마다 전 세계가 주목한다.

인플레이션 Inflation

물가가 지속적으로 오르는 현상을 말한다. 동시에 화폐가치가 그만큼 떨어진다는 뜻이기도 하다. 대체로 경제성장은 어느 정도의 인플레이션을 동반하기 마련이다. 경제가 성장해서 기업이 투자와 고용을 늘리면 근로자 임금이 뛰고, 그럼 소비도 늘고, 물가도 오르는 식이다. 따라서 인플레이션 그 자체가 문제라기보단 임금이 오르는 속도보다 물가가 오르는 속도가 더 빠른 경우에 큰 문제가 된다. 이렇게 실질소득이 줄어들면 점점 소비가 위축되고 경기가 둔화될 수 있어서다.

디플레이션 Deflation

인플레이션의 반대, 즉 물가가 지속적으로 하락하는 현상이다. 보통 경기 침체로 인해 수요가 쪼그라들었을 때 디플레이션이 발생하기 때문에, 경제에 좋지 않은 신호로 여겨진다. 1930년대 대공황 시절, 미국에서 기업과 은행이 대거 파산하면서 실업자가 넘쳤을 때 디플레이션이 심각했다. 일본은 1990년대 초 경제의 버블이 터진 뒤 오랫동안 디플레이션에 시달렸다.

스태그플레이션 Stagflation

경기 침체를 뜻하는 스태그네이션 Stagnation과 물가 상승을 의미하는 인플레이션 Inflation을 합친 용어다. 경기 침체로 인해 실업률이 늘고 소비는 감소하는데 물가는 도리어 뛰는 현상을 말한다. 경제엔 최악이라고 할 수 있다. 보통은 공급 충격이 스태그플레이션을 초래한다. 1970년대 발생한 오일쇼크(원유 수출과 생산량 급감으로 원유 가격이 급등)가 대표적이다.

시가총액

'주가×발행 주식 수=시가총액'이다. 상장회사의 기업 가치를 평가할 때 시가총액이 기준이 된다. "2025년 8월 현재 전 세계 상장사 중 가장 가치 있는 기업은 엔비디아"라고 얘기할 때, 그 기준이 바로 시가총액이다. 한국의 시가총액 1위 기업은 삼성전자로, 2000년부터 줄곧 1위 자리를 지키고 있다. 그 이전 시총 1위 기업은 한국전력이었다.

주가수익비율 PER, Price Earning Ratio

기업이 버는 수익에 비해 주가가 얼마나 되는지를 비교하기 위해 쓰는 지표다. 'PER=주가÷주당순이익'으로 계산한다. 연간 1주당 순이익이 1,000원인데, 주가가 1만 원이면 PER이 10배가 된다. 보통 비슷한 업종의 다른 기업과 비교했을 때 PER이 높으면 '주가가 고평가됐다', 낮으면 '주가가 저평가됐다'라고 얘기한다. '피이알'

이라고 읽는 게 정석이지만, '퍼'라고 읽는 사람도 많다. 주식 얘기를 하는데 '퍼'가 어쩌고 얘기하면 그건 다 PER을 뜻한다고 보면 된다. 워낙 주식 관련 뉴스에 흔하게 쓰이는 지표라 꼭 알아둬야 한다.

배당수익률

1주당 배당금을 주가로 나눈 비율이다. 투자자 입장에서 얼마나 배당을 많이 주는 종목인지를 따질 때 가장 많이 쓰는 지표다. 이 비율이 높은 주식을 '고배당주'라고 부른다. 역시 배당과 관련됐지만 좀 다른 '배당성향'이란 지표도 있다. 배당성향은 기업이 당기순이익 중 얼마를 배당금으로 썼는지를 나타내는 비율이다. 만약 연간 100억 원의 당기순이익을 낸 기업이 이 중 50억 원을 주주들에게 배당하면 배당성향이 50%가 된다. 배당성향이 높다는 건 그만큼 주주 친화적이란 뜻이기도 하지만, 경우에 따라선 미래를 위한 투자에 적극적이지 않다는 의미로 해석될 수도 있다.

상장지수펀드 ETF

지수를 그대로 따라가는 인덱스펀드이면서 거래소에 상장돼 있는 상품을 뜻한다. 일반 주식처럼 원하는 가격에 실시간으로 사고팔 수 있다는 게 장점이다. 투자자 입장에선 비교적 적은 돈으로도 여러 종목에 분산투자 할 수 있다는 편리함이 있다. 이런 ETF를 만드는 건 자산운용사인데, 각 회사마다 고유 브랜드가 있다. 예를 들어 미래에셋자산운용은 'TIGER(타이거)', 삼성자산운용은 'KODEX(코덱스)', 한국투자신탁운용은 'ACE(에이스)'라는 브랜드를 상품 이름에 붙여놨다. 상품마다 수수료는 다르지만, 일반 펀드보다 대체로 저렴하다.

레버리지 ETF

지렛대 Leverage 효과처럼 특정 지수의 2배, 또는 3배의 수익률을 내도록 구조를 짠 ETF를 뜻한다. 물론 손실이 나도 이를 2배, 3배로 추종하기 때문에 그만큼 변동성이 크다. 국내 증시엔 2배 레버리지 ETF는 있지만, 3배짜리는 상장돼 있지 않다. 화끈한 걸 좋아하는 서학개미들은 TQQQ(나스닥지수를 3배로 추종) 같은 미국 증시에 상장된 레버리지 ETF에 투자하기도 한다. 하지만 자칫 하락장에 걸리면 수익률이 완전히 녹아내릴 수 있으니 가급적 투자를 말리고 싶다.

인버스 ETF

지수가 하락하는 만큼 수익을 얻는 ETF를 뜻한다. 증시 하락에 대비하는 상품인데, 미국 증시엔 인버스Inverse이면서 레버리지인 ETF, 즉 지수가 하락하면 그 2배, 3배로 오르는 ETF도 거래된다. 이를 일컬어 '곱버스(곱하기+인버스)'라고도 부른다. 이런 곱버스 상품은 위험이 대단히 큰 공격적인 투자 상품이다. 예상과 달리 지수가 오르면 엄청난 손실을 볼 수 있다.

상장지수증권ETN

ETF(상장지수펀드)와 거의 같지만, 발행 주체가 자산운용사가 아닌 증권사라는 게 차이다. ETF처럼 자산운용사가 기초자산을 보유하는 게 아니라, 증권사가 발행하는 일종의 채권에 해당한다. 따라서 증권사가 파산하면 투자금을 떼일 수도 있다. 물론 그럴 위험이 크진 않지만. ETN은 ETF보다 발행이 자유롭기 때문에, 국내에 상장된 ETF엔 없는 '금 선물 2배 레버리지'나 '원유 선물 2배 레버리지 ETN' 같은 상품도 있다.

개인형퇴직연금IRP

근로소득자나 자영업자처럼 소득이 있는 사람 누구나 가입할 수 있는 퇴직연금 제도다. 근로자는 이직 또는 조기 퇴직할 때 퇴직급여를 이 IRP 계좌로 받게 된다. 또 IRP 계좌에 자기 돈을 추가로 넣어서 이를 굴린 뒤, 만 55세 이후에 이를 연금으로 받을 수도 있다. IRP는 은퇴자 노후 자금 준비를 위한 계좌라서 세제 혜택이 빵빵하다. 연간 납입 금액의 최대 900만 원까지 세액공제 혜택(16.5% 세금 환급)을 준다. 그 대신 중도 인출이 까다롭기 때문에 만 55세까지 장기투자를 각오하고 납입하자.

등기부등본

정확한 명칭은 '등기사항전부증명서'로 부동산에 관한 권리관계가 기록돼 있다. 건물이나 토지가 언제 누구에게 거래되었는지 등의 히스토리가 담겨 있다. 해당 부동산을 담보로 대출을 받은 기록도 나온다. 부동산 주소만 알면 누구나 법원 인터넷등기소에서 열람·발급받을 수 있다. 부동산 거래를 할 땐 그날 당일 발급받은 등기부등본과 소유자의 신분증을 반드시 대조해봐야 한다.

총부채원리금상환비율 DSR, Debt Service Ratio

모든 부채의 연간 총 상환액(원금+이자)을 대출자의 연 소득으로 나눈 비율이다. 현재 주택담보대출을 받을 땐 DSR 40%가 상한선이다. 즉, 주택담보대출을 포함한 모든 금융권 대출의 원리금 상환액이 연 소득의 40%를 초과할 수 없다. 다른 대출 규제도 많지만 현재로선 DSR이 대출자들에겐 가장 센 규제로 작용하고 있다.

OPEC+(오펙플러스)

OPEC은 1960년 사우디아라비아를 중심으로 한 주요 산유국이 결성한 카르텔로, 현재 12개 회원국이 있다. 2016년부터는 여기에 러시아를 포함한 비(非) OPEC 회원국 11개국까지 합친 것을 OPEC+라고 칭한다. OPEC+는 세계 석유 공급량의 55%, 매장량의 90%를 차지한다. OPEC+의 주요 8개 국가는 보통 매달 회의(주로 화상 회의)를 통해 석유 생산량 조절을 논의한다.

비트코인 Bitcoin

2009년 사토시 나카모토라는 정체불명의 인물이 개발한 블록체인 기술 기반 가상자산이다. 전 세계 가상자산의 원조로, 총 공급량이 2,100만 개로 정해져 있다는 게 큰 특징이다. 마치 금처럼 희소성이 보장된다는 점에서 '디지털 금'으로 여겨지기도 한다.

알트코인 Altcoin

비트코인 이외의 다른 모든 코인을 통틀어 알트코인이라고 부른다. Alternative(대체)와 Coin(코인)을 합친 말이다. 알트코인 중 가장 규모가 큰 건 이더리움이다.

스테이블코인 Stablecoin

안정적인 코인이란 이름대로, 그 가치를 법정화폐나 금 같은 자산에 고정시키는 게 특징이다. 가장 유명한 스테이블코인인 테더는 1달러=1테더로 가치가 고정돼 있다. 테더 발행사는 테더를 발행한 만큼 달러를 예치하는 식으로 그 가치를 보장한다. 전 세계적으로 스테이블코인을 법으로 제도화하려는 움직임이 나타난다.

캐즘 Chasm

일시적으로 수요가 급감하는 깊은 틈이란 뜻. 혁신 기술이 도입되면 초기엔 신기술에 민감한 얼리어답터들이 시장 성장을 이끈다. 하지만 본격적으로 시장이 열리려면 일반 대중까지 소비자로 끌어들여야 하는데, 그게 쉽지 않아서 중간에 수요가 정체되는 현상이 나타난다. 2024년부터 전 세계적으로 전기차 시장 성장이 주춤해지면서 '전기차 시장이 캐즘에 빠졌다'라는 말이 나온다.

NCM 배터리

리튬이온 배터리 성능을 좌우하는 핵심 소재인 양극재에 세 가지 금속—니켈^{Ni}, 코발트^{Co}, 망간^{Mn}—이 쓰인 배터리를 의미한다. 세 가지 원소라서 '삼원계 배터리'라고 부르기도 한다. LG에너지솔루션을 포함한 한국 배터리 기업의 주력 제품이다. 에너지 밀도가 높아서 한 번에 갈 수 있는 주행거리가 길다는 장점이 있다. 다만 세 가지 금속, 특히 니켈과 코발트가 비싸기 때문에 배터리 가격도 높은 편이다.

LFP 배터리

양극재에 리튬, 철, 인산염을 사용하는 리튬이온 배터리. 중국 배터리 기업의 주력 제품이다. NCM 배터리보다 에너지 밀도가 낮고 무겁다는 뚜렷한 단점이 있다. 하지만 비싼 금속을 쓰지 않기 때문에 가격 경쟁력이 뛰어나고, 바로 이 점이 가장 큰 경쟁력이다.

AI 에이전트 AI Agent

인간의 개입 없이 특정 작업을 수행할 수 있는 인공지능AI 소프트웨어를 일컫는 말. 2025년 AI 업계의 가장 큰 트렌드로 꼽힌다. 주로 기업을 겨냥한 AI 에이전트가 쏟아져 나오면서 '돈 되는 AI 시대'를 열고 있다. 다만 평범한 챗봇 서비스를 'AI 에이전트'라며 과대광고 하는 경우도 많다. 실제론 AI 에이전트가 인간 직원을 대체할 수준의 업무 능력을 보일지에 대해선 의견이 엇갈린다.

소형모듈형원자로 SMR, Small Modular Reator

짓는 데 오래 걸리는 기존의 대형 원자력발전소와 달리 소형화되고 모듈 방식(공장에서 사전 제작 후 현장에서 조립)으로 제작할 수 있는 차세대 원자로를 뜻한다. 원전을 지금보다 훨씬 더 싸고 빠르게 지을 수 있는 데다 안정성까지 높일 수 있어 '게임 체인저'로도 불린다. 규제 장벽 때문에 아직 상용화에는 시간이 걸리지만, 전 세계적으로 관심이 높아지는 에너지 분야다.

에너지 저장장치 ESS, Energy Storage System

전기에너지를 저장했다가 필요할 때 전력을 공급해주는 장치. 휴대폰 보조배터리와 비슷한데 훨씬 거대한 배터리라고 보면 된다. 낮에 태양광으로 만든 전기가 남아돌면 이걸 ESS에 충전해두고, 밤엔 충전된 전기를 빼서 사용할 수 있다. ESS는 전기차용 배터리처럼 작고 가볍게 만들 필요가 없기 때문에 보통 무겁지만 가격이 저렴한 LFP(리튬인산철) 배터리로 만든다.

운명을 바꾸는 초압축 경제 공부
부자가 되고 싶다면 알아야 할 필수 경제 지식

초판 1쇄 발행 2025년 10월 1일
초판 3쇄 발행 2025년 12월 1일

지은이 한애란
펴낸이 김수현

디자인 유어텍스트
제작 357제작소
물류 우진물류

펴낸곳 도서출판 어웨이크
출판등록 2024-000121호 (2024년 5월 28일)
주소 서울시 마포구 신촌로2길 19 플랫폼P 318호
이메일 edit@awakebooks.co.kr

ⓒ 한애란, 2025
ISBN 979-11-993170-6-2 03320

- 이 책은 저작권법에 따라 보호를 받는 저작물이므로 무단 전재와 무단 복제를 금합니다.
- 이 책 내용의 일부 또는 전부를 재사용하려면 반드시 저자와 출판사의 동의를 얻어야 합니다.
- 잘못 만들어진 책은 구입하신 서점에서 교환해 드립니다.